17370
KANGCHENJHAU
22700
18963
Kangchung La
18131
Dongkhya La
16200
23180
PAWHUNRI
17600
22960
Mome Samdong
TSEN-GUI-KANG
DUCHENPA
19200
21000
19030
Samdong
Yeumtang
Ghora La
17000
JARAKDONGCHEN
Lachung R.
Yakcha
18310
Lachung G
MEMPHURANG
15000
Thanka La
Latong
Denga
JOCHUBA
Keadum

En octobre 1923, Alexandra David-Néel vient de franchir
la frontière du Tibet interdit. Dans un buisson,
elle découvre ce « vieux bonnet en peau d'agneau
comme en portent les femmes du Kham. »
Cet accessoire, offert par les dieux du voyage,
lui permettra de cacher sa chevelure qui n'a pas
le noir profond de celles des Tibétaines.

Alexandra David-Néel

De Paris à Lhassa, de l'aventure à la sagesse

Joëlle Désiré-Marchand
avec la collaboration de
Marie-Madeleine Peyronnet et Frank Tréguier

Alexandra David-Néel

De Paris à Lhassa, de l'aventure à la sagesse

ARTHAUD

Du même auteur :
Les Itinéraires d'Alexandra David-Néel,
Arthaud,1996.

Avertissement :
Cet album se distingue de mon précédent ouvrage par sa forme, son esprit et sa construction. La concision du texte permet de mettre en valeur une riche iconographie, souvent inédite, à laquelle s'ajoutent des chapitres documentaires entièrement nouveaux, dont un altas en couleurs. Notes et références bibliographiques ou cartographiques ont été supprimées. J. D.-M.

Conception et réalisation graphique :
Philippe Bertrand et **Étienne de Rosamel**

Conception et réalisation cartographique :
Joëlle Désiré-Marchand

ISBN : 2-7003-1143-4
Flashage et photogravure : Art'Nord
Imprimé en Italie chez Arti Grafiche
E. Gajani - Rozzano (MI)
N° d'éditeur : FZ 3052-03
Dépôt légal : Septembre 1997.

Sommaire

Alexandra David-Néel et Aphur Yongden sur le pont du *Siangtan* juste avant leur départ du port chinois d'Hankow (Hankéou) le 4 janvier 1938. Pour fuir l'avancée de l'envahisseur japonais, ils choisissent de s'enfoncer vers l'ouest en empruntant la grande voie fluviale du Yangtzé.

« Mieux vaut (pour chacun)
sa propre loi d'action, même
imparfaite, que la loi d'autrui,
même bien appliquée.
Mieux vaut périr dans
sa propre loi ; il est périlleux
de suivre la loi d'autrui. »

La Bhagavad-Gîtâ (III-II-35)

Je dédie ce livre à la mémoire
d'Alexandra David-Néel.

J. D.-M.

La rivière Kyi-tchou, affluent du Yarlung-Brahmapoutre, vue du monastère de Ganden, à 40 km à l'est de Lhassa

Le Minya Konka, situé dans les contreforts orientaux du Tibet, au sud de Tatsienlou (Kangding), culmine à 7 556 m.

Les deux principaux voyages d'Alexandra David-Néel : 1911-1925 1937-1946

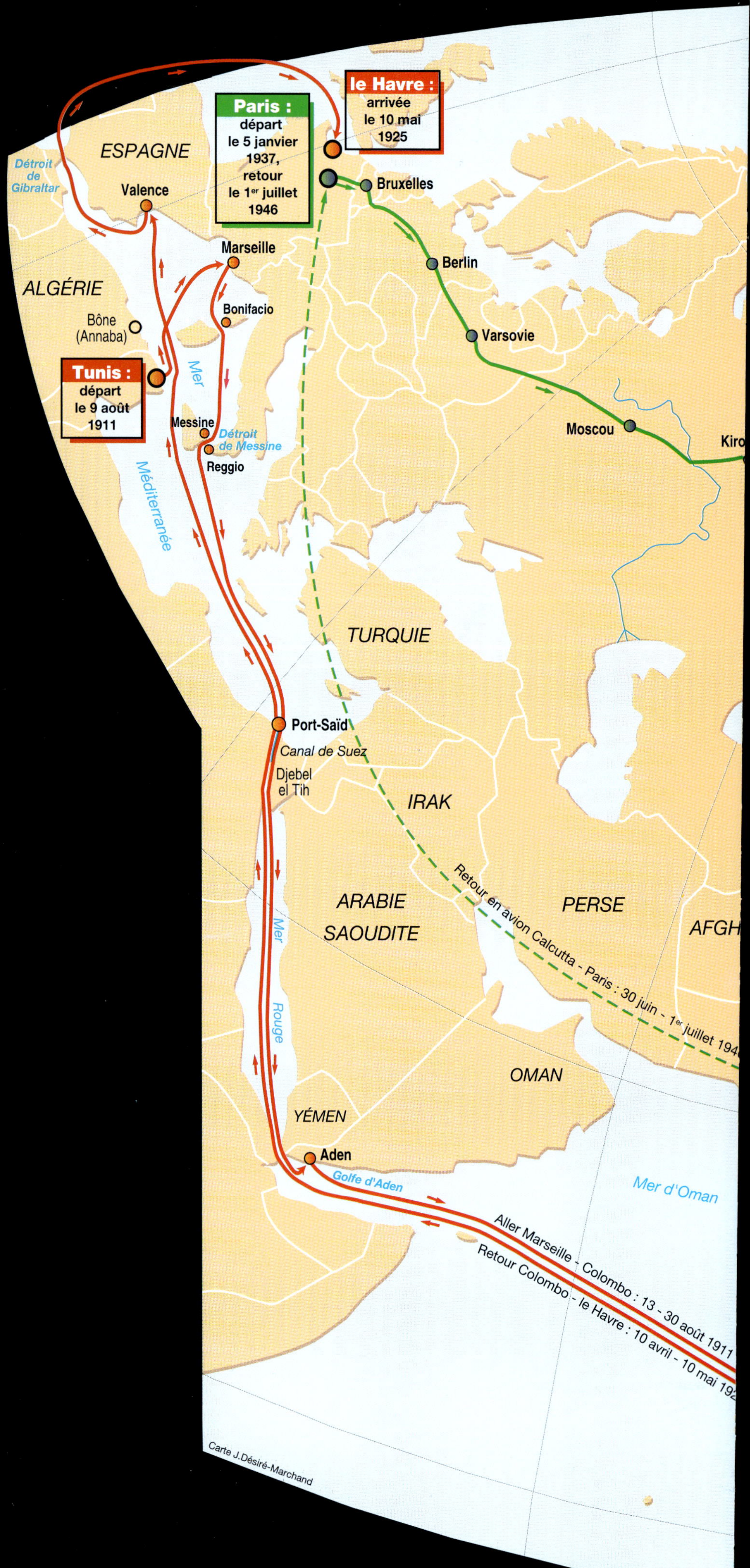

Le voyage de 1911-1925 :

- itinéraires d'Alexandra David-Néel de 1911 à 1925
- trajet probable au retour (Bénarès, Bombay, Colombo)

Le voyage de 1937-1946 :

- itinéraires d'Alexandra David-Néel de 1937 à 1946
- navigation fluviale
- retour en avion (1946)

- localités remarquables
- frontières des États en 1937 *(voir note)*
- lieux de séjour essentiels : État du Sikkim, monastères bouddhistes de Kumbum, des monts de Diamant, du Wutai Shan

La graphie des toponymes est celle qu'utilisa A. David-Néel

Note au sujet des frontières : Les voyages d'Alexandra David-Néel se sont échelonnés de 1911 à 1946, période marquée par les nombreux changements territoriaux dûs aux deux guerres mondiales. Nous avons choisi de représenter les frontières des États en 1937, date du dernier grand départ d'Alexandra vers l'Asie.

UNION DES RÉPUBLIQUES SOCIALISTES SOVIÉTIQUES
Cercle polaire
Perm
Sverdlovsk
Transsibérien
Omsk
Novosibirsk
Krasnoïarsk
Nishendinsk
Lac Baïkal
Irkoutsk
Tchita
Mandchouria
MANDCHOUKOUO
Harbin
Sinking
Moukden
Shanhaikuan
Pékin (Peiping)
MONGOLIE EXTÉRIEURE
CHINE
Ansifou
Tunghuan
Kanchow
Sining
Lanchow
Koukou Nor
Kumbum
Wutai Shan
Honan-Fou
Tungchow
Shao-lin-sse
Lungmen
Chenchow
Sian
Hankéou
Ichang
Chengtu
Chungking
Tatsienlou
Jakyendo
Tsedjrong
Kunming
EMPIRE DES INDES
TIBET
Lhassa : février-avril 1924
Shigatze
Gyantze
Lac Yamdrok
Katmandou
Lumbini
Sikkim
Darjeeling
Patna
Bénarès
Bodhgaya
Calcutta
Bombay
INDES
Puri
Golfe du Bengale
Madras (et Adyar)
Pondichéry
Trichinopoli
Madoura
Rameswaram
Tuticorin
Anuradhapura
Kandy
CEYLAN
Dodanduwa
Galle
Colombo
Mandalay
BIRMANIE
Rangoon
SIAM
INDOCHINE
Haïphong
Tourane
Saïgon
Hongkong
Pinang
ÉTATS MALAIS
Singapour
Shanghaï
Mer du Japon
JAPON
Tokyo
Kyoto
Kobé
Gensan
CORÉE
Monts de Diamant
Séoul
Fusan
Mer Jaune
Mer de Chine orientale
Mer de Chine méridionale
Tropique du Cancer
OCÉAN PACIFIQUE
ÉAN INDIEN
0 500 1000 1500 2000 km
Équateur
0° 30° 60° 90° 120° 150° 180°

CHAPITRE 1

Fille d'un couple aisé mais austère, Louise Eugénie Alexandrine David passe son enfance dans un pensionnat, en Belgique. Les livres d'aventure, de religion et de philosophie sont les passions de sa jeunesse.

Née avec le goût des voyages, elle multiplie les fugues en direction de l'Angleterre et de l'Italie, avant de débuter une carrière de cantatrice. La fréquentation des intellectuels anarchistes lui inspire un manifeste.

Sa soif de spiritualité l'oriente vers le bouddhisme, pourtant peu répandu en Occident en cette fin de XIXe siècle. Elle s'engage aussi dans le féminisme et la franc-maçonnerie.

UNE VOIX, UNE PLUME

Louise Eugénie Alexandrine Marie David naît à Saint-Mandé, dans la périphérie parisienne, le 24 octobre 1868. Plus tard, elle se fera appeler Alexandra, un prénom qui lui conviendra davantage. Sa mère, Alexandrine Borghmans, est bruxelloise d'ascendance nordique – hollandaise, scandinave et, au-delà… sibérienne : une pointe d'hérédité asiatique qu'Alexandra assumera non sans fierté. À la naissance de sa fille, l'austère et très catholique Mme David a trente-six ans. Louis, son époux, en a cinquante-trois. Protestant d'origine tourangelle, il fut instituteur avant d'être exclu de l'enseignement à cause de ses idées socialistes. Journaliste au *Courrier d'Indre-et-Loire*, militant républicain opposé à l'autorité de Louis Napoléon Bonaparte, il s'exile en Belgique après le coup d'État du 2 décembre 1851. C'est là qu'il se marie. L'amnistie des proscrits leur permettant de rentrer en France, les époux David s'installent bientôt à l'est de Paris, au 57, cours de Vincennes. Ils surnomment leur fille « Nini », diminutif d'Eugénie.

Le Second Empire vit ses dernières heures. La guerre déclarée à la Prusse en juillet 1870 entraîne la chute de Napoléon III et l'instauration de la République. En 1871, la Commune, proclamée par le peuple de Paris, est durement réprimée et s'achève dans un bain de sang. Les derniers insurgés sont exécutés au pied d'un mur du cimetière du Père-Lachaise. Louis mène Nini, âgée de deux ans et demi, devant ce mur et lui explique la situation. Les images de cette « férocité humaine » s'estomperont au fil des années, mais « une sorte de vague vision » de l'horreur subsistera néanmoins. C'est le premier contact d'Alexandra avec l'histoire.

Déçue de n'avoir pas donné naissance à un garçon qui aurait pu être évêque, la très dévote Alexandrine ne manifeste guère de tendresse envers sa fille. La future exploratrice en éprouvera une profonde amertume, perceptible dans les mots très durs qu'elle emploie toujours pour évoquer sa mère, « cette pauvre femme dont

Fondé en 1889 par Emile Guimet, le musée de l'avenue d'Iéna se proposait de faire connaître les civilisations d'Orient et d'Extrême-Orient. Charmée par la statuaire et les collections d'objets évoquant l'hindouisme et le bouddhisme, Alexandra y passa des moments de « ravissements » (pages précédentes).

La jeune cantatrice Alexandra David, soprano (ci-contre). Titulaire d'un premier prix de chant théâtral français obtenu au Conservatoire royal de musique de Bruxelles, elle interprèta *La Traviata, Les Noces de Jeannette, Mireille, Thaïs, Lakmé*… et reçut les félicitations de Jules Massenet.

Louis David (1815-1904), père d'Alexandra, naquit à Tours. Instituteur, puis journaliste en Indre-et-Loire, opposant à Louis-Napoléon Bonaparte, il fut exilé en Belgique. À Louvain, il donna des cours de français au fils du bourgmestre, chez qui il connut sa future épouse, Alexandrine Borghmans (1832-1917), d'origine norvégienne par son père, et hollandaise par sa mère. En bas : Alexandra vers l'âge de trois ans. La famille habitait alors à Saint-Mandé, à l'est de Paris.

la déception n'a su se muer qu'en rancune et en méchanceté contre l'enfant très innocente de sa déconvenue » (lettre du 24 août 1905). Mme David a quelque fortune dans les tissus belges et la famille vit sur ses revenus. La joie ne règne guère dans ce couple uni par la force de l'habitude.

« Mes parents : deux statues qui sont restées plus de cinquante ans en face l'une de l'autre, aussi étrangères maintenant que le premier jour de leur rencontre, toujours fermées l'une à l'autre, sans aucun lien d'esprit et de cœur » (lettre du 11 novembre 1904). Il n'en faudra pas plus pour dégoûter à jamais Alexandra de la vie conjugale et familiale.

Nini passe les vacances de l'été 1871 en Touraine chez sa grand-mère paternelle. Profitant d'un instant d'inattention des « grandes personnes », elle s'échappe du jardin familial pour voir de plus près la route si mystérieuse qui passe devant la grille. « L'au-delà me fascinait déjà. » Deux ans plus tard, la fillette trompe la vigilance de sa gouvernante et part explorer le bois de Vincennes : c'est là son « premier véritable départ ». Pour Nini, il s'agit bien d'une exploration, motivée par la curiosité de savoir jusqu'où va le parc infini ! Le 26 janvier 1873 naît un petit frère, mais le bébé meurt au bout de quelques mois. La fillette apprécie les promenades au bois, elle aime les arbres et vibre au Guignol des Champs-Élysées. À peine apprend-elle à lire qu'elle se passionne pour les aventures imaginaires de Jules Verne, où elle rencontre ses premiers héros.

Mme David s'ennuie loin de sa famille. Alexandra a six ans lorsque ses parents retournent à Ixelles, dans la banlieue bruxelloise. Ils s'installent au 105, rue Faider, où la fillette passera l'essentiel de sa jeunesse. En décembre 1904, elle reviendra dans ce même décor et les souvenirs jailliront : « Tout le passé triste revit pour moi entre les meubles familiers témoins de ma misérable jeunesse… Je passe mes nuits à pleurer devant ces mêmes meubles qui ont vu mes précoces désespoirs de fillette… » (lettre du 10 décembre 1904).

Pourquoi tant de tristesse ? À Ixelles, les David ont mis leur fille en pension dans une école calviniste où l'austérité du régime altère sa santé, puis au couvent de Bois Fleuri, un pensionnat catholique plus « douillet » que le précédent, mais la petite élève est privée de ses parents pendant de longs mois, parfois même une année entière ! Les rares sorties sont consacrées aux réunions de famille ou aux promenades dans le très agréable bois de la Cambre, le bois de Vincennes des Bruxellois. Nini supporte la situation avec fatalité : « Mon pensionnat était mon vrai home où je me plaisais », écrira-t-elle plus tard à son mari. Mais ses souvenirs d'enfance resteront négatifs : « Je ne songeais guère à m'affliger de l'indiffé-

Au sud de Bruxelles, le bois de la Cambre était un lieu de promenade fort apprécié par les Bruxellois. Lorsque les parents d'Alexandra retournèrent en Belgique au début du siècle, ils s'installèrent à Ixelles, commune proche de ce bel espace de verdure où la fillette, alors âgée de six ans, aimait passer de longs moments parfois, sans ses parents.

rence que me témoignait ma mère, je ne cherchais pas d'autre affection. » Elle affermit son caractère : « Moi, je n'ai rien eu, rien qu'un orgueil qui était mon refuge, qui me tenait lieu de tout » (lettre du 27 septembre 1904). Plus tard, on lui reprochera cet orgueil et son incapacité à aimer. Sans doute ces deux traits de caractère trouvent-ils leur origine dans cette enfance marquée par l'isolement affectif. Très tôt, Alexandra se fixe deux objectifs : s'endurcir pour se protéger et voyager comme les héros de Jules Verne.

Vers l'âge de sept-huit ans, sans doute guidée par son père, la petite élève renonce à la religion catholique et souscrit aux préceptes de l'Église réformée, tout en poursuivant sa scolarité au couvent de Bois Fleuri. Nini est une cérébrale qui aime la musique et les livres, surtout ceux de religion : « J'ai eu, tout enfant, la curiosité des croyances religieuses. Je ne doutais pas qu'elles fussent d'une importance indiscutablement primordiale », rapportera-t-elle dans *Le Sortilège du mystère*. Elle lit la Bible et apprécie les passages exprimant la sagesse de l'humanité : « Vanité des vanités, dit l'Ecclésiaste, vanité des vanités, tout est vanité. »

Dans cette ambiance studieuse et dévote, l'adolescente se laisse gagner par une vague de mysticisme. À douze ans, la voici tentée par la vie monastique. Une visite au Carmel, où son ancienne gouvernante avait pris le voile, l'en dissuade rapidement : « Le mystère ne doit pas être approché si l'on veut que son sortilège subsiste » (*Le Sortilège du mystère*). Le mysticisme latent de la jeune Alexandra la conduit à l'humilité devant Dieu, mais un immense orgueil vis-à-vis de ses semblables domine son tempérament. Elle s'incline devant le sacrifice de Jésus mais ne ressent pas la moindre attirance pour cette humanité dont elle a déjà constaté le caractère à la fois mesquin et impitoyable.

L'indifférence de ses parents conjuguée à sa propre fierté semble avoir bloqué chez elle tout élan de sentimentalité. L'ensemble des doctrines religieuses, para-religieuses ou pseudo-religieuses l'intéressent. Une amie lui fait découvrir le bulletin d'une secte d'origine orientale, la Gnose suprême, dont le siège est installé à Londres.

L'étrangeté des théories développées lui semble un peu loufoque mais aiguise sa curiosité.
À la religion s'ajoute bientôt une seconde passion : la philosophie. « L'habitude de philosopher depuis que j'ai treize ans m'a créé un esprit très à part. » Alexandra se plonge avec ardeur dans les écrits des Anciens, en particulier ceux des stoïciens. Elle s'oriente vers les auteurs ou les doctrines qui lui sont utiles pour se forger une manière de vivre : « Ne pas souffrir ; c'est là, me semble-t-il, la grande, l'importante affaire », souligne l'apprentie philosophe, en rappelant qu'elle s'y emploie « d'instinct » depuis sa plus tendre enfance.
La jeune pensionnaire refuse de se laisser aller à toute effusion qu'elle ne maîtriserait pas et qui, pense-t-elle, déboucherait inéluctablement sur une douleur. Ceci est un trait majeur de sa personnalité. Elle refuse la souffrance et par là même le risque de l'amour. Le *Manuel* d'Épictète, l'un des représentants les plus prestigieux de l'école stoïcienne, influença profondément Alexandra. Véritable code de philosophie appliquée, il prône la toute-puissance de la raison, seul moyen efficace de triompher des obstacles rencontrés dans la vie. Les réflexions de Marc Aurèle la séduisent tout autant et elle suit l'exemple de l'empereur philosophe, couchant ses pensées intimes dans des carnets : « Soyons victorieux de nous ; étouffons jusqu'au désir d'un bonheur terrestre et nous trouverons le vrai bonheur dans l'étude, dans une conscience pure et dans l'union avec Dieu » ; « Souviens-toi que la douleur élève les âmes vraiment grandes et que ce n'est que le vulgaire qu'elle rend méchant » ; « Tel un rocher battu par les flots de l'océan, demeure inébranlable ! ainsi doit être ton âme au milieu des épreuves de la vie » (*La Lampe de la sagesse*).

Alexandra dans le jardin d'Élisée Reclus à Ixelles (ci-contre), commune d'accueil pour les exilés politiques français. Le géographe et penseur anarchiste Élisée Reclus (ci-dessous) s'y installa définitivement en 1894. Parmi les proches, on comptait les David et le Bruxellois Jean Haustont (page de droite). Musicien et anarchiste, celui-ci appartenait au petit groupe de la Bibliothèque des Temps nouveaux où fut publié l'un des premiers textes d'Alexandra, le manifeste *Pour la vie*. Il vécut avec Alexandra pendant quelques années à Paris, puis partit pour la lointaine Chine où il dirigea le conservatoire de Nankin.

Surprenante élève, qui s'inspire aussi de biographies de saints ascètes, pour s'endurcir le corps, s'exercer « secrètement à un bon nombre d'austérités extravagantes : jeûnes et tortures corporelles » et dormir sur « un lit de planches ». « L'esprit, pensais-je, devait mater le corps et s'en faire un instrument robuste et docile propre à servir ses desseins, sans faillir. » Alexandra veut maîtriser son physique autant que son mental pour pouvoir s'abstraire au maximum des contraintes matérielles. Le confort, l'élégance, la coquetterie, préoccupations purement féminines, la laissent indifférente. Pour elle, le stoïcisme semble un moyen bien plus qu'un but spirituel, car l'adolescente ne perd pas de vue son principal objectif : voyager !

Alexandra a quinze ans au moment de sa deuxième « fugue » (selon son propre terme) organisée depuis Mariakerke, près d'Ostende, où ses parents passent l'été. Forte de cette expérience supplémentaire, elle récidive deux ans plus tard : « Un train m'amena en Suisse, je traversai le Saint-Gothard, à pied, et gagnai l'Italie, préludant, sans m'en douter, aux longs voyages pédestres que je devais effectuer, plus tard, en Asie. » À court d'argent, l'incontrôlable appelle sa mère qui vient la chercher sur les bords du lac Majeur !

Jusqu'à quel âge notre jeune rebelle poursuit-elle ses études générales ? Après le pensionnat, Alexandra aurait commencé une formation d'infirmière, renonçant à devenir médecin face aux réticences de sa mère, pour qui semblable activité n'était pas affaire de femme. Mlle David devient membre d'une œuvre charitable et passe une partie de son temps dans les hôpitaux de Bruxelles. Alexandra au service des malades ? On a peine à le croire ! Rêvant de voyages, elle aurait sans doute pu s'illustrer sur le terrain des armées ou celui des colonies, mais elle manquait de l'altruisme indispensable pour qui veut servir les autres. En vain, sa mère essaie-t-elle encore de l'intéresser au commerce des tissus.

Goûtant la musique et prenant des cours de piano depuis son enfance, Alexandra décide finalement à dix-huit ans de devenir artiste lyrique ! Après trois années d'études au Conservatoire royal de musique de Bruxelles, elle obtient un premier prix de « chant théâtral français » : son seul diplôme connu ! A la fin du XIXe siècle, le devenir des adolescentes se limite au mariage ou au couvent, deux options choisies le plus souvent par les parents. C'est une époque sournoisement misogyne où les ouvriers déclenchent une grève lorsqu'une femme se fait embaucher, où les jeunes filles doivent se battre pour obtenir l'accès à l'enseignement secondaire et supérieur. Nini refuse le sort habituel de ses contemporaines. Avec l'appui de son père, elle poursuit une formation toute personnelle dans les domaines qui la passionnent. Les

Alexandra fit de nombreux voyages en Angleterre, dont quelques fugues de jeunesse, puis des séjours plus longs et plus sérieux comme celui de 1889. Elle avait alors vingt et un ans et résida à Londres pendant plusieurs mois pour apprendre l'anglais. Ci-dessus : la fameuse Fleet Street, siège de nombreux journaux. Quelques souvenirs de cette époque sont relatés, avec beaucoup d'humour, dans *Le Sortilège du mystère*.

études sont « la grande, l'unique passion » de sa jeunesse. Expositions universelles et empires coloniaux ont renforcé son goût de l'exotisme. Les religions orientales proposent une vision cosmique qui l'enthousiasme. Une certaine dimension ésotérique l'attire également. Elle rêve d'aller aux Indes…

Alexandra David-Néel comprend qu'il lui faut améliorer sa connaissance de la langue anglaise. Avec l'indispensable soutien financier de ses parents, elle part logiquement parfaire son acquis à Londres. Là, elle contacte Mrs Morgan, adepte de la Gnose suprême. La société qu'elle dirige possède un club avec ce qu'il faut de salles de réunion, de bibliothèques et surtout de chambres d'hôtes.

C'est là que la voyageuse loge pendant plusieurs mois. Séjour capital qu'elle relate avec beaucoup d'humour dans *Le Sortilège du mystère*. Le petit monde « extravagant » mais « sympathique » des chercheurs de l'au-delà intéresse Alexandra, mais ne l'impressionne pas. Occultisme et spiritisme font fureur, le « paranormal » devient un véritable phénomène sociologique. Profitant de tous les avantages qui lui sont offerts, notre demoiselle passe de longs moments dans la « captivante » bibliothèque de la société et dans celle du British Museum. Elle commence à étudier sérieusement les philosophies orientales, découvre les traductions des textes de l'Inde ancienne, l'immense littérature sacrée du Védanta, les gigantesques poèmes épiques de la mythologie indienne et certaines œuvres des philosophes de la vieille Chine…

C'est à Londres qu'elle prend contact avec la Société théosophique. Cette association internationale, fondée en 1875 à New York par Helena Petrovna Blavatsky et le colonel Henry Steele Olcott, s'est fixé trois objectifs : prouver que toutes les religions du monde se valent ; promouvoir l'étude des littératures et des religions de l'Orient ; étudier les sciences occultes et développer les pouvoirs psychiques de l'individu. Elle a installé son quartier général en Inde, à Adyar, près de Madras. Mais trop d'extravagances feront bientôt de cette assemblée une cible de choix pour les universitaires et les gens d'Église. Alexandra voit au contraire dans ce type de sociétés le moyen de pénétrer certains milieux très fermés. En effet, en dehors des occultistes, l'orientalisme reste le domaine d'érudits dont les ouvrages ne sont pas destinés au public, fût-il cultivé. Alexandra regrette l'absence de livres de bonne vulgarisation et rêve d'en écrire. Encore faut-il étudier le sanscrit pour pénétrer l'esprit même des documents de l'Inde ancienne : elle décide de s'y atteler à Paris, sa ville natale.

Bien que la capitale soit la ville de sa petite enfance, elle n'y compte aucun ami. Aussi utilise-t-elle les relations nouées en Angleterre pour trouver un point de chute. Grâce à la recommandation de Mrs Morgan, la branche française de la Société théosophique accepte de lui fournir un logement. Le lieu se révèle inconfortable, les adeptes peu distingués, les activités sans intérêt quand elles ne sombrent pas dans le grotesque ! Alexandra garde la tête froide, se crée de nouvelles relations, additionne les contacts et s'efforce de démêler la part d'imaginaire et de duperie dans ces prétendues manifestations de l'au-delà.

Elle suit divers cours de civilisations orientales au Collège de France, à la Sorbonne et à l'École des hautes études, sans juger nécessaire pour autant de passer le moindre examen. Comme les intellectuels anarchistes de l'époque, elle pense que la culture est une acquisition personnelle n'ayant nul besoin de la reconnaissance officielle de diplômes. Cette erreur stratégique lui coûtera cher car les milieux universitaires ne reconnaîtront pas ses travaux. La jeune femme passe aussi de longs moments de « ravissements » au musée Guimet, tout juste inauguré en 1889. Alexandra ne s'intéresse que modérément aux cours académiques présentant les civilisations orientales sous un angle historique, chronologique et événementiel. Ce qui l'attire, ce sont les croyances et les pratiques actuelles, c'est la spiritualité du monde oriental contemporain, c'est l'approfondissement d'une religion qui répond à ses aspirations les plus profondes : le bouddhisme. Elle y adhère dès cette époque, au point de se déclarer « première bouddhiste de Paris ».

En dehors de tout engagement politique, Alexandra fréquente aussi le milieu des intellectuels anarchistes, dont l'un des maîtres à penser vient de rentrer à Paris après plusieurs années d'exil. Vieil ami de la famille David, pionnier de la géographie contemporaine, brillant intellectuel, savant généreux, Élisée Reclus croit au progrès social et à la fraternité. Alexandra restera l'amie du vieux savant jusqu'à sa mort en 1905.

Si l'on connaît les milieux qu'elle fréquentait, on ne sait rien en revanche de sa vie privée. Sans doute Alexandra a connu des désillusions. À l'âge de vingt-deux ans, lors d'un passage en Belgique, elle note dans son carnet : « Toi qui as rencontré sur ta route tant de cruelles déceptions, ne veux-tu pas enfin te corriger ? Pourquoi veux-tu que les autres s'occupent de toi ? Sache que tu ne rencontreras jamais que l'indifférence. Chaque fois donc que tu te sentiras attirée vers quelqu'un, examine-le de près et tu verras bien vite qu'il n'était pas digne de ta confiance. »

Les années 1890-1900 marquent un tournant : pour la première fois Alexandra se rend en Inde ! Grâce à un héritage légué par sa marraine, elle réalise le rêve chéri depuis plusieurs années : partir pour l'Orient, dont elle espère tant au plus profond de son âme. Première étape : Marseille, où la voyageuse réserve un aller simple sur un paquebot en partance pour Colombo. La traversée dure plus de quinze jours. C'est le premier pas vers la grande aventure. Dans ses bagages : les Upanishad, la *Bhagâvad Gîta* et un assortiment d'écritures bouddhiques. Alexandra savoure chaque instant du voyage, consacrant de longs moments à la lecture de ses livres favoris devant le spectacle éternel et toujours renouvelé d'une mer ouverte sur l'inconnu. Premières visions d'Orient à Alexandrie et à Port-Saïd, puis les rives calcinées de la mer Rouge, l'escale torride au port anglais d'Aden, enfin l'océan Indien pendant une semaine jusqu'à Ceylan.

Océan de verdure, flore tropicale, terre de mythologie, haut lieu du bouddhisme du Sud : la voyageuse se laisse porter par le plaisir de la découverte. Tout est nouveau et pittoresque. Elle visite plusieurs temples bouddhistes, dont celui de Kelaniya, et ne cache pas sa stupéfaction devant les représentations incongrues du Bouddha couché (symbolisant le Maître à l'heure de quitter son corps) ripoliné en jaune canari !

La péninsule indienne est à une nuit de mer. Une nuit d'horreur : « Jamais, au long de ma longue vie de voyageuse, je n'ai vécu un plus dégoûtant cauchemar. » Alexandra effectue la traversée de Colombo à Tuticorin sur un rafiot où s'est entassée une « cohue d'indigènes ». Les cafards envahissent les cabines, les passagers sont bousculés par les flots impétueux… Alexandra se sent revigorée dès qu'elle pose pied à terre : « Dans la clarté rosée du matin, c'était l'Inde de mes rêves que je venais d'atteindre. »

Dans l'instant, elle prend le train pour Madoura (Madura ou Madurai, selon les cartes), l'une des villes sacrées du brahmanisme, cité de pèlerinages qui compte quasiment autant de temples que d'habitations ! Le plus imposant est dédié à Sundareswar (un des noms de Shiva, le dieu créateur et destructeur) et à Mînakshi (son épouse, un des noms de Shakti, l'énergie universelle).

Son enceinte sacrée est protégée par de multiples enclos, portiques, terrains, et autres espaces de transition. Son accès est interdit aux non-hindous ainsi qu'aux hindous de basses castes. Alexandra se contente donc de visiter les parties autorisées, porteuses à elles seules d'une atmosphère singulièrement troublante, sensation d'une religiosité magique à laquelle notre voyageuse s'abandonne avec délice. Les êtres fantastiques de la mythologie hindoue sont autour d'elle, sculptés par centaines sur les énormes colonnades : dieux, démons, fleurs, animaux. Leurs présences hantent les lieux... Fascinée, Alexandra attend la tombée de la nuit, assiste au passage du cortège de Parvati qu'accompagne la musique rituelle prolongée par l'écho, et se laisse envoûter par le mystère de Brahmâ l'Ineffable ! Jamais Alexandra n'oubliera « cette première griserie du parfum de l'Inde ».

Puis la voyageuse part pour Madras et Adyar où se trouve le siège de la fameuse Société théosophique : bâtiments blancs, atmosphère feutrée, parc somptueux, bibliothèque et chambres d'hôtes. Pour profiter de tous ces avantages, Alexandra adhère à la Société le 7 juin 1892. La prochaine destination est Bénarès, au terme d'un long trajet en chemin de fer à travers des contrées brûlées par la sécheresse. Terrible expérience de la découverte de ces populations affamées et misérables. Des centaines de mendiants squelettiques à chaque arrêt du train, des gosses n'ayant plus la force de courir et de tendre la main : « Je suis venue chercher l'Inde des méditations sereines, l'Inde des sages anachorètes vivant dans l'ombre fraîche et parfumée des forêts, et j'ai rencontré l'Inde desséchée, brûlante, tragique de la famine. »

Bénarès, ville de Brahmâ, de Shiva et de Vishnou, celle aussi de Gangâ, la déesse-fleuve. Bénarès, ville de toutes les croyances, de toutes les misères, de tous les espoirs du monde. L'ancienne Kashi a traversé le temps, fidèle à ses millions de dieux comme à elle-même. Elle est devenue le lieu le plus vénéré des hindous, mais les autres religions y ont porté aussi leur empreinte. Alexandra s'imprègne d'images et de sensations.

Le dédale de la ville, les ruelles encombrées d'étalages multicolores, les venelles aux odeurs âcres, les vaches nonchalantes, les mille petits sanctuaires, le Gange vénéré si grandiose au levant et au couchant, l'odeur des bûchers funéraires, le choc visuel des immondices et de quelques cadavres emportés par les eaux, les ghâts sur des kilomètres, le regard enflammé des hindous qui offrent des fleurs au fleuve-dieu avant de s'immerger dans l'eau prodigieuse, les « saints professionnels » (*sadhou* et *sannyâsin*) vêtus de soleil ou de cendre, les vieillards et les malades attendant la mort avec sérénité puisqu'ils seront à jamais délivrés de toute réincarnation. Dans la ville sainte, la voyageuse rencontre Swâmi Bashkarânanda, « un vieil ascète qui vivait nu dans un jardin de roses » au milieu de ses disciples, qui passe ses journées à enseigner ou à méditer. Alexandra lui fait comprendre l'intérêt qu'elle porte aux religions indiennes : il accepte de lui transmettre une partie de ses connaissances en philosophie et de lui donner des cours de sanscrit. Elle le considérera comme son premier maître et reviendra dans le jardin de roses à chacun de ses séjours à Bénarès.

Bientôt Alexandra reprend le train en direction du nord-ouest, vers Mouttra (Mathura sur les cartes) et Brindaban (Vrindavan), lieux d'enfance de Krishna, le dieu le plus aimé de l'Inde. Elle découvre son « berceau », qu'elle regarde avec autant de scepticisme qu'elle en a toujours manifesté devant les reliques présentées dans les églises d'Occident. Toujours en chemin de fer, elle poursuit sa route en direction de Calcutta, capitale de l'Empire, centre industriel et port fluvial de plus de un million d'habitants, puis Darjeeling, station située au pied de l'Himalaya, où elle visite quelques temples bouddhistes. Elle y découvre des panoramas somptueux, dominés ici par le Kanchenjunga, troisième sommet du monde (8 585 mètres d'altitude), et effectue une première approche du bouddhisme tibétain.

Comme de nombreux rentiers, les David connaissent malheureusement de sérieuses difficultés financières en raison des diverses crises qui secouent l'économie. De retour à Paris, Alexandra doit gagner sa vie. Grâce à sa voix de soprano et à son prix de chant, elle espère réussir dans l'art lyrique. De fait, elle se produit sur différentes scènes belges et parisiennes, mais son orgueil souffre de devoir sans cesse être confrontée à des rivales ! Les auditions se succèdent, humiliantes et répétitives. Les repas sont maigres, la chambre sans confort. Alexandra n'est certes pas une diva, mais elle a atteint un niveau suffisant pour que Jules Massenet vienne l'écouter et lui adresse plusieurs lettres de félicitations.

Parallèlement, Alexandra se bat pour pénétrer le monde du journalisme. Ses idées et ses relations lui ouvrent les portes de la presse théosophique, de la presse socialiste et bientôt de la presse féministe. Les premiers articles connus, datés de 1893, paraissent dans *Le Lotus bleu*, la revue de la Société théosophique, puis en

La bibliothèque du musée Guimet. Alexandra David-Néel se souvient : « Au sommet de l'escalier, le "saint des saints" du lieu apparaît comme un antre sombre. À travers une lourde grille qui en défend l'accès, l'on entrevoit une rotonde dont les murs sont entièrement garnis de rayons chargés de livres. Dominant de haut la bibliothèque, un Bouddha géant trône, solitaire, abandonné à ses méditations. [...] Des vocations y naissent... La mienne y est née » (Citation extraite de *L'Inde où j'ai vécu*).

Benares
Temple & others near the

1895 dans *L'Étoile socialiste*, revue populaire hebdomadaire du socialisme international. Alexandra signe ses papiers du pseudonyme de Mitra, en référence à un dieu de l'Inde ancienne, dieu solaire qui veille à l'amitié entre les hommes.

Libre-pensée, socialisme, féminisme et franc-maçonnerie constituent ce que les historiens appellent les alliances démocratiques, caractéristiques de l'avant-garde de la société française sous la IIIe République. Alexandra s'inscrit dans ce courant de pensée et devient elle-même franc-maçonne selon le Rite écossais international, première obédience à accepter des femmes. En 1895, Mlle David décroche un engagement de première chanteuse aux opéras de Hanoï et de Haïphong. Elle passe une partie de l'année suivante en tournée dans la péninsule indochinoise et fait quelques excursions en Chine du Sud. Sous le nom d'Alexandra Myrial, notre héroïne est applaudie dans *La Traviata*, *Les Noces de Jeannette*, *Mireille*, *Thaïs* ou *Lakmé*. Compagnons de tournée et admirateurs comprennent mal les desseins de cette chanteuse pas comme les autres, son mépris du libertinage et son goût pour les temples. Son séjour en Indochine est un moyen de parfaire ses connaissances en matière de bouddhisme. Chemin faisant, notre cantatrice mène une double vie : elle gagne sa vie sous la lumière artificielle des projecteurs tandis que Mitra brûle d'accéder à la lumière intérieure que l'on devine sous les paupières baissées de Shakyamouni ! Curieuse de la nature humaine, Alexandra s'intéresse aussi aux intrigues qui se nouent entre les membres de la troupe au fil des semaines. À son retour, elle en tirera un manuscrit intitulé *Le Grand Art – Mœurs de théâtre – Journal d'une actrice*. Imparfait sur le plan littéraire, c'est le seul document que lui inspira sa vie d'artiste. De l'aveu même de son auteur, ce récit cache des allusions personnelles mais il s'agit d'un récit romancé, mêlant le réel et la fiction. Une manière comme une autre de ne rien révéler de sa vie privée. À Paris, Alexandra rêve de chanter à l'Opéra-Comique ou au Théâtre de la Ville. Mais la compétition est redoutable et elle ne parvient pas à se faire engager à des conditions satisfaisantes. Pour vivre, la jeune femme de trente ans accepte des tournées en province. Un pis-aller qui l'éloigne de Jean Haustont. Alexandra succomberait-elle au charme masculin ? Pianiste, compositeur, à l'occasion chef d'orchestre, Haustont est un ami anarchiste d'Élisée Reclus. Il s'intéresse à la théosophie et à la Chine. C'est un être suffisamment délicat pour être accepté par l'indomptable Alexandra.

Elle ne dit rien de lui, mais deux notes d'hôtels indiens de 1896 au nom de « M. et Mme Myrial » attestent que Jean et Alexandra visitent ensemble une partie de l'Inde. De même, « M. Myrial » participe sans doute à la tournée en Extrême-Orient. De 1897 à 1900, les deux amis partagent le même logement, 3, rue Nicolo, à Passy. Ensemble, ils composent *Lidia*, drame lyrique en un acte (paroles d'Alexandra Myrial, musique de Jean Haustont). Bien que non engagée en politique, Mlle David tient à exprimer ses idées sur la société et publie sa profession de foi, une déclaration de quatre-vingt-dix pages, typiquement anarchiste, intitulée *Pour la vie* (ré-

Le temple de Rajah Amehti's à Bénarès. Alexandra découvre l'Inde dans les années 1890. C'est dans la ville sacrée qu'elle rencontre Swami Bashkarananda qu'elle considèrera comme son premier maître spirituel. Les hindous brûlent les morts car le feu purifie et provoque la désintégration des éléments du corps, permettant ainsi à « l'âme » de se libérer. En Inde, on ne pleure pas les morts car les lamentations troubleraient les « âmes », qui quittent leur enveloppe corporelle comme on change de vêtement.

Si elle gagna sa vie comme artiste lyrique de 1893 à 1900 environ, Alexandra ne révéla jamais cette première carrière (ci-contre). Elle garda cependant en souvenir, et à l'abri de tous les regards, quelques costumes de scène et des programmes de spectacles. Lors d'une tournée effectuée en Grèce en 1899-1900, elle visita l'Acropole (ci-dessus), le temple de Zeus et la tour d'Éole, mais les merveilles archéologiques ne l'attiraient guère. Elle chercha surtout à rencontrer des philosophes anachorètes. Plus tard, elle évoquera « l'ermite de Morée, celui du Péloponnèse, le solitaire de Lykabetta ».

éditée en 1970 dans *En Chine*). Un hymne à l'individualisme et à la recherche de la liberté personnelle qu'elle approuvera encore en 1968, mais qu'elle jugera néanmoins trop sage.

La plupart des idées développées rejoignent celles des intellectuels anarchistes d'alors : Stirner, Bakounine, Malatcsta, Kropotkine et son vieil ami Élisée Reclus, préfacier de l'essai. L'originalité de *Pour la vie* vaut tout autant pour son contenu que par le sexe de son auteur. En cette fin de XIXe siècle, les femmes sont encore considérées comme des « sous-citoyennes » (le droit de vote ne leur sera accordé, en France, qu'en 1944) et les féministes se battent pour faire reconnaître les droits de la femme dans la société.

En novembre 1899, Alexandra Myrial entame une tournée de trois mois à l'Opéra d'Athènes. La Grèce de 1900, deux fois moins vaste que celle d'aujourd'hui, se relève à peine de l'obscurantisme dans lequel l'avait précipitée l'invasion turque. L'artiste-orientaliste visite l'Acropole, les ruines du temple de Zeus et la tour d'Éole. Mais, philosophie oblige, elle préfère arpenter les sentiers pierreux des campagnes à la recherche de quelque sage anachorète. En 1901, elle évoque « l'ermite de Morée, celui du Péloponnèse, le solitaire de Lykabetta » dans un projet de livre jamais achevé.

La curiosité la pousse ensuite à visiter l'Espagne. Après une étape à Biarritz, station balnéaire à la mode depuis le Second Empire, la vagabonde passe par Irun, puis sillonne les routes. De retour à Paris, elle publie deux articles (« De l'importance des influences ambiantes au point de vue philosophique » et « Autorité paternelle »), mais songe déjà à quelque ailleurs. La cantatrice obtient alors un engagement pour l'Opéra municipal de Tunis : un tournant décisif dans sa vie.

HIRONDELLE
TUNIS

CHAPITRE 2

Terminant sa carrière musicale à Tunis, Alexandra y rencontre Philippe Néel, ingénieur en chef des chemins de fer à la compagnie Bône-Guelma.

Après bien des tourments intérieurs, elle finit par accepter le mariage, sans rien céder de sa volonté d'indépendance.

Le séduisant et très libéral Philippe Néel permet donc à son épouse de multiplier les déplacements en Europe et en Afrique du Nord, de s'adonner à ses activités de « femme de lettres » et de s'affirmer comme orientaliste, car là est la vocation qu'elle s'est découverte, une vocation sur laquelle elle ne reviendra jamais.

UN MARI PEU ORDINAIRE

En 1900, Tunis la blanche, Tunis la fleurie, compte près de deux cent mille habitants. C'est la plus grande ville d'Afrique du Nord, l'un des marchés les plus vivants de la Méditerranée, un centre industriel et un port de commerce en plein essor. La Tunisie est protectorat français depuis 1881. La France y encourage une politique de développement économique. L'extension du réseau ferroviaire est confiée à des ingénieurs comme Philippe Néel, trente-neuf ans en 1900, diplômé de l'École centrale.
Mlle Myrial s'est si bien acclimatée qu'elle décide de demeurer quelque temps dans ce pays si généreusement ensoleillé. Après tout, rien ne l'oblige à rentrer à Paris, et toute chose évolue : l'impermanence n'est-elle pas une loi universelle ? La jeune femme s'installe à l'avant-port de La Goulette, qu'elle préfère à la ville française de Tunis, dans une petite villa, surnommée La Mousmé. Le cadre est plaisant, ouvert sur la baie, la vie facile. Jean Haustont n'est pas oublié, mais le 15 septembre 1900, Alexandra note dans son agenda « Hirondelle prima volta » : pour la première fois, ce jour-là, elle est invitée sur *L'Hirondelle*, le voilier de M. l'ingénieur. Philippe comprend vite qu'Alexandra n'est pas une femme comme les autres. Cette petite cantatrice de 1,56 m voyage, écrit, se passionne pour des sujets originaux, voire bizarres ! Elle est intelligente, cultivée. Elle a de la personnalité. C'est une femme comme on en rencontre peu dans les Colonies. Le contrat de Tunis semble être le dernier engagement musical de Mlle Myrial. Décidée à percer dans l'orientalisme, la future tibétologue signe désormais ses écrits sous son nom de scène. De 1900 à 1904, Alexandra déploie une énergie débordante pour tenter de se faire connaître. En se fixant à Tunis elle n'a pas choisi la solution la plus facile, mais elle n'hésite pas à se rendre à Paris si nécessaire afin de rencontrer un directeur ou un responsable d'édition.
Ses articles sont d'abord publiés dans des revues de sociologie, d'ethnographie ou d'anthropologie (« Un mot

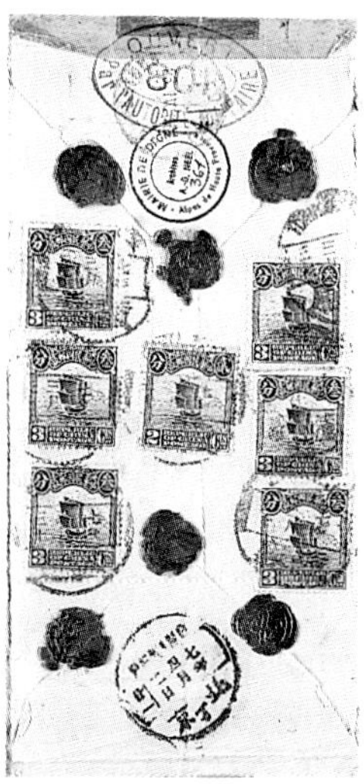

Philippe Néel menait la vie aisée et libre des cadres métropolitains en poste dans le protectorat de Tunis. Il aimait inviter ses relations à bord de son voilier baptisé *L'Hirondelle* (pages précédentes). L'ingénieur descend de la très ancienne lignée des Neel de Saint-Sauveur, en Cotentin. Huitième enfant d'une famille protestante, il naquit à Alès (Gard) en 1860. Le patronyme, d'origine normande, s'écrivait Néel, mais l'accent disparut. Alexandra écrivait Neel et prononçait Nèl, comme Philippe.

sur le bouddhisme », « Les mantras aux Indes », « Les moines-soldats de l'armée coréenne »), puis dans *Le Mercure de France* (« Les congrégations en Chine », « Notes historiques sur la Corée », « Religions et superstitions coréennes », « Le clergé thibétain et ses doctrines », « Le pouvoir religieux au Thibet. Ses origines »). Alexandra adresse aussi plusieurs contributions à *La Fronde* dont « L'enseignement dans les universités populaires » et « Les femmes et les études sociales ». *La Fronde* est le journal féministe fondé en 1897 par Marguerite Durand, elle-même ancienne artiste de théâtre. Ce quotidien a pour particularité de n'employer que des femmes, aussi bien à la rédaction qu'à l'administration ou à l'imprimerie. D'autres papiers sont envoyés au *Soir* de Bruxelles ou à *L'Aurore*, journaux progressistes bien connus. Malgré tout, ces publications ne garantissent pas l'autonomie financière à leur auteur. En 1902, les circonstances lui offrent de prendre la direction artistique du casino de Tunis. Écrivant ses textes le jour, Alexandra assume son statut de femme du monde le soir venu ! Ce n'est pas la première fois qu'elle joue plusieurs rôles… Celui que lui demande de tenir Philippe Néel à compter du 4 août 1904 lui convient sans doute le moins. Ce n'est qu'au terme d'un violent conflit intérieur qu'Alexandra s'est officiellement mariée. Alexandra se méfie ! Elle hausse les épaules quand Philippe se vante de l'amener à cet amour qu'elle rejette encore. Elle n'y croit pas. C'est comme un défi qu'ils se lancent.

L'irréductible individualiste, l'anarchiste prônant l'union libre, la féministe, la stoïcienne dont l'idéal est de parvenir à l'indifférence, la bouddhiste qui considère le moindre attachement comme une chaîne incompatible avec la libération intérieure, s'apprête à passer devant un représentant de la loi française pour officialiser une union ! Terrible impression de se renier, de renoncer à ses choix les plus solides, et de déchoir en tombant dans le lot commun. Des raisons d'ordre sociologique participent de ce dilemme. En 1904, Alexandra a trente-six ans, un

âge limite pour une femme à cette époque. En Angleterre ou aux États-Unis, le statut de célibataire, avec l'indépendance active et positive qu'il implique, vient tout juste de s'imposer. En France, pareille situation est mal acceptée. Une femme seule est une vieille fille ayant échoué dans la vocation féminine du mariage et de la procréation. Si les féministes revendiquent de plus en plus la possibilité de choisir leur mode de vie, les mentalités n'évoluent guère. Alexandra sait aussi par expérience qu'une femme sans profession fermement établie subvient difficilement à ses besoins. Sur le plan social, une femme est gagnante dans le mariage. Et puis on ne reste pas directrice artistique d'un casino d'Afrique du Nord lorsque l'on veut se faire reconnaître comme intellectuelle orientaliste !

Tout n'est d'ailleurs pas négatif dans les sentiments qui la poussent vers Philippe. Elle commence à goûter, contre son gré pourrait-on dire, ce bonheur ordinaire qu'elle avait méprisé jusque-là. Mais à la différence de Jean Haustont, Philippe Néel ne partage pas ses goûts : il déteste la philosophie. Il est brillant et intelligent, mais possède aussi un mauvais caractère. Elle reconnaît aussi à son compagnon « d'énormes qualités pratiques d'ordre, d'économie, de travail ». En dehors de sa profession, c'est un épicurien, il aime les plaisirs de la vie. La position sociale brillante de l'ingénieur, le charme de l'homme élégant ne sont pas sans effet sur l'indomptable voyageuse. Cela ajoute à ses tortures morales car l'idée d'être séduite par un homme lui déplaît souverainement. Serait-elle à son tour victime de ce « piège ridicule où tombent les quelconques » (lettre du 3 octobre 1904) ?

La crise atteint son paroxysme lorsque Alexandra s'aperçoit que Philippe lui a menti. Le séducteur a à son actif plus d'une conquête féminine prétendument oubliée depuis l'arrivée de l'exceptionnelle cantatrice-philosophe. Elle seule compte désormais ; il lui affirme qu'il ne garde ni photos ni lettres des femmes qu'il a connues avant elle. Flattée dans son orgueil, Alexandra le croit, jusqu'au jour où elle s'aperçoit du contraire.

Cette découverte la blesse au plus haut point. En outre, Alexandra apprend qu'elle a une rivale ! Surmontant son dégoût, elle discute avec Philippe des conditions du départ de la dame. Cette personne ayant besoin d'un soutien financier pour vivre, la future exploratrice conseille à Philippe de continuer à lui verser une sorte de rente ! Irréductible, difficile, altière certes, mais néanmoins magnanime, Alexandra insiste : « Imbéciles étaient ceux qui me trouvaient égoïste et sans

Diplômé de l'École centrale, Philippe Néel entra à la compagnie Bône-Guelma des chemins de fer de Tunisie où il devint ingénieur en chef. Mille kilomètres de voies existaient déjà : les lignes Tunis-Bône, Tunis-Bizerte, Tunis-Hammamet-Sousse. Il fut décidé de développer le réseau, en particulier vers le sud. En fin de carrière, Philippe prit la direction des mines de fer de l'Ouenza, en Algérie, et s'installa à Bône.

cœur. Je ne me prodiguais pas en petites sentimentalités, en petites sensibleries, mais j'aurais pu aimer grandement qui m'en aurait paru digne, qui m'aurait aimée de même » (lettre du 10 décembre 1904). Malgré les nombreux griefs accumulés contre le beau Philippe, malgré leurs divergences de goûts et de pensées, Alexandra devient Mme David-Néel, un nom bientôt appelé à passer à la postérité. La fiancée indocile n'est pas pour autant disposée à revêtir l'habit de la femme soumise. Pas question de renoncer à toute vie personnelle, pas question non plus d'abandonner sa vocation d'orientaliste ! Philippe promet de se montrer libéral. Il tiendra parole. Trop sûr de lui sans doute, il avait pensé qu'il parviendrait à « sédentariser » son épouse. Vain calcul : une semaine seulement après son mariage, la nomade s'éclipse déjà...

Alexandra se plaisait beaucoup en Tunisie. On la voit ici (à gauche) dans le jardin de sa villa de La Goulette, vers 1902-1903. Elle termina sa carrière musicale à Tunis où elle devint directrice artistique du casino (à droite). Elle mit fin à cette activité à son mariage. Pages suivantes : Philippe et Alexandra se prélassant dans l'ancien palais arabe aménagé par Philippe, rue Abd'el Wahab. Tout le charme des demeures coloniales !

C'est le 11 août 1904 que débute en effet l'imposante correspondance entre Alexandra et son mari, échange qui ne s'interrompra qu'en 1941 à la mort de Philippe. Les époux vivront peu de temps ensemble, mais ils maintiendront pendant trente-sept ans un dialogue exceptionnel de qualité. La fidélité épistolaire de Philippe apparaît aussi admirable que son comportement

d'époux délaissé : il ne rompra pas, ne divorcera pas et acceptera de bonne grâce son rôle de confident, d'archiviste, de garde-meuble, d'exutoire émotionnel, et surtout d'agent bancaire, voire éditorial, lorsque Alexandra effectuera ses grands et multiples voyages en Asie. Pendant des années, Philippe sera le seul lien entre sa femme et l'Occident.

Agent bancaire ne signifie pas banquier. Au moment de son mariage, Alexandra possède un capital personnel de 77 696 francs de l'époque. De 1904 à 1911, elle augmente son portefeuille par l'achat de nouvelles valeurs et confie à une société belge le soin de gérer son avoir. Elle n'en sera pas moins constamment préoccupée par des problèmes de dévaluations, de changes, de dépôts, de retraits, etc. Loyal jusqu'à sa mort, Philippe jouera ce rôle de soutien logistique pour celle qui resta toujours si lointaine, dans tous les sens du terme.

Les premières années du mariage sont les plus difficiles et mènent le couple au bord de la rupture. Philippe propose plusieurs fois à Alexandra une séparation officielle mais elle refuse. Il finit par s'incliner, renonçant à exiger un divorce qu'il aurait pu obtenir à son avantage et aménageant sa vie sans avoir su retenir celle qu'il avait souhaitée comme compagne. Sur le plan sentimental, Philippe n'avait pas de rivalité à craindre du côté d'Alexandra, sachant l'aversion physique qu'elle éprouvait pour la gent masculine. Elle lui sera fidèle en effet, ce qui, compte tenu des circonstances, ne relève pas de l'exploit. Elle n'avait pas plus de penchant pour les femmes : « Tu me l'as souvent ré-

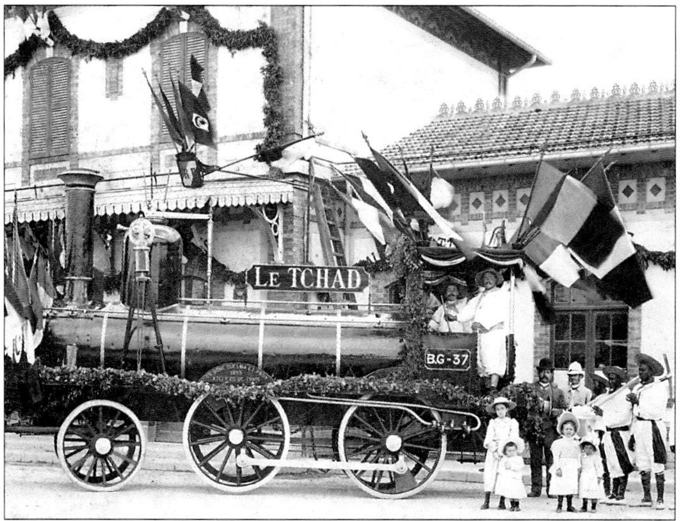

À Tunis, la vie locale s'agrémente de fêtes où les progrès techniques sont mis à l'honneur. Les drapeaux flottent sur le char fleuri des ateliers de la compagnie Bône-Guelma où travaille le jeune ingénieur Philippe Néel (avec le casque colonial, derrière les enfants, en haut). Correspondant privilégié d'Alexandra, Philippe conserva la plupart des lettres (un exemple ci-dessus) que lui envoya sa future épouse (ci-contre, photo non datée).

pété : je n'aime que moi. » « Immensément orgueilleuse, tu ne vois que par Toi et pour Toi et tout gravite autour », lui reprochera un jour Philippe, excédé.
11 août 1904 : c'est ce jour-là que commence la correspondance. Alexandra écrit à Philippe de Vizille, petite bourgade située au sud de Grenoble. Alexandra visite les Alpes, seule : « Tu me manques, mon ami, et beaucoup, cela me surprend… ah ! l'habitude ! »… On peut reprocher beaucoup de choses à la future exploratrice, mais sûrement pas l'hypocrisie ! Pourquoi est-elle partie une semaine après son mariage ? Le couple a quitté Tunis le 8 août pour Marseille, dans l'intention de se rendre à Plombières, dans les Vosges, station thermale à la mode. Ils se retrouvent à Épinal le 2 septembre, avant de se séparer presque aussitôt. Philippe rentre à Tunis, où l'appellent ses activités professionnelles. Alexandra se dirige vers Bruxelles pour rendre visite à son père malade. Puis elle prend le chemin du retour, mais s'arrête à Paris. Trois mois plus tard, elle s'y trouve encore ! Curieux débuts d'une vie officiellement commune ! Les seules relations qu'Alexandra entretienne avec Philippe sont épistolaires. Elle ne peut se comporter en véritable épouse, tout en sachant que Philippe en souffre, et c'est le début d'une nouvelle période de dépression : « Je te l'avais bien dit d'avance : je ne suis pas jolie, je ne suis pas gaie, je ne suis pas une femme, l'on ne saurait s'amuser auprès de moi… Pourquoi as-tu persisté, t'es-tu entêté ? » (lettre du 27 septembre 1904). « Nous avons fait un singulier mariage, nous nous sommes épousés plus par méchanceté que par tendresse. Ce fut une folie, sans doute, mais elle est faite. La vraie sagesse serait d'organiser, maintenant, notre vie en conséquence, telle qu'elle peut convenir à des êtres de notre tempérament » (lettre du 3 octobre 1904).

Alexandra ne laisse jamais Philippe sans nouvelles, lui écrivant presque chaque jour de longues lettres. Il lui répond brièvement et elle s'en plaint. En homme qui vit « tout à fait sur la terre », selon l'expression qu'elle utilisera un jour à son propos, il lui fait remarquer qu'elle ne joue pas son rôle d'épouse. La sédentarité minimale qu'implique une vie de femme mariée, le contact physique avec un homme, une dépendance financière même partielle, la routine d'un quotidien trop bien réglé, les soucis d'un ménage même atténués par des domestiques, tout cela lui fait horreur. Épouse par correspondance est un statut qui lui convient. Mais Philippe accepte mal cette situation à laquelle il n'était pas préparé. Il a besoin d'une présence féminine. Aussi va-t-elle lui suggérer de garder auprès de lui cette dame dont elle avait « négocié » le renvoi peu de temps avant leur mariage. Ce ne serait que provisoire, en attendant son propre retour. Elle évoque cette idée dès le 7 octobre 1904, deux mois après leur union officielle ! Grâce à cette femme, elle sera libérée des soucis matériels qu'elle redoutait et rassurée de voir quelqu'un s'occuper de son « Mouchy » (diminutif de Mamamouchi) ou de cet « Alouch » (mouton, en arabe : Philippe était frisé !) auquel elle tient malgré tout, comme elle n'a jamais tenu à aucun homme. La dame assumera donc la fonction de gouvernante après avoir été considérée comme une rivale par l'épouse absente. Mais tout cela ne se conclut pas de gaieté de cœur. Philippe patiente en faisant installer la maison de la rue Abd'el Wahab, qui deviendra le domicile conjugal. La vagabonde promet de revenir dès que ses activités auront pris bonne tournure. Car si elle séjourne à Paris, ce n'est pas seulement pour fuir son mari, c'est aussi pour travailler !
Sous le pseudonyme d'Alexandra Myrial, l'indépendante

entreprend une véritable offensive dans les milieux littéraires et journalistiques. Elle a bien précisé à Philippe qu'elle souhaitait conserver ce nom de plus en plus connu. En novembre, elle lui annonce qu'elle commence « un ouvrage de vulgarisation sur la philosophie hindoue » et lui relate ses après-midi chez Rachilde, l'épouse du directeur du *Mercure de France*.

La mort de son père, Louis David, à l'âge de quatre-vingt-neuf ans, et la mauvaise santé de sa mère obligent Alexandra à séjourner à Bruxelles plus longtemps que prévu au cours de l'hiver 1904. Son moral ne dit rien qui vaille. Au printemps, elle retourne à Tunis auprès de Philippe, enfin heureux.

Il a su lui organiser un espace personnel : une chambre particulière. La maison est belle, avec son salon ouvert sur un patio dissimulé aux regards indiscrets par de hauts murs. Un vrai palais arabe ! Le piano n'a pas été oublié, indispensable dans un intérieur de musicienne. Peu à peu, l'intérieur va se charger de statuettes, d'objets et d'ouvrages orientaux rapportés de voyage : « Cette belle maison, je l'ai fort aimée… pourquoi ? Parce qu'elle était un peu cloître, un peu temple, si close, avec ses grilles et ses portes massives ; et le soir, alors que les petites lampes s'allumaient dans les recoins sombres, cet intérieur musulman s'imprégnait d'un charme mystique qui me séduisait. La belle maison… elle caressait mes rêves de nonne philosophe, elle est peut-être complice des *dévas* qui, entre ses murs, m'ont murmuré les paroles qu'ils disent au Bouddha dans le génial et délicieux poème le *Lalita Vistara*… : “Viens, c'est l'heure, sors de la maison, toi qui durant d'innombrables vies a formé des vœux pour l'affranchissement suprême”… Elle me fut bonne… un reposoir après des jours pénibles, l'asile calme où, peu à peu, je suis revenue à ce qui a toujours été ma véritable vie… » (lettre du 27 avril 1914).

L'absence de lettres jusqu'en août 1906 laisse à penser qu'Alexandra séjourne à Tunis jusqu'à cette date. Les deux époux semblent avoir trouvé un équilibre, fragile étant donné leurs différences de caractères et de conceptions de l'existence. Un jour, Alexandra annonce clairement à son époux qu'elle ne veut pas d'enfant. Ni les charges ni les engagements d'une mère de famille ne sont compatibles avec son besoin d'indépendance, son goût exclusif pour les études et les voyages. *Le Courrier européen*, *Le Mercure de France*, *Le Bulletin de la Société d'anthropologie de Paris* ou *La Dépêche tunisienne* recueillent ses réflexions sur des thèmes variés : « La question religieuse au Japon », « La séparation des Églises et de l'État », « Moukden : notes historiques », « L'idée de solidarité en Chine au ve siècle avant notre ère », etc. Participant au congrès de la Libre Pensée qui se tient à Paris en 1905, Alexandra y prononce une importante allocution sur « la morale laïque ». Qu'est-ce que le bien et le mal ? Quelle « autorité nébuleuse » peut prétendre les définir et les imposer ? Et la congressiste de conclure en citant « les paroles de hautaine sérénité d'un antique philosophe » qu'elle appelle son maître : « Soyez à vous-mêmes votre propre flambeau et votre propre recours. Celui qui fait de la vérité son flambeau et ne cherche pas d'autres recours, celui-là poursuit la bonne manière

Un lieu cher à la femme de lettres qu'est Alexandra : son bureau (à gauche), à Tunis entre 1904 et 1911. Devant elle, l'encrier de son enfance ; derrière : une statue de Bouddha. Philippe Néel devant un wagon aux larges baies ouvertes (ci-dessous), adapté aux climats ensoleillés de l'Afrique du Nord. Le réseau de la compagnie Bône-Guelma, créé en 1876, c'est-à-dire avant l'instauration du protectorat, est alors en plein essor. En 1911, le réseau ferré tunisien comptait 1650 km de lignes au total.

de vivre. » Le Bouddha n'est pas nommé, mais ses préceptes sont clairement évoqués. Alexandra ne tient pas en place. En avril 1906, elle visite le Sahara jusqu'à Colomb Béchar et Figuig, ce qui lui inspire une nouvelle (*Devant la face d'Allah*) publiée dans *Le Soir* de Bruxelles en 1909. Elle effectue encore un aller-retour en Belgique, avant de gagner Londres dans le but de perfectionner sa connaissance de l'anglais. De toute façon, elle se sent incapable de demeurer auprès d'un mari dont elle ne supporte pas la présence « rapprochée ». Les deux époux sont au bord de la rupture. Le 20 septembre 1906, Philippe envoie une lettre de mise au point : « Vois-tu mon amie, quand l'affection est absente entre gens appelés à vivre ensemble, les relations deviennent extrêmement difficiles. Elle seule peut aplanir les heurts de caractère et d'esprits entiers et différents. Tu me parles toujours de confiance et d'intimité complètes de l'esprit. Comment pourraient-elles exister entre gens qui ne voient pas de même, qui ne sentent pas de même, si aucun d'eux ne fait le sacrifice de soi au profit de l'autre. [...] Je ferais volontiers quelques sacrifices pour te savoir plus calme ; tu me diras que pour des dieux seuls l'idéal se rencontre, la paix se trouve. Mais où sont-ils les dieux ? Veux-tu essayer de quelque lointain voyage ? Réfléchis, penses-y, mon amie. Tu me trouves prêt à te rendre les services que tu pourrais me demander. Je t'ai donné de moi ce que je pouvais. Tu l'as méprisé comme tu méprises tout. Je n'y puis hélas rien. Adieu, ma pauvre chère. Nous sommes deux malades aux nerfs usés. Hélas, nous ne pouvons guère nous entendre. Moi, j'essaye au moins de te donner mon appui... »

Avec une élégance mêlée de sarcasme, Alexandra lui répond trois jours plus tard, en le renvoyant à lui-même : « Eh ! bien alors, mon cher Mouchy, il reste ce que tu appelles mon "incommensurable orgueil" qui a été irrémédiablement blessé. Comment a-t-il été possible que je n'aie pas produit une autre impression que Clarisse ou Catherine, que je t'aie inspiré les mêmes sentiments et que toi, amateur de romans, tu aies cru en commencer un avec moi. [...] Oh ! l'épouvantable calvaire que j'ai gravi depuis six ans... » (lettre du 25 septembre 1906). La lettre se termine sur des considérations beaucoup plus aimables pour Philippe, qualifié de « meilleur des maris que l'on puisse rêver »... À tel point qu'Alexandra lui écrit une autre lettre dans la soirée, pour le remercier du cadeau merveilleux qu'il vient de lui promettre : « –Veux-tu essayer de quelque lointain voyage, m'as-tu proposé. T'es-tu douté en écrivant cela que tu écrivais la phrase la plus propre à me toucher parce qu'il me semble qu'il y a de ta part une intention tout spécialement bienveillante de m'offrir celle des choses du monde qui me tient le plus à cœur. Je la retiens, ton offre, mon ami ; je t'en demanderai sans doute un jour l'exécution... mais pas aujourd'hui. Aujourd'hui je suis lasse et traînerais partout, avec moi, ma lassitude et mes soucis... » (lettre du 25 septembre 1906).

Quinze jours plus tard, Alexandra est de nouveau à Tunis ! Cette perspective de voyage au long cours l'excite et la comble. Compte tenu des moyens de transport, tout séjour en Asie dure à l'époque plusieurs mois : le seul trajet aller-retour demande au moins quatre semaines. Mais Philippe ne sait pas ce qui l'attend : le voyage d'Alexandra durera quatorze ans ! Complexes, conflictuelles, aux limites de la répulsion et de la passion, ainsi se développeront les relations entre Alexandra et Philippe jusqu'en août 1911, date du grand départ de l'exploratrice. Un homme moins large d'esprit aurait sans doute imposé le divorce à une épouse aussi absente. Philippe ne l'a pas exigé. Au contraire, il a lui-même suggéré le départ à venir. C'est bel et bien le mari idéal ! Elle vient d'en prendre conscience et saura désormais lui dire sa gratitude tout au long de sa correspondance.

De 1907 à 1911, Alexandra partage son temps entre Tunis, Paris et Londres. Elle publie de nombreux articles et une étude sur le philosophe chinois Meh-Ti. Les périodes de travail sont entrecoupées de voyages : un séjour solitaire en Haute-Savoie et en Suisse, une cure à Vichy et un voyage à Jersey en compagnie de Philippe. Le Conseil des femmes françaises l'invite à participer au Congrès des femmes italiennes qui se tient à Rome en 1908 : ces dames sont même reçues chez la reine Marguerite, puis au Vatican où le pape Pie X leur accorde une audience. La communication écrite d'Alexandra est publiée l'année suivante sous le titre « Le féminisme rationnel ». Il présente l'originalité d'aborder la question de la place des femmes dans la société sous l'angle bouddhiste. Découverte ô combien surprenante pour les lecteurs et lectrices qui n'avaient jamais examiné la situation de cette façon !

Pour Alexandra, il ne s'agit pas d'entrer en guerre contre les hommes, car ce serait contraire à l'ordre naturel des choses. Plus que les conquêtes d'ordre politique, ce sont les revendications sociales qui doivent rester l'absolue priorité. Le droit de vote ne sert à rien si la femme reste une esclave dont le seul objectif est sa survie et

Alexandra ne refusait jamais une occasion de voyager et savait souvent les susciter. Durant les années qu'elle passa en Afrique du Nord, elle fit plusieurs grands périples en Tunisie, en Algérie et au Sahara. Sur ce cliché, réalisé en 1911 dans le Sud de la Tunisie, Alexandra et ses amis embarquent pour Djerba au petit port de Zarzis. Pour plus de confort, on emporte... des chaises ! Alexandra, déjà installée dans le bateau, tient son chapeau.

EK 43

celle des enfants qui souvent lui ont été imposés. Alexandra refuse de jouer les moralisatrices : la nature étant ce qu'elle est, c'est à chacun et à chacune de trouver le *modus vivendi* permettant de vivre au mieux, selon ses propres aspirations. L'indépendante Alexandra a beau jeu d'affirmer : « L'homme tient trop de place dans la vie de la majorité des femmes… Je parle de la place qu'il occupe dans la mentalité féminine… Quelle énorme quantité de jeunes filles ne grandit pas avec, pour unique rêve, la rencontre du prince charmant ? Les programmes des pensionnats ne se font pas faute de répéter qu'on les élève pour être *épouses*. Ne vaudrait-il pas mieux les élever tout simplement pour être des femmes intelligentes et énergiques, aptes au mariage s'il se rencontre, ne restant pas, à jamais, désemparées s'il se rompt un jour et sachant s'en passer au besoin. Cet aboutissement à l'homme, en tout et toujours, est le plus funeste des obstacles que nous avons à surmonter… Apprenons à nous faire une vie propre avec un champ d'activité, des mobiles qui nous soient particuliers. Soyons nous-mêmes. Toute la vie est là ! » Et Alexandra de conclure sur l'absolue nécessité pour les femmes de parvenir à « l'indépendance économique », le seul moyen de sortir de cette sorte d'« incapacité sociale » qui accable toutes celles dont la survie dépend d'un homme. Ce texte révèle des conceptions extrêmement modernes et montre une femme capable de dépasser son individualisme forcené pour mettre son énergie au service d'une cause plus générale. Mais, selon la philosophe bouddhiste, il ne faut surtout pas attendre tout des autres, le vrai combat est d'abord individuel et personnel. C'est celui que l'on doit livrer à soi-même et en soi-même, car « ce qui crée la tyrannie, c'est le consentement passif ou actif des tyrannisés. Cela seul et rien d'autre ! »

De retour à Paris, Alexandra partage son temps entre le féminisme, la franc-maçonnerie, la vie mondaine et ses recherches : elle se fait connaître. C'est alors qu'elle choisit de donner définitivement la priorité à l'orientalisme. À partir de 1910, le « lointain voyage » suggéré par Philippe quatre ans plus tôt s'impose plus que jamais. Alexandra obtient même quelques subsides du

ministère de l'Instruction publique. Elle prend des contacts en direction du Japon et de Ceylan tout en achevant *Le Modernisme bouddhiste et le Bouddhisme du Bouddha*, l'un de ses livres majeurs. Alexandra a atteint l'un de ses buts : faire découvrir à un public plus large que celui des érudits toute la puissance de cette philosophie qui écarte l'homme des « sentimentalités mièvres des religions amollissantes ». Il est temps aussi de montrer que le bouddhisme n'est pas cette religion figée comme la présentent trop souvent les spécialistes.

27 août 1910 : l'orientaliste quitte Tunis pour la Belgique. Ses compétences sont maintenant reconnues. Elle représente Dharmapala, chef de file des bouddhistes de Ceylan, au congrès de la Libre Pensée qui se tient à Bruxelles. Alexandra devient l'un des porte-parole des Modernistes bouddhistes. Puis elle se rend à Londres, où elle donne des conférences à la Société bouddhiste, et à Édimbourg. Début novembre, elle revient à Bruxelles pour un cycle de conférences à l'Université nouvelle. Puis elle séjourne trois mois à Paris, occupant son temps avec son programme habituel : causeries, dîners, tenues de loges, visites, etc. Retour à Tunis. Quinze jours plus tard, elle repart pour le sud : Gabès, Sfax, Médénine, Foum Tatahouine, Djerba... Les premiers exemplaires du *Modernisme bouddhiste* lui sont envoyés à la fin du mois de mai 1911. Les derniers préparatifs du « lointain voyage » sont à leur comble. Le 9 août 1911, Mme David-Néel quitte Tunis pour un périple dont elle ignore la durée. Elle a quarante-trois ans, Philippe cinquante. Une nouvelle vie commence pour l'insatiable...

Infatigable voyageuse, Alexandra traversa l'Algérie en chemin de fer, d'est en ouest, durant le printemps de 1906, puis elle descendit vers le Sahara. En 1909 puis en 1911, elle sillonna toute la Tunisie, avec un premier circuit jusqu'à Nefta, Tozeur, Gabès, Matmata et Zarat. Un second périple la conduisit jusqu'à Zarzis. Elle aimait la magie du désert. La palmeraie de Figuig, le coucher de soleil sur la saline du Chott Djerid, la tempête qui souffla à Nefta, furent pour elle de merveilleux souvenirs (page de gauche). La voiture permettait d'aller là où la voie ferrée n'existait pas... (ci-dessus).

CHAPITRE 3

En 1911, Alexandra quitte la Tunisie pour aller étudier sur place les aspects les plus vivants de l'hindouisme et du bouddhisme.

En Inde, la sincérité de sa démarche la fait accepter par les brahmanes. Au cours d'un long séjour au Sikkim, elle suit les enseignements d'un maître tantrique, retiré dans les Himalayas. C'est là qu'elle engage Aphur Yongden, son futur fils adoptif. Un long périple les conduit tous deux en Birmanie, au Japon, en Corée, puis en Chine.

Alexandra demeure près de trois ans au grand monastère bouddhique de Kumbum, dans la province sino-tibétaine du Koukou Nor.

L'IMMENSE PÉRIPLE EN ASIE

Le 9 août 1911, Alexandra David-Néel quitte la Tunisie pour les terres lointaines du bouddhisme afin de renouveler son « stock de connaissances ». Elle embarque sur la *Ville de Naples* en direction des côtes françaises, puis sur le navire japonais *Mishima Maru* en partance pour l'Asie. En mer, elle rappelle à Philippe l'objectif de son voyage : « Il y a une place très honorable à prendre dans l'orientalisme français, une place plus en vue et plus intéressante que celle de nos spécialistes, confinés dans leur érudition sèche et morte. Cette place, j'ai senti qu'elle venait à moi. Si ma persévérance et mon travail étaient suffisants je n'aurais qu'à la prendre. J'ai vu – ce ne sont pas des rêves – la cohue se pressant à mes conférences à Paris, l'auditoire nombreux que j'ai réuni à Bruxelles et j'ai vu, dans le salon de S. Lévi, des hommes déserter le cercle où l'on dissertait savamment pour venir autour de moi entendre parler de philosophie hindoue vivante » (lettre du 14 août 1911).

L'orientaliste sait qu'il lui faut s'imposer et durer. Pour les spécialistes européens, le bouddhisme fait partie des sciences humaines ; pour elle, c'est une foi et une raison de vivre. Elle s'engage de tout son être dans une doctrine qui répond à ses aspirations les plus profondes et qu'elle espère populariser au-delà du cercle restreint des érudits.

Le 30 août 1911, Alexandra débarque à Colombo. En l'espace de vingt ans, la ville s'est modernisée, mais elle a conservé la même blancheur, le même éclat. La voyageuse retrouve avec plaisir la lumière, les couleurs, les parfums de sa première étape en Orient, les rangées de cocotiers, les parcs aux arbres géants, les fleurs pulpeuses… Alexandra rencontre ses amis de la Mahâ-Bodhi Samaj (nom local de la Mahâ-Bodhi Society). Elle est reçue par les autorités religieuses des grands centres bouddhistes de l'île, Dodanduwa et Galle au sud, puis Kandy, qui se glorifie de posséder la relique de la « Dent sacrée du Bouddha ». La voyageuse rayonne ensuite en direction

Les tentes d'Alexandra David-Néel dans les Himalayas en octobre-novembre 1914 (pages précédentes). Cet automne-là, elle sillonna l'extrême nord du Sikkim, puis se rendit au petit monastère de Chörten Nyima situé au pied du flanc nord de l'Himalaya sikkimais. Ce fut sa première incursion au Tibet. Deux ans plus tard, en juillet 1916, Alexandra, en costume de lama (ci-contre), assise dans une ruelle de la grande cité monastique de Tashilumpo. Elle avait secrètement quitté le haut Sikkim pour se rendre au Tibet, à Shigatze et à Tashilumpo, où réside le panchen-lama. Elle fut reçue par ce haut dignitaire religieux qui passait pour être le plus grand savant en philosophie bouddhique.

C'est sur le navire japonais, le *Mishima Maru* (vignette page précédente) qu'Alexandra quitta Marseille le 14 août 1911 pour gagner Ceylan où elle accosta le 30 août. La traversée durait alors quinze jours ! En mer, elle écrivait à Philippe. Le navire fit escale à Alexandrie, Port-Saïd puis Aden, port britannique situé au débouché de la mer Rouge, qui offrit les premières visions exotiques, comme ce marché aux chameaux (ci-dessus). Pages suivantes : Alexandra en rickshaw à Ceylan où elle séjourna de septembre à novembre 1911.

de Peradeniya où se baignent les éléphants sacrés, vers Katugastotta, Nuwara Eliya, Hakgala Gardens et leurs merveilles botaniques mondialement connues. Elle découvre enfin l'antique Anuradhapura, où l'on vénère une relique vivante datant du temps du Bouddha, le « Bo-Tree », figuier sacré qui proviendrait d'une bouture de celui de Bodhgaya. Après trois mois de visite, Alexandra achève son séjour par un dîner plus formel au célèbre Galle Face Hotel de Colombo, en compagnie du consul et de quelques autres personnalités. Puis elle gagne l'Inde et se dirige vers Madoura, qui l'avait tant marquée durant son premier voyage. La voici ramenée au cœur de l'Inde fiévreuse et mystique. Le temple de Sundareswar l'impressionne encore plus qu'autrefois : « Ah ! comment décrire cette vision, le frisson qu'elle vous fait courir par les moelles ! On est à côté de la terre, dans le monde des influences terribles et mauvaises, le domaine de "l'Autre" comme on disait au Moyen Age. Et réellement, on le sent passer sur soi le souffle de "l'Autre". À de longues années d'intervalle, je retrouve la même impression accrue en intensité » (lettre du 18 novembre 1911).

Une visite de la petite île de Rameswaram, grand centre religieux de l'Inde du Sud, s'impose. Ses lettres de recommandation établies à Ceylan permettent à Alexandra d'être reçue comme une personnalité du monde bouddhiste et non comme une touriste. Elle gardait le souvenir d'un pays brûlé par les chaleurs de la saison sèche. Ce jour-là, les pluies tombent si drues que les rues se transforment en rivières. « L'Orient sans soleil n'est qu'un monceau d'immondices », écrit-elle le 22 novembre 1911. Les temples de Trichinopoly ont perdu toute luminosité. Déçue, Alexandra prend le premier train pour Pondichéry, où elle rencontre Sri Aurobindo, un « interlocuteur d'une rare intelligence appartenant à cette race peu commune et qui a toute ma sympathie des mystiques raisonnables ».

Nouveau départ et nouvelle destination : Adyar et la Société théosophique, dirigée par Annie Besant. Alexandra s'installe dans une immense chambre d'hôtes au milieu de laquelle « trône avec un air de défi le lit primitif, l'ascétique lit brahmanique », un simple châssis de bois encadrant un sommier de sangles entrecroisées. Alexandra ne refuse pas les réceptions données par la haute société anglaise, tel ce lunch chez le gouverneur, auquel elle a été conviée quelques jours après son arrivée, mais elle apprécie surtout de fréquenter les indigènes de Madras : « Quand je parle, ici, avec les brahmanes, ils sentent que je parle la même langue, que je comprends les choses auxquelles correspondent les termes dont ils se servent. Sylvain Lévi avec toute sa science serait, pour eux, un étranger » (lettre du 19 décembre 1911).

À la fin de l'année, Alexandra se fait conduire auprès d'une *yogini* (une femme yogi) vichnouïste qui vit nue dans une cabane au fond d'un jardin, où elle passe son temps à méditer et à prier. Quelques jours plus tard, trois de ses disciples se présentent chez l'orientaliste et lui suggèrent d'adopter le mode de vie de leur gourou : « L'Inde d'il y a vingt siècles se dressait devant moi en son mysticisme ardent et farouche… C'était une scène d'épopée hindoue, un peu barbare, mais non sans grandeur. » Bien qu'impressionnée et flattée, Alexandra refuse la pittoresque proposition, mais la visite de ces trois hindous signifiait qu'ils la jugeaient apte à transmettre leur doctrine en Occident. Et cette seule reconnaissance la comble d'aise…

À Madras, elle apprend « que le souverain du Tibet, le Dalaï-lama, avait fui son pays – alors en révolte contre la Chine – et résidait dans l'Himalaya. […] Je ne pouvais laisser échapper cette occasion unique de voir le Lama-roi et sa cour ».

Guidée par cet objectif, elle quitte Madras et Calcutta et met tout en œuvre pour obtenir l'autorisation de rencontrer le mystérieux chef spirituel, sans négliger pourtant la poursuite de son enquête sur l'hindouisme contemporain. Elle visite les sites religieux le plus souvent fermés aux étrangers, tel le Math de Belur, édifié sur les lieux où enseignait Sri Ramakrishna. Munie de lettres d'introduction idoines de plus en plus nombreuses, elle reçoit partout un excellent accueil.

Son mari est toujours le premier informé de ses découvertes. Exception faite des mendiants et surtout des quartiers indigènes toujours déconcertants, le Calcutta des Anglais vaut Londres : « T'ai-je dit que j'avais été avec une amie française au Temple célèbre de Kâli sur le Gange. Nous avons retroussé nos jupes jusqu'aux mollets et littéralement pataugé dans les mares de sang des sacrifices. Quel immonde charnier… » (lettre du 9 janvier 1912). Une autre fois, Alexandra se rend en bateau au temple de Dakshineswar et photographie un cadavre humain qu'un chien essaie de ramener sur la berge pour le dévorer. Passionnée mais lucide, elle juge avec sévérité les inégalités de la société indienne. Pour elle, les hindous sont inaccessibles à la compassion, vertu bouddhiste par excellence. L'hindou vit en union permanente avec ses dieux pour son propre salut.

Parfois on lui suggère d'animer des causeries sur le bouddhisme : « Les gens font cercle, s'entassent et je parle… Curieuse race, où le mysticisme prime tout », écrit-elle à Philippe. Situation parfaitement insolite : une Française prêche le bouddhisme, en anglais, dans le pays où il est né ! C'est lors de ce long séjour qu'Alexandra reçoit son nom d'initiée – Sunyananda – et qu'elle rencontre la veuve de Sri Ramakrishna.

Aucune rencontre, aucune situation ne la prend au dépourvu. Alexandra est à l'aise au milieu des humbles, mais elle fréquente aussi avec aisance la haute société anglaise et indienne. Les réceptions se multiplient : dîners, thés, interludes musicaux chez les Holmwood, quand ce n'est pas une « garden party chez la maharani d'Utva »… Grâce au très distingué Mr Woodroffe, juge à la High Court, lui-même passionné d'hindouisme, Alexandra peut assister à différentes cérémonies secrètes qu'elle évoque dans *L'Inde où j'ai vécu*. Elle apprécie aussi la compagnie de la famille du grand poète Rabindranath Tagore, qu'elle sera heureuse d'introduire plus tard au *Mercure de France*.

Le 26 mars 1912, l'infatigable prend le train jusqu'à Darjeeling, à l'extrême nord du Bengale, juste au pied de l'Himalaya : le XIIIe dalaï-lama, qui a accepté de la recevoir, réside à quelques kilomètres de là, à Kalimpong, en attendant de rejoindre Lhassa. Descendue du petit train local s'arrêtant à Darjeeling, Alexandra quitte la « reine des collines » sur le dos d'un cheval. Pour la première fois de l'histoire, une Française bouddhiste va à la rencontre d'un dalaï-lama. L'entretien a été fixé au 15 avril, un jour faste selon les astrologues. Le paysage montagneux réjouit la cavalière : « Plus rien de l'Inde, ni la végétation, ni la saveur de l'air, ni la couleur dont s'enveloppent les choses. C'est Asie mongolique, Asie jaune… On se sent "loin" en traversant ces forêts himalayennes avec leurs arbres énormes, pourris de vieillesse, tout creux, vêtus, jusqu'au faîte, de longues mousses pendantes » (lettre du 11 avril 1912).

À Kalimpong, un bungalow mis à la disposition des voyageurs l'attend. Un côté du bâtiment est déjà occupé par Kumar, venu à sa rencontre. Aussi connu sous le nom de

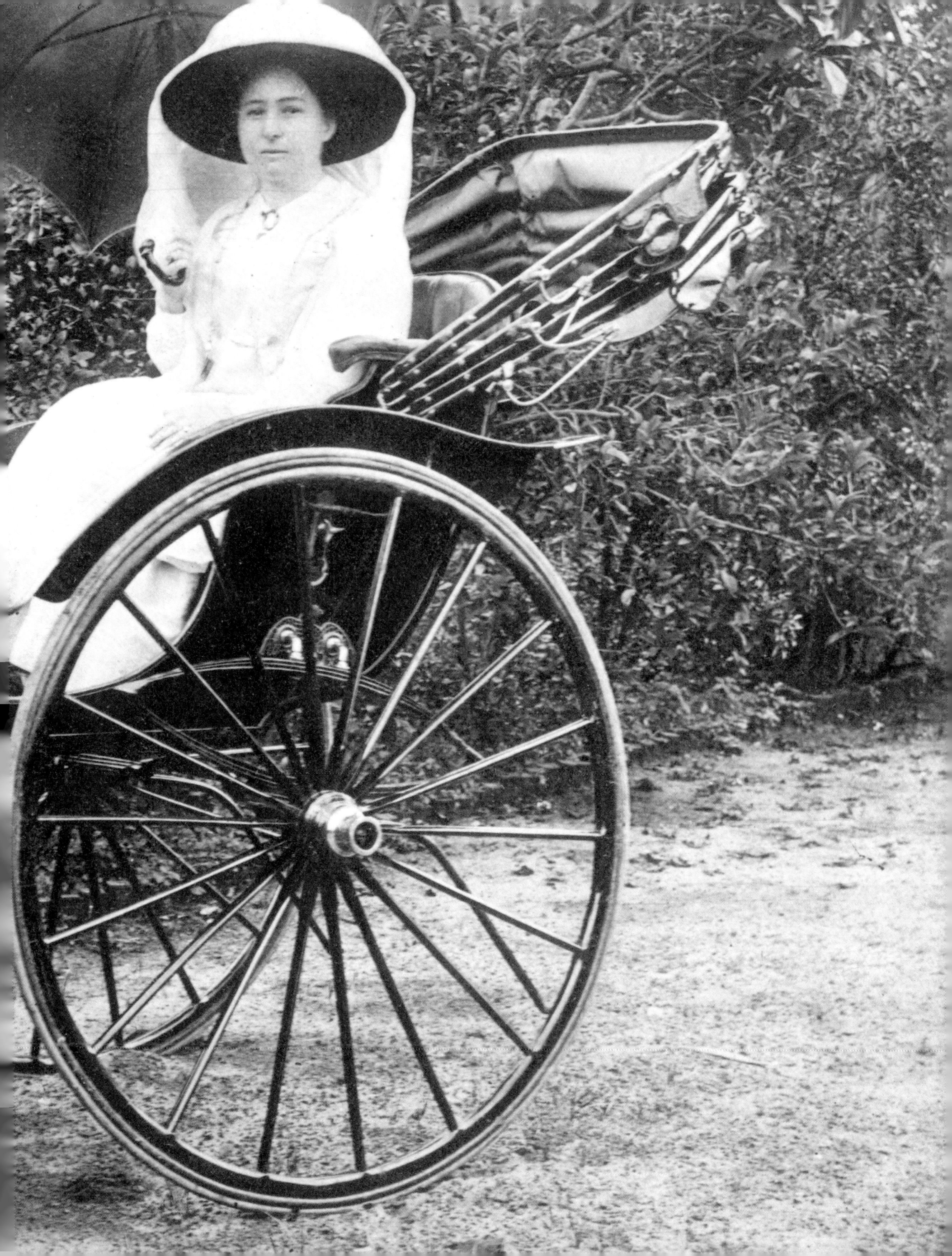

Sidkeong Tulkou (dans le bouddhisme tibétain, un *tulkou* est la réincarnation d'un haut personnage religieux), le fils de Thutob Namgyal s'est fait accompagner par le directeur de l'école de Gangtok, qui deviendra le premier professeur de tibétain et de philosophie lamaïste d'Alexandra. Dawasandup laissera une œuvre multiple et remarquable, dont le premier dictionnaire anglo-tibétain, une biographie du poète tibétain Milarepa et la première traduction anglaise du *Bardo Thödol* (Livre des Morts tibétain).

Pour se rendre sur les lieux de l'entrevue proprement dite, Alexandra loue une chaise à porteurs (un « dandie »). Ce jour-là elle, a revêtu sa robe de coreligionnaire, « couleur d'aurore », car elle ne vient pas en tant qu'Européenne mais en tant que bouddhiste : la nuance est d'importance. Le dalaï-lama n'aurait sans doute jamais consenti à recevoir une étrangère ordinaire. Mme David-Néel est d'abord accueillie par Laden La, le chef de la police de Darjeeling, et par le chambellan, qu'elle trouve « un peu crasseux ». L'audience avec le XIIIe dalaï-lama dure trois quarts d'heure.

Puis Alexandra rejoint Kumar. La conversation est agréable, un rapport de sympathie réciproque s'installe. Le jeune maharadjah lui explique qu'il rêve de réformer le bouddhisme pratiqué dans son pays. Bientôt les deux amis se revoient à Gangtok, capitale du Sikkim, où Alexandra est reçue avec égard par la « petite communauté minuscule d'Européens » : le résident britannique, son adjoint, le capitaine des cipayes, le docteur et un lieutenant, ainsi que leurs épouses.

À peine est-elle installée qu'elle décide d'excursionner. Son premier objectif est un col situé à l'est de Gangtok, le Natu La (*La* signifie « col »), donnant sur le Tibet par la val-

En Inde, les hautes sociétés anglaise et indienne ne se fréquentaient qu'à l'occasion de réceptions brillantes données en l'honneur de l'Empire (ci-dessous). A droite : l'intérieur du grand temple de Madurai, dédié à Sundareswar et à son épouse Minakshi. « L'extraordinaire atmosphère psychique » de ce décor quasi magique impressionna fortement Alexandra à chacune de ses visites.

lée de Chumbi, à une altitude de 4 310 mètres. Accompagnée de deux serviteurs, Alexandra suit un itinéraire qui correspond à l'un des grands axes de communication entre l'Inde et le Tibet, qui n'est qu'un sentier de montagne souvent coupé par des congères infranchissables. Il faut faire demi-tour, mais qu'importe : les paysages l'ont émerveillée, la lumière surtout, « cette étrange lumière himalayenne unique et surtout saisissante par les jours de soleil » (lettre du 9 mai 1912).

Quelques jours plus tard, sa curiosité la pousse vers le nord. « J'ai des yeux où luit toute la clarté des Himalayas », écrit-elle, plus heureuse que jamais ! Le Sikkim l'enchante. Pas plus vaste qu'un département français, cette perle géographique se situe exclusivement sur le flanc sud de l'Himalaya. En une cinquantaine de kilomètres, l'altitude passe de 230 mètres, au fond de la vallée de la Tista au sud du pays, à 8 585 mètres, sur le Kanchenjunga, point culminant situé à la frontière sikkimo-népalaise ! Alexandra a pris la direction de Lachung, avec l'idée de prendre contact avec un missionnaire anglais qui connaît le tibétain. Les paysages des fonds de vallée sont un enchantement : bégonias, orchidées, bananiers, où s'égayent « des oiseaux multicolores avec des queues extravagantes », « des papillons merveilleux dont certains sont eux-mêmes gros comme des oiseaux » (lettre du 18 mai 1912).

Dans la vallée voisine, le responsable du monastère bouddhiste de Lachen jouit « d'une extraordinaire réputation ». Bien sûr, Alexandra souhaite rencontrer ce *gomchen* (supérieur) qui « vit la moitié de l'année hors de son couvent, seul dans une grotte, à l'abri d'un rocher dans des endroits écartés, méditant, à l'exemple des grands yoguis dont parlent l'histoire et les légendes » (lettre du 28 mai 1912). Il ne parle pas anglais mais le missionnaire de Lachung servira d'interprète. Pour la première fois, Alexandra pénètre dans un oratoire tantrique, avec ses fresques à la « symbolique effarante », « ses masques démoniaques » accrochés sur des « piliers trapus peints en rouge violent », ses « bannières anciennes » qui pendent du plafond jusqu'à toucher le sol. L'attitude du célèbre

lama impressionne la visiteuse: « Il était beau, grand, souverainement impressionnant de voir le "yogui" balayant d'un geste large tout l'entourage d'images et de symboles, le reniant: "Ils sont bons pour les gens de petite intelligence, seulement" et reprenant la pensée des "Upanishad", la pensée maîtresse de l'Inde: "trouver tout en soi". » Alexandra vient de rencontrer son futur maître spirituel, Nga-Ouang Rinchen.
Voici qu'arrivent à Lachen le jeune Kumar, sa suite et tout un équipement de camping destiné à Alexandra! Le maharadjah passe par le village pour se rendre au Tibet, où il va voir son frère aîné! Connaissant le goût de son hôte française pour les excursions, il veut l'aider à découvrir l'extrême nord de son pays. Au moment du départ, le gomchen se prosterne devant Kumar et lui tend une *khata*, écharpe rituelle de mousseline blanche, comme le veut la coutume. Kumar passe l'écharpe autour du cou du lama, qui lui-même pose la *khata* sur l'épaule d'Alexandra: « C'est une sorte de bénédiction et d'hommage en même temps. » Moment de communion spirituelle, parmi les rhododendrons en fleurs, quelque part sur un sentier du haut Sikkim... Alexandra est implicitement reconnue comme capable de travailler avec Sidkeong Tulkou à une réforme des pratiques religieuses du Sikkim.

Au nord du village de Tangu (Thangu), Kumar laisse Alexandra et poursuit son chemin. La voilà seule avec ses gens, en route vers les cols de la frontière. Le paysage est de plus en plus austère, la végétation se rabougrit jusqu'à disparaître. Le 4 juin, Alexandra atteint le Koru La (5 133 mètres d'altitude), puis le Sepo La, sur le versant nord de l'Himalaya. Le froid, le vent, le soleil, les intempéries lui ont brûlé le visage, mais ce premier regard sur le Tibet la marque plus encore: « Pour l'instant je reste ensorcelée, j'ai été au bord d'un mystère... Oh! cette dernière chaîne de l'Himalaya, le dernier col très large qui s'inclinait vers une pente descendant à la steppe immense, déserte, où s'érige, sentinelle puérile mais émouvante, le fortin de la première ville tibétaine... Ici, tous les Européens subissent l'étrange fascination. On dit "le Tibet" à voix basse, religieusement avec un peu de crainte » (lettre du 11 juin 1912). À quarante-quatre ans, Alexandra David-Néel vient de franchir la barrière himalayenne par

À la porte d'un sanctuaire, un ascète hindou accomplit quelques gestes rituels à l'adresse de Ganesha (Ganesh, Ganapati), le dieu grassouillet à tête d'éléphant. Fils de Shiva et de Pârvatî, ce dieu de la réussite a pour monture un rat qui symbolise la ruse et l'habileté. Les hindous l'invoquent lorsqu'ils se lancent dans une nouvelle entreprise, car il détruit les obstacles qui peuvent se dresser sur le chemin du succès.

l'un de ces sentiers muletiers qui traversent le Sikkim du sud au nord. Étant donné son manque d'entraînement physique, elle a fait preuve de courage et d'endurance. Mais sa performance ne tient pas de l'exploit, car le chemin est bien connu. Les marchands tibétains l'empruntent régulièrement.

De retour à Gangtok, la voyageuse rencontre une seconde fois le dalaï-lama. Kumar traduit en anglais ce nouvel entretien consacré aux questions que l'orientaliste avait adressées au chef des bouddhistes quelque temps auparavant. Désormais, Alexandra participe aux assemblées de prières à la *gompa* (au monastère) de la ville et joue à la perfection un rôle qui répond à ses aspirations. Elle rappelle la doctrine originelle aux adeptes de ce « bouddhisme dégénéré dénommé bouddhisme tantrique », selon sa propre expression ! Les convenances de la micro-société anglaise sont cependant respectées puisqu'elle loge chez « les Blancs » plutôt qu'au palais, comme le lui avait proposé Kumar. Les lettres qu'Alexandra envoie à Philippe n'ont jamais été aussi chaleureuses. Quand il s'inquiète du « mysticisme croissant » de son épouse, elle le rassure en quelques phrases : « Il n'est pas question que je disparaisse, comme quelques Européens l'ont fait, dans le sol mouvant de la vie religieuse orientale. Je connais le terrain depuis longtemps et sais y marcher en parfait équilibre » (lettre du 19 août 1912). Alexandra visite encore les gompas du sud du pays : Phodang, Phenzang, Pemionchi, Sangachelli, etc. Paysages délicieux, dans cette Asie qu'Alexandra comprend et qui, juste reconnaissance, l'apprécie tout autant. En l'espace de sept mois, la Parisienne est parvenue à s'imposer comme une éminente personnalité religieuse au Sikkim, État de tradition s'il en est !
Avant son départ, le prince héritier lui offre un cadeau d'une valeur religieuse inestimable : une statuette du Bouddha, qui aurait été apportée au Sikkim par le premier Karmapa en offrande au supérieur de la gompa de Phodang (ou Podang). Alexandra se promet de la faire réexpédier à sa mort, dans son pays d'origine. Ce vœu sera exaucé de manière solennelle quatre-vingts ans plus tard par Marie-Madeleine Peyronnet, son ultime soutien. Forte de cette reconnaissance supplémentaire, la voya-

La bibliothèque de la Société théosophique, à Adyar, près de Madras (à gauche). On aperçoit le docteur Otto Schrader, directeur de la bibliothèque.
Ci-dessus : Un brahmane enseignant les Vedas, c'est-à-dire les textes sur lesquels repose la tradition spirituelle hindoue. Le plus ancien, le Rig-Veda, compte à lui seul un millier d'hymnes totalisant plus de dix mille strophes. Dans l'hindouisme, la transmission orale joue un rôle essentiel.

geuse se dirige désormais vers le Népal dans le but d'accomplir un pèlerinage sur les traces de Shakyamouni, originaire d'une contrée située au sud de ce pays, du moins dans ses frontières actuelles. Repassant par l'Inde, Alexandra s'arrête à Bodhgaya, le lieu le plus sacré pour les bouddhistes. L'atmosphère de paix indicible qui entoure le lieu vénéré se perpétue mystérieusement. Le train l'amène ensuite à Raxaul, terminus de la voie ferrée, ville-frontière avec le Népal. C'est en palanquin qu'elle traverse la jungle du Teraï. Le soir les coolies allument des torches et poussent des hurlements pour effrayer les fauves. Mais ils sont sans crainte car les animaux n'attaquent jamais ceux qui ont choisi la religion, comme la « dame saddhou » qu'ils transportent. Conformément à la tradition, Alexandra serait chargée d'aller « parler au tigre » si d'aventure un animal se présentait…

La chaise à porteurs succède au palanquin pour franchir les chaînes préhimalayennes. La montée vers le dernier col est extrêmement périlleuse : quatre solides gaillards portent Alexandra, trois autres se tiennent à ses côtés, prêts à intervenir en cas de difficulté. La voyageuse préférerait marcher elle aussi, mais ce n'est pas l'usage.

Le chemin passe par le col de Sissagouri et celui de Chandragiri. Une superbe récompense attend les audacieux en haut du dernier col : « une vision surnaturelle », la « barrière cyclopéenne » de l'Himalaya scintillant sous le soleil d'altitude ! La descente est encore plus dangereuse que la montée. Enfin voici la vallée, où un landau a été envoyé par l'administration britannique pour accueillir l'illustre Française. Placés sous tutelle britannique depuis 1816, les Népalais font preuve d'une évidente xénophobie et tout étranger se voit obligatoirement doté d'une escorte chargée tout à la fois de le surveiller

et de le protéger. Du 21 novembre au 31 décembre 1912, Alexandra visite la vallée de Katmandou évoquée dans *Au cœur des Himalayas*. La ville, superbe avec ses balcons et ses fenêtres de bois ciselé, compte alors cinquante-cinq mille habitants. L'attention d'Alexandra se porte à nouveau sur le brahmanisme, mais elle se passionne aussi pour les « paysages humains », rencontre des pandits, se renseigne sur les légendes, les pratiques, les variantes locales des croyances. Le manque d'hygiène de la population l'effraie. Une épidémie de petite vérole sévit, mais la maladie étant attribuée à la déesse Sîtalâ, les victimes ne se soignent pas. L'esclavage se perpétue et les sacrifices d'animaux sont d'une sauvagerie qui atteint son apogée lors de la fête de Durgâ. Hommes et femmes ne sont pas épargnés : comme en Inde, les veuves hindoues doivent accompagner leur mari défunt sur le bûcher funéraire. Cachée dans le grenier d'une masure sordide, Alexandra assiste à une « sorcellerie » dans le cadre du culte tantrique à Shakti, version paysanne et rudimentaire. À Pashupatinath, elle profite de la nuit tombante et de sa tenue de *sannyasin* (« religieuse ») pour pénétrer dans le temple de Shiva, interdit aux étrangers. L'« atmosphère mystique » extrêmement prenante qui se dégage du lieu sacré la comble de bonheur.

Le Bouddha Shakyamouni, né à Lumbini, a grandi à Kapilavastu dans une contrée située dans le Teraï népalais, au sud-ouest de Butawal. La région est difficile d'accès, mais Alexandra jouit d'une haute réputation auprès du maharadjah local, qui recrute pour elle une caravane d'éléphants : « On eût dit une illustration dans un livre de Jules Verne, ces illustrations qui me fascinaient quand j'étais petite fille. Bienheureux ceux qui réalisent leurs rêves ; cela aussi est une béatitude, et non la moindre. » Chaque soir, les tentes sont dressées : « J'aime ces nuits de solitude dans la jungle, dans la chambre de toile. Mieux qu'en la plus rudimentaire des maisonnettes on se sent parmi la nature, un avec les choses » (lettre du 21 décembre 1912). Près de Kot Tilora, Alexandra s'éloigne un moment pour aller méditer. Au cours de sa concentration, elle entend un léger bruit dans les broussailles. Elle lève les paupières : un tigre la regarde à moins de deux mètres de distance ! Comme une yogini accomplie, elle ne tente rien et reprend sa méditation... Un moment plus tard, elle ouvre à nouveau les yeux : le tigre a disparu ! Le pèlerinage se poursuit vers Kasia, nom actuel de l'ancienne Kushinagar où le Maître a quitté son corps. Elle passe deux jours dans ce lieu d'une infine tristesse. La peste sévit aux alentours.

Le 4 février 1913, Alexandra David-Néel arrive à Bénarès, où elle s'installe à la Société théosophique : « Cela ne me plaît qu'à demi d'être dans ce milieu, mais trouver un logement à Bénarès est un problème difficile », note-t-elle dans son carnet. Quelques pages plus loin, le 25 mars 1913, elle signale que la température atteint 40°C à l'aube. Le climat ne lui convient pas, mais la ville sainte lui plaît tant qu'elle y séjournera dix mois. Alexandra suit des cours de sanscrit, se replonge dans ses investigations sur le Védanta, et reçoit le meilleur accueil dans les milieux religieux. Sa renommée de sannyasin lui attire la considération des hindous, pourtant peu enclins à admirer une étrangère. La prouesse de l'Occidentale n'est pas mince.

Au lendemain d'une dernière visite à Sarnath, elle reprend la route le 22 novembre 1913 en direction de Rajagriha, la ville des premières conversions, et du Sikkim, où son retour est officiellement programmé. À quelques kilomètres de Gangtok, une haie d'honneur a été formée par les élèves de l'école. Plus loin ce sont des lamas, des notables et enfin le prince héritier lui-même qui l'accueillent avec les khatas : « Tu vois, c'était comme Poincaré ! Comme ces différentes délégations me suivaient à mesure que je les rencontrais, j'ai fait mon entrée à Gangtok au milieu de la plus pittoresque procession que tu puisses imaginer... » (lettre du 7 décembre 1913).

Si Alexandra repasse par le Sikkim, c'est qu'elle a l'intention de se rendre au Bhoutan, pays voisin que l'on atteint par un col frontalier. Pour mener à bien cette nouvelle équipée, une lettre de Charles Bell, résident britannique à Gangtok, avalisée par le maharadjah du Bhoutan, est indispensable. Malheureusement, le sésame est pour l'heure hors de portée : non seulement le représentant de la Couronne britannique est en mission, mais il a oublié de transmettre la demande d'Alexandra au souverain, lui-même en déplacement aux Indes ! Pour pallier ce contretemps, l'orientaliste modifie ses projets : elle s'installe de nouveau à Gangtok et décide d'y apprendre le tibétain, une langue aussi utile pour elle que le sanscrit. À l'occasion du nouvel an, les lamas, sans doute avec l'aval de Sidkeong Tulkou, lui remettent un cadeau inestimable, une robe de *lamani* (dame lama), nouvelle marque de reconnaissance de sa qualité d'éminente bouddhiste.

D'autres excursions mènent la « missionnaire » sur les chemins « extravagants » du Sikkim, où, dès les premiers jours de janvier 1914, elle étrenne sa nouvelle tente de

Alexandra se rendit plusieurs fois à Bodhgaya, l'endroit le plus sacré pour les bouddhistes. On y admire l'arbre qui descend du figuier pipal sous lequel Shakyamouni connut l'Illumination et devint le Bouddha, l'Éveillé. On parle de l'arbre de l'Éveil (*bodhi*). Situé au sud-ouest du Bihar, ce lieu de paix et de recueillement reste imprégné de dévotion. Le temple actuel de la Mahabodhi, un édifice birman datant du XIVe siècle, appartient, depuis le XIXe siècle, aux hindous shivaïstes.

camping ! C'est au cours de l'une de ces randonnées qu'elle apprend le décès de Thutob Namgyal, le père de Kumar. Celui-ci lui succède et invite la sannyasin à s'installer au monastère de Phodang dont il est l'abbé.
À la même époque, Philippe fait savoir à son épouse qu'il est en passe de prendre ses dispositions pour sa retraite. Comme elle ne se décide pas à rentrer, il lui suggère la séparation officielle ou le retour au domicile conjugal. Alexandra rejette l'une et l'autre de ses propositions : il est hors de question d'envisager une rupture puisqu'elle porte le nom de son époux « honorablement ». Quant à son retour, il est prévu et certain, mais rien ne presse… Écrire et voyager sont les deux besoins vitaux de notre héroïne. Alexandra vit avec Philippe à travers ses lettres, véritable journal de voyage, et elle ne semble pas comprendre qu'une telle expérience ne convienne pas à son mari…
En août 1914, les journaux anglais annoncent la déclaration de la guerre dans la lointaine Europe. La dame sannyasin continue son errance tranquille à travers les rudes sentiers des Himalayas car là est sa vocation. Le 9 septembre, elle quitte Gangtok pour une longue randonnée dans le nord du Sikkim. Plusieurs domestiques l'accompagnent, dont un nouveau serviteur âgé de quinze ans, Aphur Yongden.

Bientôt, Kumar et sa suite se joignent à ce groupe. À Tangu, on charge des yaks pour le circuit en haute montagne. Le 16 septembre, la caravane se dirige plein ouest, traverse le Lungnak La à 5 035 mètres d'altitude, et descend dans la vallée du Lhonak. Deux autres cols, le Theu La (5 212 mètres) et le Tangchung La (5 150 mètres), sont franchis en direction de Kanchenjunga. Le dernier campement est dressé près du grand glacier Zemu. « Tout cela est lointain, immense, un pays pour géants ! » écrit Alexandra dans son carnet. Le 1er octobre, la caravane essuie une tempête de neige mémorable, puis poursuit sa

randonnée en remontant vers l'extrême nord du pays, en direction du col de Naku La (5 270 mètres), dernière étape avant la frontière avec le Tibet. Pour la seconde fois de sa vie, Alexandra vient de franchir l'Himalaya sikkimais. Elle n'admet pas que les Anglais interdisent eux aussi l'accès au Tibet. Les autochtones utilisent les sentiers muletiers pour passer la frontière, pourquoi empêcherait-on d'honnêtes étrangers de faire de même? Décidée, Alexandra se rend à la Chörten Nyima gompa, située au pied du flanc nord de la gigantesque chaîne. L'atmosphère, lui avait-on affirmé, diffère sensiblement de celle du Sikkim. De fait, elle découvre un site fabuleux: le petit monastère délabré est adossé à la barrière himalayenne dans un décor de solitude quasi absolue! Nature inviolée depuis l'aube du monde, immensité, silence, couleurs de toundra, et vers le nord les horizons tibétains infinis... Là vivent quatre nonnes qui impressionnent fort la randonneuse.

À son retour, après avoir traversé les cols de Sepo La et de Koru La, Alexandra s'installe au bungalow de Tangu, le 15 octobre 1914. Mais dix jours plus tard la voilà repartie, pour répondre à l'invitation que le gomchen de Lachen lui a faite de «passer quelque temps auprès de lui, tandis qu'il résidera dans une caverne perchée dans les nuages, à la frontière du Tibet... J'ai, bien entendu, accepté avec reconnaissance une invitation qui n'a jamais, très probablement, été adressée par aucun yogui du Pays des Neiges à aucun Européen». Ce maître réputé s'est retiré dans son ermitage perché à 5 000 mètres d'al-

Le palanquin utilisé par Alexandra au retour de son voyage au Népal, le 1er janvier 1913. La « dame saddhou » se tenait assise dans cet engin à portes coulissantes porté par des hommes qui s'encourageaient en invoquant Râma. Pages suivantes : Alexandra et sa caravane d'éléphants qu'on eût dit sortis d'un « livre de Jules Verne », dans le Teraï du Népal, en route pour la région natale du Bouddha (janvier 1913).

titude, à l'extrême nord du Sikkim, à une quinzaine de kilomètres au nord de Tangu (Thangu). Arrivée sur ce terrain de haute solitude, Alexandra s'installe à son tour dans une caverne d'anachorète située au pied de celle du gomchen : « Au commencement de la nuit ma lanterne s'éteint, et je demeure sans dormir jusqu'au jour songeant à l'étrangeté de ma situation. Il fait très calme sous cette voûte de roc. On y est loin du monde et en paix ! » (carnet, 24 octobre 1914). Alexandra séjourne quinze jours entiers dans cette habitation d'un autre âge et rend visite quotidiennement au gomchen, à qui elle demande de l'admettre comme disciple. Le moment est mal choisi puisqu'il s'apprête à faire une retraite de trois ans. Mais Alexandra insiste : elle propose de lui apprendre l'anglais et de lui parler des pratiques religieuses de l'Inde, tandis qu'il lui enseignera le tibétain.

Le sage accepte finalement de mettre à l'épreuve sa future disciple : « Le gomchen s'est décidé, mais j'ai dû promettre de rester un an à sa disposition à Lachen l'hiver et à proximité de sa caverne quand viendra l'été. Je dois demeurer à la gömpa de Lachen dans un logement de lama. [...] J'ai promis : qui veut la fin veut les moyens. C'est une unique occasion d'apprendre le thibétain et les mystères du tantrisme bouddhiste complètement ignorés de tous les orientalistes. Ce sera rude mais terriblement intéressant ! » (carnet, 27 octobre 1914). Ambition de carrière ou réelle curiosité de militante bouddhiste – quelles qu'aient été ses motivations, Alexandra est prête à affronter les puissances occultes du monde tantrique, les dieux, les démons, l'univers des créations mentales, les pouvoirs psychiques supranormaux d'un grand maître...

Tashiding, à l'ouest du Sikkim, compte parmi les monastères bouddhistes les plus prestigieux du pays. Il fut fondé au XVIIIe siècle et appartient à l'ordre Nyingmapa (ci-dessus). Le palais du maharadjah du Sikkim, Thutob Namgyal, à Gangtok (à droite). Le petit État himalayen du Sikkim est alors dirigé par la dynastie des Namgyal, d'origine tibétaine. Cette famille arriva du Tibet au XIIIe siècle et prit le pouvoir au XVIIe siècle.

Le 6 décembre 1914, le jeune maharadjah Kumar meurt subitement. Alexandra en est peinée car elle éprouvait une réelle amitié pour cet homme dévoué à son pays, à son peuple tout autant qu'à sa religion.

En attendant de sacrifier à leur fameuse retraite, le maître et sa disciple regagnent le village de Lachen pour y passer l'hiver 1914-1915. Alexandra campe d'abord, puis elle se fait construire une baraque sommaire car les tentes ne résisteraient pas à la neige. Elle stocke la nourriture indispensable pour plusieurs mois et entretient des relations de bon voisinage avec les protestantes de

la mission suédoise qui lui fournissent des légumes. Elle aime cette vie rude « d'ascète studieux », loin des futilités de la civilisation occidentale à laquelle elle est encore un peu attachée malgré tout. Son esprit reste « celui d'une Parisienne philosophe-artiste-dilettante », écrit-elle le 6 décembre 1914. Alexandra partage son temps entre l'étude du tibétain, les prêches au monastère (traduits par un interprète), les études orientalistes, et les entretiens avec le gomchen. Deux mètres de neige tombent cet hiver-là.

En mai 1915, Alexandra retourne camper à Dewa-Thang, au lieu-dit des cavernes. L'aménagement de son propre ermitage commence peu après : quelques baraques de planches sont montées à la diable juste à proximité de la grotte. Les trois domestiques sont là, ainsi que la mère de l'un d'eux. Alexandra s'apprête à vivre en ermite, mais avec du personnel ! La construction s'achève au mois d'août sur un cri d'allégresse : « Je suis propriétaire dans l'Himalaya ! » La rustique demeure portera le nom de Dechen Ashram, l'ermitage de la paix. Le gomchen décide d'y passer l'hiver 1915-1916. Alexandra et ses domestiques font donc de même. À la mi-décembre, il gèle jour et nuit dans le réduit qui sert de cabinet de toilette à la nouvelle disciple, l'eau n'est qu'un bloc de glace ! Mais le vent ne pénètre pas dans la caverne elle-même. Avec des tapis et un poêle, c'est presque le confort !

Durant cet hivernage, Alexandra s'entraîne à certaines méthodes des yogis tibétains. Elle fait parfois *tsam*, c'est-à-dire qu'elle se retire plusieurs jours dans son ermitage sans voir personne. On lui pose alors sa nourriture dans la pièce voisine, sans la rencontrer. Elle s'exerce aussi à la technique appelée *toumo*, qui permet de mobiliser son énergie interne pour produire de la chaleur. Elle fait de gros progrès en tibétain, qu'elle parle maintenant quasi couramment. Les enseignements d'ordre spirituel qu'elle reçoit représentent enfin une expérience extrêmement profonde, une aventure intérieure indélébile. Le maître transmet bien plus une force psychique qu'un savoir, des méthodes bien plus que des connaissances. Les mois passent et la disciple tient bon. Suite à cet apprentissage, le gomchen donne à Alexandra le nom religieux de Lampe de Sagesse (Yishé Tön-me). Yongden, qui suit aussi les enseignements, reçoit celui d'Océan de Compassion (Nindji Gyatso).

Au printemps 1916, après plus de vingt mois de vie sédentaire, Alexandra rêve d'excursion dans ce Tibet si proche, qu'elle n'a fait qu'effleurer alors qu'elle habite à moins de dix kilomètres de la frontière ! Elle songe à un périple qui n'est pas sans risques car il s'agit d'aller jusqu'à Shigatze, à quatre ou cinq jours de marche vers le

nord. Tout près de cette ville se trouve la cité monastique de Tashilumpo où réside le panchen-lama (ou Tashi Lama), le deuxième dignitaire religieux du Tibet. La voyageuse connaît la législation en vigueur. Mais elle n'a pas demandé d'autorisation au résident britannique parce qu'il la lui aurait refusée, pense-t-elle. Aussi n'entreprend-elle cette excursion qu'au moment où elle a décidé d'abandonner définitivement le haut Sikkim. Alexandra a passé avec succès sa période probatoire

Alexandra sur un yak, avec Sidkeong Tulkou (bras croisés) et sa caravane en septembre 1914 (ci-dessus). Lors de sa grande excursion dans le Nord du Sikkim, elle a noté : « Camp au pied du col de Tangchung (Tangchung-la). Photo prise avant le départ pour Talung du Maharadjah (Sidkeong Tulkou du Sikkim) que je ne devais plus jamais revoir ! » A droite : lors de la même expédition, Alexandra fit installer le campement près de Pashi, village près du col Naku La (5 270 mètres) frontalier avec le Tibet.

auprès du gomchen, mais elle n'est pas allée jusqu'au bout des enseignements qui, dans leur cycle complet, supposent une retraite de trois ans trois mois et trois jours. Une fois encore, une force supérieure l'a poussée à partir…

Alexandra et Yongden emmènent avec eux un jeune moine qui servira de domestique. Ils sont à cheval, une mule porte le matériel de camping et des vivres pour un mois. Le point de départ est la Chörten Nyima gompa, où le petit groupe arrive le 2 juillet 1916. Endurcie par son expérience d'anachorète, parlant maintenant le tibétain, vêtue d'une tenue lamaïque, Alexandra se fond de plus en plus dans le décor. Les trois pèlerins – c'est une grande première – logent chez l'habitant à Mendi, Yerum, Kuma. Après avoir soigneusement évité Kampa Dzong où se trouve le poste militaire, ils poursuivent leur itinéraire via Yogo (Yago) et Badur (Bhadu). Ils arrivent à Shigatze le 16 juillet 1916.

Dans le cadre de ses investigations sur les pratiques lamaïques, Alexandra était déjà en correspondance avec le panchen-lama, deuxième dignitaire religieux du Tibet, considéré comme le plus grand savant en philosophie lamaïque. La voyageuse obtient une entrevue avec ce haut personnage, le neuvième de la lignée : Lobsang Gelek Namgyal. Alexandra découvre par ailleurs une grande ville monastique tibétaine avec ses rues, ses logements, ses écoles, ses collèges supérieurs, ses lieux de vie et de prière. Elle est impressionnée par « les temples, les halls et les palais des dignitaires, une somptuosité barbare dont aucune description ne peut donner une idée ». Elle reçoit de nombreux cadeaux : livres, objets, ainsi qu'un « costume de lama gradué – sorte de diplôme de docteur honoris causa de l'université de Tashilumpo ». Après un séjour de dix jours, les visiteurs regagnent le Sikkim et traversent une fois de plus l'Himalaya par les cols Sepo La et Koru La. Le résident Charles Bell n'est pas long à apprendre l'incursion du trio au Tibet. Par courrier, il intime l'ordre à la dame lama de quitter le Sikkim. Le 2 septembre 1916, Alexandra abandonne définitivement son ermitage et ce pays où elle vient de passer presque trois ans, dont deux consacrés à recevoir les enseignements d'un maître spirituel. Aphur Yongden reste avec celle qu'il considère désormais comme son maître. Une page du grand périple de l'orientaliste est tournée.

Le 20 septembre 1916, Alexandra arrive en gare de Calcutta. Le bruit, la moiteur, la cohue : après plusieurs années passées dans les solitudes grandioses de la barrière himalayenne, le contraste est violent ! Jusqu'à sa mort elle gardera la nostalgie de ce qu'elle a vécu « là-haut », ce long cheminement intérieur en contact direct avec les manifestations les plus cachées du Vajrayana, le bouddhisme tibétain. Le 9 novembre 1916, Alexandra est à Rangoon, sur cette terre bouddhiste de la tradition ancienne (Hinayana) qu'est la Birmanie. Elle visite la rutilante et très vénérée Shive Dagon Pagoda, dont les fondations remonteraient à l'époque du Bouddha historique. Après le luxe barbare des gompas du Pays des Neiges, cette architecture grâcieuse et élégante témoigne d'une foi plus riante, bien qu'orientée vers le même Maître et aspirant à la même délivrance du cycle des renaissances ! En décembre, la voyageuse prend le train pour Mandalay et Sagaing, au nord du pays. Les collines des monts Sagaing, couvertes de pagodes, comptent environ six cents monastères reliés les uns aux autres par des escaliers. Alexandra se retire dans l'un d'eux pour quelques semaines, mais elle ne dit rien de ses activités. Puis elle quitte la Birmanie sans regrets, le 8 janvier 1917, en direction de la Malaisie, première escale du grand trajet maritime qui doit la mener à sa prochaine destination : le Japon.

La lassitude, le manque d'argent, la contrainte des transbordements avec des bagages de plus en plus encombrants (vingt-huit colis) sont autant de soucis. En mer Alexandra écrit quasiment tous les jours à Philippe, éprouvant le besoin de confier ses difficultés à celui qui ne l'attend plus, mais qui ne cesse jamais de la suivre de loin. Après diverses escales à Penang, Singapour, Saïgon, Haïphong, Hong Kong, Shanghaï, l'orientaliste errante débarque à Kobé le 6 février 1917. « L'arrivée au Japon par la mer intérieure est tout simplement féerique. On navigue à travers un monde d'îlots plus pittoresques les uns que les autres » (lettre du 7 février 1917).

Depuis ses victoires militaires sur la Chine et la Russie, l'empire du Soleil Levant a atteint le rang de grande puissance. Mais c'est le « pays des dieux » qu'Alexandra vient

Un glacier situé au pied du Chörten Nyima La (5 819 mètres), col himalayen frontalier entre le Sikkim et le Tibet (ci-contre) : « Vue superbe et contrée grandiose dans sa désolation farouche », écrit Alexandra à propos de ces paysages de totale solitude. Ci-dessus : En tenue tibétaine, elle est assise en compagnie des quelques nonnes du petit monastère de Chorten Nyima, au pied du versant tibétain de l'Himalaya (octobre 1914). Alexandra passa plusieurs jours dans cette gompa.

découvrir, le pays du shintô et du bouddhisme. Le premier, considéré comme la religion primitive du Japon, donne priorité au culte des divinités de la nature (les *kami*) et à celui des ancêtres. Associés aux forces de la vie, les dieux sont innombrables et partout présents. Dans son article « La question religieuse au Japon », en 1905, Alexandra rappelait comment l'empereur Meiji avait oppressé les bouddhistes devenus trop puissants, et accordé un véritable statut de fonctionnaires aux missionnaires shintoïstes. Le bouddhisme était arrivé au Japon par la Chine et la Corée au VIe siècle de notre ère. Il se fractionna et s'adapta aux mentalités nippones. Dans ses « Notes sur la philosophie japonaise », en 1908, elle en avait décrit les principales écoles. L'occasion se présente donc de les étudier sur place, de « comparer les doctrines de la Shingon-Shu du Japon avec celles des lamas tibétains – et comparer les méthodes d'entraînement spirituel : méditation, etc., de la Zen-Shu avec celles de l'Inde ».

L'orientaliste prend le train pour Kyoto, l'ancienne capitale historique, qui compte plus de mille temples bouddhistes et des centaines de sanctuaires. Elle y est accueillie par le directeur de l'Université bouddhiste, le professeur Sonada, qui lui a trouvé un logement au grand monastère zen Tôfoku-ji. Alexandra commence ses excursions par Atami, où elle rencontre une Française mariée à un Japonais, puis par le mont Fuji (3 776 mètres d'altitude), « pauvre géant pour qui a hanté les sommets himalayens ! » À Tokyo, elle rencontre des personnalités universitaires et fait connaissance avec l'épouse du professeur Suzuki, une Américaine qui va lui servir de guide et d'interprète. Elles se rendent ensemble à Kamakura, foyer du bouddhisme japonais à la fin du XIIe siècle. À Yokohama la dame lama rencontre Ekaï Kawaguchi, qui séjourna à Lhassa sous le déguisement d'un moine chinois. Mais dans le train qui la ramène à Kyoto, Alexandra écrit à Philippe : « À vrai dire, j'ai le "mal du pays" pour un pays qui n'est pas le mien. Les steppes, les solitudes, les neiges éternelles et le grand ciel clair de "là-haut" me hantent ! … Pays qui semble appartenir à un autre monde, pays de titans et de dieux. Je reste ensorcelée » (lettre du 12 mars 1917).
Alexandra entreprend d'autres circuits en compagnie de Mrs Suzuki : Nara, capitale de l'Empire au VIIIe siècle, puis le Koya-San, deux autres pôles célèbres du bouddhisme japonais. C'est au mont Koya que le moine Kukai (Kôbô Daishi) fonda le monastère Kongôbu-ji ou « temple du Pic du Diamant ». Il rapporta de Chine les enseignements qui donnèrent l'école Shingon ou « Vraie Parole », inspirée du Vajrayana tibétain. Le cimetière du Kongôbu-ji, superbe lieu de promenade avec ses cryptomerias géants, ses mousses et sa tranquillité parfaite, abrite la tombe de Kukai, sur laquelle la dame lama s'incline le 30 mars 1917. À Ise, c'est la découverte du monde shintô, avec ses deux célèbres sanctuaires datant du IVe ou du Ve siècle.
Alexandra reste encore trois mois au Japon, où tout se ressemble, assure-t-elle. Le pays dans son ensemble la déçoit. L'ignorance de la langue est un obstacle insurmontable et le tempérament des Nippons lui déplaît profondément : « Les petits "Jap" sont les Boches de l'Extrême-Orient. Le même esprit qui a dicté le refrain *Deutschland über alles* pénètre tout le Japon, du monde de la cour jusqu'au dernier des balayeurs de rue. Ce sont des microbes très laids et très dangereux. Ils veulent tout avaler » (lettre du 12 octobre 1917).
L'environnement ne lui convient guère : climat humide, nourriture insupportable, vie chère, « sécheresse de l'atmosphère spirituelle » dans les monastères, sauf dans ceux du Koya-San, où elle retrouve enfin la « fibre mystique » de l'Orient. Le Japon est « trop menu », trop « civilisé », écrit-elle à Philippe. Le contraste ne pouvait pas être plus violent entre la beauté sauvage du monde himalayen et l'extraordinaire maîtrise du décor japonais où la nature ne se contemple jamais au premier degré, où les jardins ne sont que symboles, messages et supports de méditation… Sa nostalgie du Sikkim s'en trouve exacerbée.
Le 3 août 1917, Alexandra et Yongden quittent le Japon. Ils embarquent à Kobé en direction du port coréen de Fusan. Quinze ans plus tôt, en 1904, Alexandra Myrial avait consacré trois articles à l'histoire et aux traditions religieuses de la Corée, « un mélange confus de pratiques et d'idées » empruntées à la fois au bouddhisme, au taoïsme, au culte des ancêtres, à la sorcellerie et au chamanisme. La Corée a perdu son indépendance en 1910, annexée par les Japonais qui lui ont donné le nom de Gouvernement général de Chosen.
La dame lama entend visiter les monts de Diamant (Kumgang-San en coréen, Kongo-San en japonais), jadis cœur du bouddhisme coréen, situés à plus de cinq cents kilomètres au nord de Fusan. Après un long trajet en chemin de fer, Alexandra passe quelques jours à Séoul, puis prend le train qui mène au port de Gensan (actuel Weonsan), sur la côte est de la péninsule. Un petit steamer l'amène à Chözen (Changeon), d'où elle se fait conduire

Né à Mando au Sikkim le 25 décembre 1899, Aphur Yongden entra au service d'Alexandra à l'âge de quinze ans, alors qu'elle séjournait dans le petit État himalayen. Intelligent et dévoué, il devint vite indispensable. Aimant lui aussi les voyages, il resta auprès d'elle, suivit des enseignements bouddhistes, devint son collaborateur et son fils adoptif. Il la seconda pendant quarante ans avec une abnégation admirable et mourut brutalement le 7 novembre 1955, quatorze ans avant Alexandra.

à Onseiri, bourgade où la route s'arrête au pied des fameux monts. Des sentiers de montagne mènent aux monastères nichés au creux des mille et une merveilles d'un paysage célébré par tous les visiteurs. Alexandra séjourne d'abord au monastère Choan-ji (Cha-an sa) dont une partie a été transformée en hôtel. Puis elle visite le Reiyen-an, le Yuten-ji (Yusen-ji, Yu-jom sa), le plus grand monastère du Kumgang-San, et demeure une semaine dans le petit monastère de Pan-yan-an. De retour à Séoul, le 29 septembre, les voyageurs prennent le South Manchuria Railway en direction de Mukden.

Nga-Ouang Rinchen, le supérieur (gomchen) du monastère bouddhiste de Lachen (ci-contre). Alexandra le rencontra pour la première fois en 1912. Il devint son maître spirituel durant sa longue retraite dans les Himalayas. Ci-dessous : les petites maisons du village de Lachen, perché à 2 728 mètres d'altitude sur le versant occidental de la vallée de la Tista, au nord du Sikkim.

Alexandra a aimé les paysages et la sereine austérité des monastères, celle du Pan-yan-an en particulier. La méconnaissance de la langue du pays a toutefois gêné ses contacts avec les moines. Autre difficulté rédhibitoire : l'isolement des monts de Diamant, qui rend le ravitaillement quasi impossible. Or la nourriture locale « consiste, jour après jour, en riz assaisonné de légumes crus trempés dans la saumure. Aphur et moi nous avons vécu deux mois durant de champignons et de pissenlits glanés dans la campagne. [...] Cela ne m'a pas mal réussi, mais ne pouvait évidemment pas durer tout un hiver » (lettre du 31 octobre 1917).

Alexandra arrive en Chine par la Mandchourie, à laquelle elle s'était intéressée en 1905 dans un article intitulé « Moukden–Notes historiques ». La voyageuse apprécie les paysages ouverts de la grande plaine, ces terres de steppes parcourues durant des millénaires par les chasseurs et les éleveurs. Elle éprouve un même élan de sympathie pour les Mongols, les Mandchous et les Tibétains, qui ont en commun le même mode de vie.

Le gomchen de Lachen devant son ermitage, dans l'Himalaya de l'extrême nord du Sikkim, à 5 000 mètres d'altitude.
Ci-contre : Alexandra devant sa propre caverne-ermitage nommée Dechen Ashram, « l'ermitage de la paix ». Son lieu de retraite était situé en dessous de celui du gomchen, par quelque 4 900 mètres d'altitude. Alexandra y séjourna durant l'automne 1914, puis de l'été 1915 jusqu'à l'été 1916, c'est-à-dire pendant plus d'un an.

Après une étape à Shan-hai-kuan où débute la Grande Muraille, elle arrive à Pékin le soir du 7 octobre 1917, et s'installe « au temple nommé Pei-Ling, dans une grande maison avec des meubles gigantesques en bois noir, ornés de dragons sculptés. C'est très beau selon le canon chinois et horriblement inconfortable et froid ». Les plafonds culminent à cinq mètres de hauteur, la pièce principale du logis mesure quinze mètres de longueur. Le Pei-Ling est contigu au temple des Lamas, situé lui-même à peu de distance de celui de Confucius. Alexandra habite en pleine ville tartare.
Mais elle constate qu'aucun lama érudit ne réside alors dans la capitale. Un nouveau départ est envisagé pour un voyage de longue haleine, qui doit la mener… « dans l'Inde par voie de terre à travers le Tibet. Oui cela a l'air fantastique sur la carte, mais ce n'est pas bien terrible en réalité. […] Marcher sur l'asphalte des boulevards ou dans les solitudes du Tibet, ce n'est toujours que mouvoir ses jambes et poser un pied devant l'autre. Les dangers ?… peuh ! N'y en a-t-il pas à traverser la place de la Concorde où croisent des autos lancées en façon de bolides ?… » (lettre du 31 octobre 1917). Comme à son habitude, Alexandra prévient Philippe de sa prochaine destination : le Koukou Nor, une région située deux mille cinq cents kilomètres à l'ouest de Pékin, et le grand monastère de Kumbum, qu'elle souhaite visiter depuis longtemps. L'occasion vient de lui être offerte de se joindre à la caravane d'un grand lama du Koukou Nor qui, depuis Pékin, s'apprête à rentrer chez lui. Ce personnage providentiel s'appelle Gourong Tsang. En attendant, elle passe « le Noël le plus solitaire que l'on puisse imaginer », à la fois par goût et par mesure d'économie. Pour lutter contre le froid (- 30°C), elle colle du papier aux fenêtres et s'arrange une « estrade couverte de [mes] carpettes tibétaines » afin d'éviter le contact avec le sol glacé. « Le petit et moi vivons en anachorètes, ne faisant qu'un repas par jour, vers une heure. Le soir, nous mangeons un morceau de pain, sans beurre, avec du café, du thé ou du cacao » (lettre du 27 décembre 1917). Mais le temps sec et le magnifique ciel clair rendent la froidure supportable.

Le lama fixe enfin leur départ au 23 janvier 1918. En préparant ses bagages, Alexandra apprend le décès de sa mère, survenu seize mois plus tôt : « Cette nouvelle arrivant à la veille de mon départ pour le Koukou-Nor m'a fort émue. Oui, tu dis bien, je suis toute seule maintenant, il ne me reste que toi, grand ami… Cela, c'est la vie, n'est-ce pas, l'impermanence de tout, loi universelle ! » (lettre du 21 janvier 1918). Philippe est désormais le seul proche d'Alexandra. Son rôle s'en trouve encore affermi. Il est le coéquipier d'une entreprise exceptionnelle, l'ami qui n'a jamais failli, l'indispensable compagnon de plume. Il représente la possibilité matérielle d'aller au bout du rêve. À la tête d'un héritage bienvenu, la voyageuse passe aussitôt des ordres bancaires à son mari : qu'il veuille bien verser 3 000 roupies à Yongden qui la sert sans gages depuis des années, 2 000 francs au « Head Lama Kunzang Rinchen Gömpchen à Lachen (Sikkim) », 5 livres sterling au professeur Edmund Mills, 500 roupies à sir Holmwood, et entre 1 100 et 1 200 roupies à sir John Woodroffe. Méthodique et conséquente, la voyageuse règle ses dettes.
Le 24 janvier 1918, Alexandra, Aphur Yongden, le lama et sa suite quittent Pékin par le train. Le voyage s'effectue sans encombre jusqu'au terminus qui, dans cette direction, est Honan-fou (Lyoyang). La bouddhiste sincère qu'est Alexandra profite de l'étape pour aller découvrir deux sites religieux : les grottes de Lungmen (Longmen) et le monastère de Shao-Ling-sse. C'est dans ce monastère fondé au VIe siècle que s'installa Bodhidarma, le moine indien initiateur de l'école Dhyana ou Ch'an.
Après Honan-fou, c'est la plongée dans la Chine pro-

fonde, la découverte de l'insécurité dans un pays en pleine guerre civile, et celle de la précarité sanitaire au milieu d'une population qui ignore les règles les plus élémentaires de l'hygiène. La peste pulmonaire sévit dans la province du Chen-Si : on a recensé plus de cinq mille morts en quelques jours. Une caravane composée de six chariots et de quinze mules a été constituée pour la suite du périple. Les sept hommes du lama sont armés, ainsi que nos deux voyageurs. Partie un peu précipitamment de Pékin, Alexandra n'a guère eu le temps d'acheter des provisions de nourriture, ce qui ne tarde pas à la gêner. Les contrariétés débutent dès le hameau de Mieh-chi (Mienchi). Des soldats barrent la route, obligeant le groupe à s'installer dans « une sorte de grange divisée en compartiments ».

Alexandra tombe malade : les symptômes sont ceux de la peste pulmonaire… Après les quatre jours indispensables à l'établissement du diagnostic, elle a l'heureuse surprise de constater qu'il ne s'agit que d'une simple grippe. Le convoi est bloqué un mois dans le village, avant de repartir et d'être stoppé à nouveau un peu plus loin, à Wen-li-chen, dans de semblables conditions. Une mission chrétienne fonctionne dans la petite ville de Tungchow (actuel Dali), située à moins de quarante kilomètres. Les missionnaires, des scandinaves, offrent l'hospitalité à Alexandra, tandis que le lama et ses hommes demeurent à Wen-li-chen. C'est le premier contact de la voyageuse avec des missionnaires de la Chine intérieure. Alexandra brosse un portrait caricatural du couple, « des sortes d'illuminés » qui pensaient la ramener dans le sillage du christianisme, et qui chantent des psaumes à toute occasion. La route de Wen-li-chen à Sian se libère, tandis que… Tungchow est investie par des assaillants. La ville est cernée. À nouveau bloqués, Alexandra et Yongden parviennent néanmoins à s'échapper et retrouvent la caravane du lama à Sian (Xian).

Les quelques Occidentaux qui résident dans cette ville hébergent Alexandra. Le 8 mai, les charrettes bringuebalent à nouveau sur des chemins qui ne sont que de « vastes fondrières ». Faisant étape dans des auberges

C'est sur le paquebot *Cordillière* qu'Alexandra et Yongden effectuèrent une partie du voyage vers le Japon (en haut) où elle rencontra E. Kawaguchi (au centre). Au sud de Tokyo se trouve Kamakura (ci-contre), l'un des principaux foyers historiques du bouddhisme japonais. Page de droite : En Corée, été 1917. Les rues de Séoul ont encore leur aspect traditionnel (en haut). Au centre : paysage du Kumgang San (ou monts de Diamant). En bas : Alexandra debout à côté des religieux devant le plus grand monastère du Kumgang San, le Yuten-ji.

locales de plus en plus sommaires, la caravane pénètre dans Lanchow, capitale du Kan-Sou, à la fin du mois de mai. Les voyageurs avancent maintenant vers l'ouest chinois et peinent à s'approvisionner dans les villages de cette province démunie : « Nombreux ont été les soirs où, arrivés à l'étape, Aphur, après une tournée infructueuse dans le village, est revenu me dire : "Femme de Seigneur, il n'y a rien à acheter, buvons un peu de thé et allons nous coucher." Et on se couchait sans dîner, recroquevillé dans ses couvertures, souvent sans se déshabiller pour conserver la chaleur de son manteau fourré » (lettre du 21 décembre 1918).

Alexandra arrive à Sining (Xining) vers le 25 juin. C'est une ville de caravanes, une ville de contact entre les civilisations musulmane, tibétaine et chinoise. Mme David-Néel se présente à l'autorité du lieu, le général Ma, et aux missions chrétiennes où elle fait connaissance avec le père Shram, un Belge qui lui rendra bien des services. Comme les autres voyageurs occidentaux, elle n'hésite pas à sonner aux portes des missions dispersées dans l'immense Chine xénophobe. Une sorte de solidarité culturelle réunit missionnaires et gens de passage. Reconnaissante de l'aide que les religieux ne refuseront jamais de lui accorder (sauf une fois), Alexandra restera cependant toujours hostile à leur prosélytisme. Le christianisme allait tellement à l'encontre des conceptions locales qu'il ne pouvait pas s'implanter durablement, pensait-elle. Dans les régions d'extrême pauvreté, certains autochtones acceptaient de renier leurs traditions parce que les chrétiens leur donnaient à manger. L'incompréhension entre Alexandra et les missionnaires fut d'ailleurs réciproque et alimenta des critiques acerbes de part et d'autre !

Au début du mois de juillet 1918, Alexandra réalise l'un de ses rêves en arrivant enfin au grand monastère de Kumbum ! De nombreux voyageurs y ont fait des séjours prolongés. Ce fut le cas des pères Huc et Gabet en 1845. Mais, à la différence des autres Occidentaux, Alexandra ne vient pas en étrangère. Ses lettres de recommandation, sa connaissance de la langue tibétaine, son souhait d'étudier les textes sacrés, en font une hôte inhabituelle. La dame lama s'installe dans un appartement convenable, le premier après ces six mois passés à vau-vent ! Il lui faut peu de temps pour apprécier Kumbum : la vie est aussi bon marché qu'elle l'avait espéré, et le calme de la cité lamaïque incite à la méditation. C'est bien là qu'elle pourra joindre l'utile à l'agréable, c'est-à-dire approfondir ses connaissances en attendant la fin d'une guerre que personne n'avait prévu aussi longue ! Les paysages sont d'une âpre et lumineuse beauté.

« Le silence qui règne parmi les Temples est un délice après tant de temps passé parmi le bruit. Il y a Kum-

Bum, réparti entre les différents Temples, une population évaluée à 3 800 lamas, mais un silence complet enveloppe tous ces bâtiments étagés sur le flanc de deux montagnes enserrant une étroite vallée. On n'entend que le bruit des longues trompettes thébaines appelant aux exercices religieux et de lointaines harmonies de musique sacrée partant de la demeure du pontife de Kum-Bum, actuellement un gamin de dix ans » (lettre du 12 juillet 1918).

Lorsqu'elle rend visite à des lamas de haut rang, Alexandra revêt la tenue offerte par le Tashi Lama : robe de serge grenat, chemisette de soie jaune, veste de drap doré et châle jaune. Sa coiffe est « un bonnet pointu de satin jaune broché doublé de peau de mouton teinte en jaune et bordé de drap d'or ». Le châle jaune est la marque de ceux qui ont vécu l'expérience de l'isolement érémitique. C'est ainsi habillée qu'elle assiste, à la mi-juillet, à des festivités locales qui dépassent en pittoresque, en couleurs, en spectacles, en diversité, tout ce qu'elle avait pu voir au Sikkim. Les Tibétains en eux-mêmes sont un régal pour les yeux : ils portent leurs costumes des grands jours. Pour la circonstance, les femmes ont confectionné leurs coiffures d'apparat. Bijoux, « harnachements » plus ou moins volumineux, broderies colorées rehaussent ces parures de fête. Alexandra ne passe pas non plus inaperçue. Des pèlerins viennent se prosterner sur son passage ; elle les bénit quand ils le souhaitent, « avec une gravité d'évêque », dit-elle, malgré son envie de sourire ! Le calme du monastère ne signifie pas forcément la parfaite sérénité, car l'on se bat aux alentours. Même à Kumbum il faut prendre des précautions et, cédant à l'insistance de Yongden, Alexandra dort maintenant avec son revolver à côté de sa bougie ! Le soir, on barricade les portes des bâtiments de la gompa. L'automne arrive, donnant lieu à de nouvelles fêtes religieuses durant le mois d'octobre. Celles-ci sont accompagnées de foires qui sont l'occasion de rencontres, d'échanges commerciaux et de réjouissances populaires : « En dépit de l'absence des Mongols, la foire a été fort animée : beaucoup de marchands installés dans de petites tentes blanches ou simplement étalant leurs marchandises en plein air, et un grand

Un coin de foire à Kumbum au Tibet, en 1920. Les foires saisonnières coïncidaient avec de somptueuses fêtes religieuses et attiraient une nombreuse population venue des régions voisines. Leur pittoresque enthousiasmait Alexandra et Yongden. Ils séjournèrent pendant deux ans et demi (de juillet 1918 à février 1921) au grand monastère de Kumbum (actuel Taer Si) dans la province sino-tibétaine du Koukou Nor, l'Amdo tibétain.

C'est avec cette carriole (ci-contre) qu'Alexandra et Yongden sillonnèrent les routes du Chan-Si et du Kan-Sou en 1918 (l'indispensable *tub* de la voyageuse est accroché derrière l'engin). Partis de Pékin le 24 janvier 1918, ils mirent presque six mois à parcourir les 2 500 kilomètres qui séparent Pékin du grand monastère de Kumbum. Ils arrivèrent en juillet.
En haut : L'un des bâtiments du monastère de Kumbum (avril 1918). En bas : Alexandra vers 1920-1923.

nombre de naturels de la région d'Amdo en costumes extraordinaires - les femmes surtout, dont beaucoup sont excessivement jolies. Au point de vue habitants, le pays où je suis est infiniment plus curieux que le Sikkim ou même le Tibet méridional. Dans ces deux dernières contrées on ne voit pas ces types d'aspect vraiment barbares d'hommes n'ayant pour tout vêtement qu'une robe de peau de mouton et un chapeau pointu, et l'allure générale des gens est aussi, ici, beaucoup plus rude, plus fruste. [...] Le second jour de la fête était consacré à la visite des nombreux temples de Kum-Bum qui ouvraient toutes leurs chapelles d'ordinaire fermées et offraient à la vénération des fidèles des reliques diverses. J'ai visité, de façon privée, tous ces sanctuaires à mon arrivée à Kum-Bum. Mais le défilé des dévots est un spectacle que je ne pouvais manquer » (lettre du 9 octobre 1918).

Les mois passent selon un rythme quotidien qui convient parfaitement à la dame lama : lever à cinq heures au son de la musique religieuse, puis études et traductions de textes tibétains, méditation, promenades dans les environs de la gompa. Fin novembre 1918, Alexandra apprend avec une profonde émotion la fin de la guerre en Europe. En janvier 1919, elle décide de rendre hommage à son mari en signant désormais ses écrits de ses deux noms juxtaposés. C'est en effet grâce à son soutien qu'elle peut poursuivre ce long périple. L'été est consacré à faire le tour du grand lac Koukou Nor, un circuit de plusieurs centaines de kilomètres, après quoi Alexandra retrouve Kumbum. Son manque d'argent l'amène à interrompre le travail du copiste qu'elle avait engagé. Une année s'écoule encore : Alexandra reste sur place par mesure d'économie. Où irait-elle sans argent ? Un autre hiver passe. La voyageuse a renoncé aux excursions, « faute de ressources », mais elle continue à s'exercer à la marche en vue de son « grand circuit » vers le sud. L'année 1920 est consacrée à la traduction du texte fameux appelé *Prâjnâpâramitâ* rapportant des entretiens qui auraient eu lieu entre le Bouddha et son disciple Sariputra. Aphur aide Alexandra, « encouragé par quelques taloches de temps en temps » !

Le 30 septembre 1920, l'épouse solitaire apprend l'arrivée prochaine d'un mandat de dix-huit mille francs ! Elle remercie aussitôt son époux de s'être occupé de la succession de sa mère. En novembre, Aphur Yongden se rend à la gompa de Dankar pour entrer officiellement dans les ordres. Il fait le choix de mener l'existence d'un lama auprès de celle qu'il a choisie comme maître. Les fonds envoyés par Philippe arrivent quatre mois plus tard. Le 5 février 1921, Alexandra quitte le monastère de Kumbum après y avoir séjourné pendant deux ans et demi. C'est le point de départ du fameux voyage à Lhassa !

CHAPITRE 4

Alexandra décide d'atteindre Lhassa, la capitale du Tibet alors interdite aux étrangers. Quittant Kumbum en février 1921, elle est arrêtée par les autorités locales qui lui barrent la route.

Après un séjour à Jyekundo, elle remonte vers Tunghuan, puis traverse la Chine jusqu'aux confins du Yunnan, de la Birmanie et du Tibet.

Déguisée en mendiante tibétaine, elle entame une randonnée pédestre de 2 000 kilomètres à travers les régions mal connues, voire inexplorées, du Tibet oriental. Surmontant le froid, la faim, l'épuisement, elle est la première Occidentale à pénétrer à Lhassa, en février 1924.

VOIR LHASSA OU MOURIR

Le 5 février 1921, Alexandra, Aphur Yongden et quatre serviteurs jettent un dernier regard sur les toits d'or de Kumbum avant de se mettre en route. Ils ne disposent que de cinq mules. Le groupe avance donc à la vitesse de l'homme resté à pied, qui est remplacé à tour de rôle. Par précaution, le convoi part dans la direction opposée à sa destination et chaque membre de la petite troupe est armé. Alexandra a choisi un itinéraire détourné qui lui permettra de rester le plus longtemps possible dans les provinces sino-tibétaines autorisées, avant d'aborder le Tibet interdit par l'est, à partir du Sseu-Tchouan. La dame lama s'apprête à parcourir plus de deux mille kilomètres à pied ou à dos de mule, une distance impressionnante mais qui n'a jamais effrayé un Tibétain ! N'étant pas spécialement pressée, elle prévoit de visiter quelques sites renommés en cours de route. L'étape à Sining est marquée par un incident déplaisant : le pasteur protestant essaie d'escroquer Alexandra qui doit patienter dix jours pour récupérer ses fonds. La caravane n'arrive à Lanchow qu'à la mi-mars : en un mois et demi, deux cents kilomètres seulement ont été parcourus !

Pour atteindre la « citadelle de l'islamisme du Kansou », Ho-jo (actuel Linxia), Alexandra suggère à ses compagnons d'adopter une « tenue de guerre », car la région n'est pas sûre. « Les hommes revêtent des oripeaux qui rappellent ceux des soldats, on met des cartouches dans les fusils et les revolvers. » Elle-même marchera devant, mal habillée, « une pauvre vieille qui chemine et ne tente pas les larrons ». En cas d'alerte, elle fera signe à ses hommes, qui se prépareront à la riposte. Arrivée dans la petite ville, la voyageuse est souffrante, une mule manque de mourir, la neige se met à tomber, et le vent souffle, glacial ! Le groupe loge plusieurs jours dans une auberge, jusqu'à la guérison… de la mule. Depuis Lanchow, trois bêtes de somme supplémentaires sont réquisitionnées.

Aphur Yongden en tenue de lama, avec le bonnet de l'ordre Gelugpa, au monastère de Labrang-Tashikyil (province d'Amdo) en 1921. Après avoir étudié au Sikkim, Aphur suivit Alexandra. Il compléta sa formation à Kumbum et à la gompa de Dankar (Huangyuan), à 50 kilomètres au nord-ouest de Kumbum. Il choisit alors définitivement de servir Alexandra, sa mère adoptive, qu'il considérait aussi comme son Maître.
Ci-contre : les deux compagnons de route font rêver les dessinateurs…
Pages précédentes : le Potala (palais du dalaï-lama) de Lhassa en 1924.

Alexandra en 1921, à l'ouest du Sseu-Tchouan, dans la région de Mochow (Maowen). « Les jours où nous voulions paraître "Européens" nous revêtions nos *waterproofs*, seul habit étranger que nous possédions ». Ci-dessus : le très beau site de la ville monastique de Labrang-Tashikyil, dans la province tibétaine d'Amdo (actuel Qinghai chinois) au nord-est du Tibet. À droite : Aphur Yongden, les jours où il officiait comme lama.

Mme David-Néel monte « la grande mule noire ». La caravane retrouve pour peu de temps la province d'Amdo. Faute d'auberges, les voyageurs cherchent chaque soir un toit chez les autochtones. Certains villageois refusent d'héberger ces pérégrins car des « démons errants » peuvent « s'accrocher » à eux, et si on les laisse entrer ils risquent de s'installer dans la maison. Pour faciliter l'accueil, Yongden présente Alexandra comme une *khadoma* du Koukou Nor : « Les khadomas sont des génies féminins qui, d'après les Tibétains, s'incarnent parfois dans notre monde. Certaines personnalités religieuses féminines du Tibet sont ainsi tenues pour être des khadomas incarnées. » Vêtue de sa tenue lamaïque, Alexandra ne dédaigne pas ce nouveau rôle. Elle célèbre les rites inhérents à sa fonction et, l'expérience aidant, s'en acquitte avec une telle conviction que personne n'oserait soupçonner son imposture !

Le 30 mars, la colonne atteint Labrang, l'un des monastères Gelugpa parmi les plus prestigieux du Tibet historique.

Le secteur vient de subir une opération punitive menée par les troupes du général Ma, Alexandra ne restreint pas ses curiosités pour autant. Elle visite le monastère et rencontre le nouveau supérieur, un tulkou qui est encore un enfant.

La voyageuse à peau hâlée par le soleil et endurcie par le vent fait illusion. Les villageois se rendent bien compte qu'elle n'est pas de la région, mais ils la croient originaire d'une lointaine contrée asiatique, de Mongolie ou d'Indochine selon les moments et les interlocuteurs. La présence des serviteurs tibétains conforte son personnage. Elle accomplit ses « devoirs ecclésiastiques » – cérémonies, bénédictions, prédictions – à la demande. Son solide bon sens lui permet même de délivrer quelques prédictions ou prophéties. La performance n'est pas mince, mais en pareilles circonstances un passé de comédienne peut se révéler inestimable… « Ce que j'ai bien compris, depuis que je m'essaie à cet incognito, c'est son immense avantage. Les prix sont moins élevés pour tout ce dont on a besoin, les gens plus souriants, plus obligeants, on n'est

pas en but à une curiosité dénuée de sympathie qui finit par fatiguer les nerfs. On peut pousser son nez partout, regarder, apprendre des choses intéressantes. Au point de vue sécurité, il y a du pour et du contre. Dans les grandes villes où résident les hauts fonctionnaires chinois, il peut être mieux de revendiquer son titre d'étranger. En dehors de ces sphères, mieux vaut ne pas attirer l'attention. Le vent qui souffle en ce moment sur la Chine n'est pas empreint de sympathie pour les étrangers ; il s'en faut » (lettre du 15 avril 1912).

La caravane marche vers le sud-est en direction de Siku (actuel Zhugqu) : montagne escarpée, éboulis, rivières torrentielles. Au prix d'efforts permanents, gens et mules se frayent un passage tant bien que mal. Les villages deviennent rares, pauvres, peu hospitaliers : il faut puiser dans les réserves. Alexandra se résout à manger du mouton séché. Elle trouve parfois des pissenlits, une « nourriture de sauvage », dit-elle. En cas de nécessité elle n'hésite pas à employer la manière forte et à ordonner que ses gens utilisent leurs armes. C'est l'ultime recours si l'on ne veut pas se laisser détrousser. Un petit groupe conduit par des inconnus est une proie facile dans ces vallées isolées ; les mules sont belles et les bagages encore volumineux... Sungpan (actuel Songpan) en Sseu-Tchouan est atteint le 15 mai. Enfin trois jours de repos dans une bonne auberge musulmane. La petite troupe traverse la région de contact entre le Tibet et la Chine. Le sentier vertigineux mène à Mochow (Maowen), situé environ cent cinquante kilomètres au sud, il longe la rivière Minjiang accroché à flanc de versant. Les passages escarpés épuisent les animaux comme les hommes. Il faut souvent mettre pied à terre. Alexandra est fourbue mais elle jubile à l'idée de pouvoir accomplir ce circuit hors des sentiers battus : « S'arrêter n'est pas aisé. Les auberges sont rares, camper est impossible, tout le terrain est en champs cultivés sauf les pentes rocheuses des montagnes qui sont à pic. La saleté des villages est impossible à narrer. Les gens couchent dans les écuries. Nous procurer un recoin où nous pourrions, Aphur et moi, nous isoler un peu la nuit était d'une extrême difficulté. Et, là, tu peux imaginer comment l'on se reposait des fatigues de la journée. Il n'était pas question de se déshabiller bien entendu. On n'osait même pas ouvrir ses sacs pour en tirer des couvertures tant la saleté environnante était effrayante » (lettre du 24 mai 1921).

Premier obstacle majeur : Alexandra est arrêtée à la sous-préfecture de Foupien par un fonctionnaire chi-

nois qui juge les passeports périmés et veut inspecter tous les bagages, d'autant que les hommes ne possèdent pas d'autorisation de port d'arme. La dame lama menace d'alerter les consuls de France et de Grande-Bretagne qui résident à Chengtu. Les palabres s'éternisent. Au bout de deux jours, le sous-préfet laisse repartir le groupe suite à l'intervention d'un compatriote. Ce Français secourable est le père Charrier, responsable de la mission catholique de Sinkaïtze - Mow Kong Ting (actuel Xiaojin), située à cinquante kilomètres au sud de Foupien. Alexandra se présente à lui trois jours plus tard. Le père, « des plus aimables », l'héberge, elle et sa bande, pendant douze jours, et découvre avec stupeur le mode de vie pittoresque de cette invitée pas comme les autres.

La caravane s'enfonce vers l'ouest en direction du Tibet interdit. Les difficultés du parcours s'accumulent : rivières gonflées par les pluies, sentiers boueux, éboulis multiples. Il faut traverser à dos d'homme un torrent en crue avec de l'eau jusqu'aux hanches. Plus loin un des serviteurs tombe à l'eau et manque de se noyer, et deux mules perdent pied à leur tour. Les domestiques s'inquiètent. Au terme d'une série de réprimandes supplémentaires, trois d'entre eux s'enfuient, laissant en plan la lamani, son fils adoptif, les mules et tous les bagages !

Ci-contre : Août 1921, Alexandra à Kanzé, au Tibet, avec des chefs du pays de Hor. Ci-dessus : La bourgade de Jakyendo (Jyekundo), en octobre 1921, décrite par Alexandra comme « un gros pâté de maisons plates en terre durcie s'étageant sur un coteau que surmonte un monastère, le tout dans une étroite vallée entre d'arides montagnes ». Elle y séjourna, malgré elle, pendant près d'un an (septembre 1921-juillet 1922).

Alexandra circule maintenant dans les Marches Tibétaines où sont installées quelques missions catholiques. Elle fait halte à celle de Rumichangu (actuel Danba), puis à celle de Taou (Dawu) avant d'arriver à Charatong, dernier établissement chrétien sur sa route. Mais le missionnaire de Charatong refuse d'héberger l'impie et son escorte... Alexandra découvre l'ancienne province tibétaine du Kham et décide de visiter Kanzé, « la capitale des tribus Horpa ». De là, elle pense descendre à Batang, à deux cents kilomètres au sud-ouest, pour soigner une crise d'entérite à l'hôpital missionnaire américain. C'est compter sans l'interdiction du gouverneur de Kanzé, qui ne l'autorise pas à s'y rendre. La dame lama comprend ce qu'il en coûte de se rebeller : deux brigands sont exécutés sous ses yeux ! Elle prend donc le chemin qu'on lui impose, celui de Dergé. La frontière avec le Tibet passe près du hameau de Zacco où la caravane a d'ores et déjà été annoncée. Alexandra est surveillée de près : « Je suis devenue une sorte de juif errant condamné à marcher sans but. »

L'altitude moyenne dépasse maintenant les trois mille mètres. Les gîtes d'étapes sont d'une rusticité totale : camping dans la nature, bivouac sur le toit plat d'une

Un couple de marchands croisés dans la province tibétaine du Kham. Ci-contre : Alexandra et Yongden, vers 1920-1923 : « Une dame de la secte rouge du Parfait Accomplissement portant le poignard magique à sa ceinture et le rosaire d'os humains à la main. Derrière elle, un disciple » écrit-elle au dos de la photographie envoyée à Philippe. C'est avec ces tenues de terrain qu'ils effectuèrent leurs circuits sino-tibétains de 1918 à 1923.

maison ou étable commune avec les animaux d'une famille d'accueil. Voici le très renommé monastère de Dzogstchen, la gompa du « Grand Accomplissement », d'une « désolation farouche ». À sa grande surprise, la voyageuse est invitée par le supérieur qui la connaît de réputation. Jamais Européenne ne fut aussi célèbre au pays des Khampas ! L'obstinée reprend la route en direction de Dergé dans le but d'atteindre Batang. Son espoir est de courte durée : un groupe de cavaliers s'avance. Le chef enquête sur le meurtre de deux voyageurs. Il lui ordonne de retourner à Dzogstchen. Comme elle n'entend pas rebrousser chemin, les palabres se poursuivent durant plusieurs jours. Connaissant les mentalités tibétaines, Alexandra use de ses talents de comédienne et jette violemment l'anathème sur son adversaire. Superstitieux, celui-ci la laisse partir, mais vers Jyekundo (ou Jakyendo, actuel Yushu), localité où elle ne souhaitait pas aller mais où elle arrive le 15 septembre 1921.

Le Tibet, rappelle Alexandra, se divise alors en deux zones : la première est soumise à l'autorité de la Chine, la seconde forme le « soi-disant Thibet indépendant. Dans la première de ces zones, les étrangers circulent librement ; la seconde leur est strictement fermée, à moins qu'ils n'obtiennent une autorisation du gouvernement britannique ». La frontière entre les deux entités passe à une centaine de kilomètres au sud de Jyekundo, entre Nangchen et Riwoché. Non seulement Alexandra ne possède pas d'autorisation pour circuler au Tibet indépendant, mais elle n'a toujours pas admis son expulsion du Sikkim. Parvenir à Lhassa serait pour elle une formidable revanche !

Jyekundo n'est pas inconnue des explorateurs, qui s'y firent souvent refouler avec violence : en 1891, Rockhill avait dû fuir le village durant la nuit et en 1894, J.-L. Dutreuil de Rhins fut assassiné dans les environs. Mieux acceptée que les autres Occidentaux, Mme David-Néel se présente au mandarin local qui la reçoit avec courtoisie et lui trouve un logement.

Ce séjour présentant peu d'intérêt, Alexandra, ses gens et les mules repartent dès le 3 octobre 1921 en direction de l'ouest, vers le Turkestan chinois. Deux mois plus tard… la dame lama est de retour ! Sa tentative a échoué après Tachi gompa.

Le passage des cols de Poumo (4 817 mètres d'altitude) et de Dze (5 275 mètres, le plus élevé du Tibet oriental), balayés par des bourrasques de neige, s'est révélé impossible. L'absence de guide et de matériel approprié pour affronter les intempéries aurait rendu fatale la poursuite de la randonnée. Le groupe a quand même parcouru plus de quatre cents kilomètres aller-retour dans des conditions extrêmement difficiles. Alexandra se résigne à passer l'hiver à Jyekundo : « La nuit, bien entendu, il gèle dans la pièce, mais je ne suis jamais arrivée tout à fait à -10°C. Je n'ai donc pas souffert. Les gens bien portant – et je suis du nombre – réagissent contre le froid et le chaud et s'y acclimatent » (lettre du 14 janvier 1922).

Février 1922, le temps est à nouveau sec et ensoleillé. C'est le moment de tenter une nouvelle sortie. Prudente, la dame lama adopte une stratégie différente et change de direction. Toujours accompagnée de Aphur qu'elle considère maintenant comme son fils et qu'elle surnomme Albert, secondée par deux domestiques, Lobzang et Sonam, elle opte pour le sud. Sac au dos, emportant une simple tente de camping, elle décide d'ouvrir la marche avec Lobzang. Yongden et Sonam ne quitteront Jyekundo que quelques semaines plus tard, avec trois mules portant l'ensemble des bagages. Le long de la route, Alexandra laissera régulièrement des messages et les voyageurs se retrouveront à un endroit convenu. Ainsi ils n'attireront pas l'attention des autochtones, encore moins celle des autorités.

Qui oserait imaginer que cette vieille femme du peuple, circulant à pied avec sa besace sur le dos, puisse être une étrangère ? Une Occidentale ne peut voyager dans de semblables conditions.
Les nuits sont glaciales. Heureusement quelques grottes secourables permettent parfois de dormir à l'abri du vent. Le premier grand col, le Shung La (4 815 mètres), est enneigé mais praticable, leur assure-t-on. Plus ils montent, plus la couche de neige s'épaissit, des congères barrent le chemin. Ils frôlent le drame : « La fatigue nous abat, sans forces, sur le sol et nous restons là un long moment à demi inconscients. Je secoue, la première, ma torpeur ; mes mains qui, sans gants, ont agrippé la neige pendant plus d'une heure pour franchir le mur presque perpendiculaire qui bloquait le passage, sont blanches, privées de sensation... elles gèlent. Mon garçon doit être dans le même état. Je crie : "[...] Frictionne-toi les mains et lève-toi ; nous nous gelons !" Mon exclamation fait sursauter le domestique qui épuisé, allait, ma foi ! s'endormir. [...] Chaque hiver, de pauvres pèlerins exténués s'y laissent surprendre ; le cerveau engourdi, pris de vertige, ils tombent et s'enlisent dans les profondes couches de neige qui nivellent les ravins ; ou bien, croyant se reposer pour quelques instants, ils s'endorment à jamais sur le bord du sentier solitaire. On les retrouve à la fonte des neiges ; leurs cadavres charriés par les torrents s'échouent dans les vallées où, parfois, des fragments de squelettes dispersés dans les montagnes racontent seuls leur sort » (*Souvenirs d'une Parisienne au Thibet*).

La traversée du Tung-Tien ho sur des bateaux en peau de yak, province du Koukou Nor (en haut à gauche). C'est en carriole (à droite), en février-mars 1923, qu'Alexandra se dirigea vers Tunghuan et les grottes des Mille Bouddhas. En bas : « Façade du temple où j'habite près de Kanchow en octobre 1922 », a noté Alexandra au dos du cliché. Elle demeura dans ce petit temple taoïste d'août 1922 à janvier 1923. A droite : Un chef militaire tibétain avec ses hommes.

Voici une rivière aux eaux glaciales qu'Alexandra traverse sur le dos de son domestique. Vers le vingtième jour enfin, Yongden et Sonam trouvent le signal laissé par l'organisatrice de ce jeu de piste à hauts risques : « Un drapeau rouge annonçait que j'avais passé à cet endroit ; un bleu disait "Dépêchez-vous de me rejoindre" ; un vert et un rouge "Prenez une lettre cachée sous les pierres au-dessous du drapeau". D'autres signifiaient : "J'ai remarqué des gens suspects qui paraissent me suivre et m'épier", "J'ai entendu dire qu'une bande de brigands rôdait dans ces parages", etc., etc. Un autre code réglait l'échange de brèves communications en cas de rencontre imprévue. Le chapelet que tout Thibétain porte sur lui, apparent ou non, en était le moyen. Passé autour du cou, le chapelet disait : "Ne m'approchez sous aucun prétexte, nous courons grand danger d'être reconnus", etc. » (*Souvenirs d'une Parisienne au Thibet*).

Les quatre compagnons se rejoignent mais doivent se séparer à nouveau et redoubler de vigilance. Nangchen est rapidement traversé. Après le passage d'un pont de fer qui oscille comme une escarpolette et sur lequel le domestique est pris d'une peur panique, Alexandra effectue ses premiers kilomètres dans le Tibet interdit. Riwoche est passé sans problème. Trois jours plus tard, des villageois barrent la route à Alexandra et à Lobzang. Yongden et Sonam ont déjà été arrêtés. Fouillés par un fonctionnaire, les bagages du premier contiennent des appareils photographiques, du papier, un herbier et des instruments qui ne laissent planer aucun doute sur le caractère étranger du pèlerin. Il faut re-

nant de Sining et se rendant à Lhassa. Sans le savoir, George Pereira va donner une extraordinaire impulsion à la suite du voyage de la dame lama : « Il possédait quantité de cartes et de notes qu'il me prêta ; j'y copiai nombre de renseignements utiles pour les pérégrinations que je projetais et certaines de ces esquisses rudimentaires, cachées dans mes bottes, m'ont accompagnée à Lhassa. [...] Un soir, nous avions pris le thé ensemble, une carte demeurant déposée sur une table, nous parlions du Thibet ; du bout du doigt, le général suivit le mince trait marquant le cours du Po-hangpo (ou Po Tsangpo) : "Personne n'est jamais allé par là, dit-il ; il doit y avoir des cols praticables vers les sources de la rivière. Ce serait une route intéressante vers Lhassa..." Je n'avais pas encore pensé à la traversée de cette région. Toutefois, les vagues renseignements que j'avais obtenus à son sujet par des gens de Kham ou des marchands des provinces centrales avaient été peu encourageants. Beaucoup prétendaient que les Popas étaient des cannibales, de plus modérés réservaient leur opinion sur ce sujet, mais tous s'accordaient pour affirmer que quiconque pénétrait dans les forêts habitées par les Popas n'en sortait pas vivant. J'hésitais. Les paroles du général me décidèrent. "Personne n'était allé par là..." Bon, je verrai ces cols. Oui, vraiment, ce serait une route intéressante. Un grand merci à vous, général : consciemment ou non, vous m'aviez rendu un véritable service. » (*Souvenirs d'une Parisienne au Thibet*).

tourner à Jyekundo : « Une fois de plus mes efforts, la fatigue et les privations endurées avaient abouti à un échec, mais je me refusais à accepter la défaite comme définitive. Lorsque je retraversais le pont de fer, [...] je fis silencieusement le serment de renouveler ma tentative et de la renouveler autant de fois qu'il le faudra jusqu'au triomphe, ou que la mort m'ait prise » (*Souvenirs d'une Parisienne au Thibet*).

En février 1922, Alexandra jure d'atteindre la capitale interdite ou de mourir ! Elle trouvera un autre moyen, elle choisira une autre route, elle mettra tout le temps qu'il faudra, mais elle ne renoncera sous aucun prétexte. Chaque échec ajoute à son expérience et à sa détermination. Cette sortie vers le sud a représenté plus de sept cents kilomètres aller-retour. Jamais Alexandra n'avait circulé de manière aussi isolée, ni dans des conditions aussi dures : elle sait maintenant qu'elle peut marcher en altitude, qu'elle résiste au froid et à la fatigue, que l'incognito est un impératif absolu, et qu'il ne faut pas être nombreux pour réussir.

Alexandra reprend des forces à Jyekundo où arrive, à la fin de juin 1922, un militaire-explorateur britannique ve-

Au milieu de l'été 1922, Alexandra, Albert Yongden, leurs domestiques et les animaux de portage s'éloignent de Jyekundo à nouveau, cette fois vers le nord-est, dans la direction opposée à celle de Lhassa. Ils s'apprêtent à traverser les huit cents à mille kilomètres des « solitudes herbeuses » du Koukou Nor. Alexandra vit désormais en osmose avec le monde tibétain et ses risques d'être éventuellement détroussée ou assassinée ne sont pas plus grands que ceux encourus par les autochtones. Seuls les vrais étrangers prennent des risques avec leurs costumes, leurs équipements et leurs manières venus d'ailleurs.

Bien décidée à se faire oublier, Alexandra prend son temps ; elle va même jusqu'à herboriser dans la région des lacs jumeaux Gyaring et Ngoring. L'été n'est pas clément : « Le désert d'herbes s'était mué en un océan de boue, des nuages épais et bas couraient, se heurtaient dans le ciel, voilaient les cimes, erraient par les vallées, enveloppant les steppes d'une grisaille mélancolique. » Mais le parcours a lieu sans dommages au rythme lent des yaks qui portent les bagages. La piste aboutit au sud du grand lac Koukou Nor, région qu'Alexandra connaît bien. À Dankar, les yaks sont remplacés par des mules et des chameaux. La dame lama se dirige maintenant vers les déserts du nord-ouest de la Chine. C'est l'occasion d'aller admirer le site bouddhique des grottes de Tunghuan (Dunhuang), découvert depuis peu, et déjà étudié par le grand sinologue français Paul Pelliot. Arrivée à Kanchow, Alexandra s'installe dans un petit temple taoïste, le temps de récupérer quelques fonds réclamés à Philippe, car elle n'a plus d'argent. Deux mois et demi plus tard, elle attend toujours ! Les soirs de décembre le thermomètre descend jusqu'à -20°C. Sa situation financière devient catastrophique. Une lettre de Philippe arrive enfin à la mi-janvier 1923, annonçant l'envoi de quatre mille francs d'ici quelques mois. Aussitôt Alexandra prend ses dispositions.

La mission catholique lui ayant prêté les fonds nécessaires, elle quitte Kanchow le 30 janvier. Une semaine plus tard, elle atteint Suchow (actuel Jiuquan), porte de la Chine. À vingt-sept kilomètres de là s'achève (ou commence) la Grande Muraille dont Alexandra avait découvert l'extrémité orientale en 1917 : environ deux mille sept cents kilomètres séparent ces deux points. Le paysage rappelle « le bled aride des environs de Gabès », avec des dunes, des herbes épineuses et une sorte d'alfa. Les auberges sont aussi misérables qu'ailleurs. Le thermomètre marque « un minimum de 22°C sous zéro ». Munpa, le héros du magnifique roman tibétain d'Alexandra, *La Puissance du néant*, passe lui aussi par Suchow avant de se rendre, comme elle, à Tunghuan. Des villages abandonnés sont envahis par le sable. « Impermanence » des traces humaines... Alexandra atteint son but dans le courant du printemps : « Tunhwang baigne dans la lumière, la merveilleuse lumière de l'Asie centrale. Elle y entre par les centaines d'alvéoles, prolongées par des galeries, qui trouent la surface jaune de la falaise. Et si, sa force épuisée, elle ne peut atteindre les profondeurs extrêmes des couloirs souterrains, ceux-ci s'illuminent de la clarté surnaturelle diffusée par le peuple des Bouddhas au sourire tout ensemble énigmatique et infiniment compatissant. » Les grottes des Mille Bouddhas représentent l'un des points extrêmes de l'immense pèlerinage d'Alexandra.

L'orientaliste retrouve Lanchow le 10 avril 1923. La voici une nouvelle fois dans la capitale du Kan-Sou. Elle ignore encore l'itinéraire qu'elle empruntera ensuite, mais elle se débarrasse du maximum de bagages, qu'elle envoie en dépôt à Shanghaï, avant de repartir, non sans une certaine lassitude, vers Chengtu, la capitale du Sseu-Tchouan. L'épouse lointaine annonce à son mari qu'elle souhaiterait terminer son voyage, si possible à la fin de l'année. Mais ce n'est qu'un vœu, « car l'on est bien peu maître de décider quoi que ce soit, ici moins que partout ailleurs ». Pour aller vers Chengtu, elle réduit la caravane à un cheval et à la grande mule qui porteront les bagages. Alexandra renonce aussi aux domestiques. Yongden marchera à côté des bêtes tandis qu'elle se fera porter dans « une petite chaise vieillotte ». C'est la première fois qu'elle utilise ce moyen de locomotion pour une longue distance. La chaleur rend cette fois le voyage éprouvant. Il fait « un soleil aveuglant, un ciel plus bleu que celui de Tunis et de 25°C à 30°C à l'ombre ». C'est encore pire dans la chaise où « le thermomètre marque plus de 35°C. Ceci est le moindre mal, ce qui est terrible c'est l'arrivée le soir dans des auberges plus infectes que tout ce que tu pourrais imaginer et que la chaleur rend pestilentielles » (lettre du 23 mai 1923). Elle préfère parfois dormir assise dans sa chaise plutôt que dans ces auberges qui lui répugnent. Fatigué, Yongden tombe malade. Sa mère adoptive loue une mule supplémentaire pour qu'il puisse lui aussi disposer d'une monture.

Le 29 mai, Alexandra et Yongden goûtent un réel réconfort au terme de leur nouvelle étape. Bien accueillis à la mission catholique de Kwangyüan (actuel Guangyan) en Sseu-Tchouan, tenue par un prêtre chinois, ils décident de s'y reposer une semaine. Le répit est de courte durée : on se bat dans les parages et des soldats leur conseillent de rebrousser chemin. Avec leur accord, elle continue jusqu'au quartier général des troupes, situé à deux jours de marche, à Kiachow. Là, les généraux lui remettent un laissez-passer et confirment la proximité des combats. La caravane poursuit sa route jusqu'au moment où les porteurs, gagnés par la peur, refusent d'aller plus loin. Alexandra se fâche : « Les grands arguments suivent, je saisis un bambou et menace de m'en servir sur le dos des hommes. » Ils repartent.

Exténuée, victime d'une dysenterie, Alexandra arrive enfin à Chengtu le 18 juin 1923 où elle est accueillie à la mission catholique française. Voici enfin ce havre de sécurité que les deux courageux voyageurs espéraient depuis tant de jours ! L'exploratrice renoue un peu avec la France puisque la ville possède un consulat, un hôpital, un institut Pasteur et un évêché français dirigé alors par monseigneur Rouchouse. Alexandra consulte un médecin, le docteur Gervais, et s'installe dans la maison du directeur de l'Institut, alors en congé. Voilà qui

Pendant ses nombreuses années de pérégrinations, Alexandra acquit une connaissance intime de la civilisation et du peuple du Tibet, ce qui la distinguait de la plupart des orientalistes d'Europe. Sa curiosité de « reporter-orientaliste » la conduisit à vivre en osmose avec le pays et à en découvrir les coutumes. Ci-contre : bouffons itinérants qui mendient de maison en maison au moment des fêtes.

change des auberges chinoises ! Le consul lui accorde un prêt qui l'aidera jusqu'à la fin de son voyage. Pour éviter de transporter trop d'argent, elle touchera cette somme par l'intermédiaire des missions où elle s'arrêtera en échange d'une lettre de crédit signée par le diplomate. La situation politique ne s'améliore guère dans la région. En 1922, Sun Yat Sen a été chassé de Canton. Cinq provinces ont proclamé leur autonomie, dont le Yunnan et le Sseu-Tchouan. Le gouvernement de Pékin a démissionné et le président de la République vient d'être renversé. Les étrangers ne sont pas en sécurité dans la nouvelle république qui évolue dans le désordre. Aussi Alexandra souhaite-t-elle quitter Chengtu pour s'installer « plus près d'une frontière quelconque », de manière à pouvoir s'échapper en cas de « grabuge ». Malgré l'avis du médecin, la dame lama et Yongden embarquent sur la rivière Min (Minjiang) jusqu'à Kiating, le 14 juillet 1923.

De là, Alexandra gagne la petite ville d'Omishan (Emei) située au pied de la montagne sacrée du « Parfait Bon ». Le mont Omei (Emei Shan, 3 099 mètres d'altitude) est consacré à Pou-Hsien, fondateur de la secte tantrique Mi-tsong (École du Mystère, équivalent du Shingon japonais). Malgré les circonstances, le pèlerinage se poursuit. C'est en chaise à porteurs qu'Alexandra gravit les marches du gigantesque escalier construit à flanc de montagne, d'où elle revient le 28 juillet, déçue par le « vacarme étourdissant » des pèlerins.

Puis c'est l'avancée vers le sud-ouest, vers les confins sino-birmans du Yunnan. Les aventures continuent sous la pluie battante. Malgré la présence d'un guide local, le groupe se perd dans les forêts touffues des montagnes qui séparent Yuan-shin et Yungning : douze jours d'errance, les pieds dans la boue qui monte parfois jusqu'aux genoux ! Les provisions de nourriture s'amenuisent, il faut limiter le nombre de repas et, pour finir, jeûner... La petite troupe s'abrite comme elle peut chez les Lolos, les Lissos, les Sifans, les Massos qui veulent bien l'héberger. Après la traversée du Yangtze près de Yungning le temps s'améliore enfin : voici le pays de l'éternel printemps. Les chemins ne sont pas moins rudes et le cheval se blesse. Contrainte, Alexandra se résigne à marcher comme les hommes, assurant des distances quotidiennes d'environ trente kilomètres. La nourriture se limite désormais à du maïs grillé. La dame lama s'affaiblit et finit par s'effondrer, victime d'une insolation. L'étape à Likiang lui permet de reprendre des forces. Le groupe se dirige vers les missions du « bout de la chrétienté » : Weishi et Hsiao-Weishi. La frontière du Tibet est à cinq jours de marche, au-delà du village de Tsedjrong en remontant la vallée du Mékong. Les eaux du fleuve dévalent vers le sud avec une redoutable violence. Le paysage est « ravissant », ensoleillé à souhait. Il faut traverser le Mékong pour atteindre Tsedjrong mais le pont est réduit à l'extrême : « Deux grosses cordes de bambou sont attachées à chaque rive. On monte sur une plate-forme à l'aide d'un escalier grossier puis là, on s'assied sur une légère escarpolette munie d'un large crochet en bois. Ce crochet est passé sur la corde en bambou. On donne un coup de pied contre la plate-forme et l'on glisse avec la rapidité du vent sur la corde inclinée qui vous amène près de l'autre rive. Quelques efforts de poignet suffisent, ensuite, pour vous hâler en terre ferme. L'idée de ce passage ne m'est pas, pour le moment, particulièrement agréable… » (Lettre du 28 septembre 1923.) L'épreuve passée au mieux, Alexandra se présente à la mission catholique de Tsedjrong vers le 20 octobre 1923. La voici à nouveau aux portes du Tibet.

« Mme Alexandra David-Néel en pèlerine mendiante tibétaine portant sur le dos ses bagages, l'unique marmite composant toute sa batterie de cuisine et un soufflet tibétain fait d'une peau de chèvre pourvue d'un long tuyau. Ustensile indispensable pour allumer le feu de bouse de yak. » Le cliché a été pris en studio, à Calcutta, après le voyage à Lhassa. Le costume est neuf, mais identique à celui qu'elle porta durant sa randonnée clandestine vers la capitale interdite.

Les aventures qui jalonnent le parcours commençant à Tsedjrong (Tsetchong ou Tsechung) font l'objet du livre le plus connu d'Alexandra, *Voyage d'une Parisienne à Lhassa* (1927). Le père Ouvrard dirige la mission dans ce secteur dangereux. Son prédécesseur, le père Monbeig, y fut assassiné en 1914, succédant dans son martyre à quatre religieux tués en 1905. Le lendemain de l'arrivée d'Alexandra, un explorateur américain se présente. Correspondant de la Société géographique de Washington (la National Geographic Society), Joseph Rock vient herboriser dans cette région renommée du Yunnan et quitte le village quelques jours plus tard. Alexandra est donc tranquille pour préparer son départ, car c'est bien de ce coin du Yunnan qu'elle va tenter une nouvelle fois de gagner Lhassa, seule avec Yongden.

La fameuse vallée du Po-Tsan-po indiquée par le major Pereira, région mal connue, quasi inexplorée, cartographiée de manière encore grossière, est bien la voie qu'elle choisit. Cet affluent du Brahmapoutre figure en pointillés sur les documents d'alors, car son tracé restait hypothétique. Pour s'orienter, Alexandra emporte des petites boussoles et les croquis recopiés sur les cartes de Pereira. Les bagages sont limités au strict nécessaire : « une tente minuscule en coton léger, ses piquets de fer, des cordes, un grand morceau de cuir non tanné, de provenance tibétaine, pour ressemeler nos bottes, un carré de grosse toile devant atté-

nuer quelque peu l'humidité ou le froid du sol nu sur lequel nous nous étendrions pour dormir et le sabre court servant à des usages multiples, partie essentielle de l'équipement de tout voyageur tibétain (pour nous, surtout cognée de bûcheron) ». À cela s'ajoutent « une marmite, deux bols, l'un en bois, l'autre en aluminium, qui pouvait, au besoin, se poser sur le feu et servir de casserole, deux cuillères et un de ces étuis chinois contenant un long couteau et deux baguettes ». Complètent enfin l'équipement : deux bouillottes qui serviront éventuellement à conserver un peu d'eau, une montre, des bâtons d'encre, ainsi qu'un thermomètre pour mesurer les températures extérieures, quelques médicaments (« digitaline, aconite, caféine »), et deux revolvers. Alexandra porte sur elle les objets les plus indispensables : une ceinture pleine d'argent, un petit sac d'or accroché sur sa poitrine, les précieux croquis glissés dans ses bottes et dans les ourlets de ses vêtements. Les provisions de nourriture sont prévues pour deux à trois semaines, c'est-à-dire le temps de s'éloigner de la frontière.

Bien que sachant que l'hiver ne va pas tarder, qu'ils devront affronter d'inévitables et violentes bourrasques, qu'ils ne connaissent ni la nature ni le dénivelé des chemins qu'ils vont emprunter, que Lhassa est à plusieurs mois de marche et qu'ils vont au bas mot parcourir environ deux mille kilomètres à pied, les deux intrépides voyageurs n'emportent rien de plus.

Même aguerrie par des années de vie sommaire, habitée par une volonté d'airain, et décidée à mourir plutôt que de renoncer à son projet, Alexandra se lance dans une randonnée pédestre qui défie la raison, d'autant plus que le parcours sera effectué pour partie en hiver et qu'il se situe en pays interdit, mal connu et réputé dangereux, le Poyul ! Dans le rôle inventé lors de la sortie sud de Jyekundo, la « guenilleuse » tibétaine accompagne son fils, lama en pèlerinage. L'aventure est pour le moins périlleuse…

Alexandra laisse son cheval au père Ouvrard et dépose ostensiblement une bonne partie de ses bagages à la mission. Elle déclare vouloir partir durant quelques jours avec Yongden pour herboriser dans le Loutze

Le pont-corde (ci-contre) tendu au-dessus du puissant Mékong (au centre, à droite) était le seul moyen de traverser le fleuve pour se rendre au village de Tsedjrong (Marches Tibétaines), lorsque l'on venait du Yunnan. Alexandra l'emprunta en octobre 1923. Peu avant se trouvait la piste de Weishi (en haut), petite préfecture à l'extrême ouest du Yunnan. Alexandra et Yongden traversèrent également Londré (en bas), dernier hameau avant le col du Doker.

Kiang, la montagne voisine réputée pour sa flore. Elle engage deux porteurs car on n'a jamais vu une Européenne partir avec ses bagages sur le dos. Le groupe de quatre personnes quitte Tsedjrong par un beau matin de la fin du mois d'octobre 1923. La direction choisie est celle du Doker La (4 540 mètres d'altitude). Ce col, situé quarante kilomètres au nord-ouest de Tsedjrong, marque la frontière avec le Tibet indépendant. Plus que la difficulté du relief, c'est la hantise d'être repérée qui obsède la dame lama durant tout le début du parcours. Elle vit dans la crainte permanente d'être arrêtée avant d'avoir pénétré dans le pays de ses rêves. Yongden et elle portent des vêtements chinois usagés. Pour se débarrasser des porteurs, Alexandra les envoie chacun dans une direction opposée. La mère et le fils sont seuls désormais, au pied de ce Tibet magique et plein de dangers, au sein duquel ils vont pénétrer, puis se fondre afin d'atteindre le but visé depuis plus de deux ans. Alexandra et Yongden se font passer pour des « ardjopas, ces pèlerins – des moines pour la plupart – voyageant à pied, chargés de leurs bagages, qui par milliers errent à travers le Tibet, visitant les lieux que la tradition a consacrés comme vénérables à un titre quelconque ». Les deux pérégrins fignolent leurs personnages : Yongden reprend sa tenue lamaïque, Alexandra se transforme en femme du peuple. Elle ajoute à ses cheveux des crins de yak bien noirs, teint l'ensemble de sa chevelure avec un bâton d'encre de Chine mouillé, et se salit la peau avec « un mélange de braise pulvérisée et de cacao ». Faute d'avoir pu se procurer à temps un chapeau tibétain,

Lhassa en 1924. La ville compte environ 50 000 habitants, tous Tibétains. En février, le nouvel an donne lieu à de pittoresques festivités dont le spectacle réjouit Alexandra, première Occidentale à les contempler. Le Potala, célèbre palais du dalaï-lama, domine la capitale (au fond). Pages suivantes : Alexandra, « réduite à l'état de squelette » et Yongden, devant le Potala, photographiés par un artisan local en mars 1924.

elle s'entoure la tête avec une vieille ceinture rouge. La traversée du col-frontière se révèle extrêmement difficile : « De gros nuages descendirent bientôt sur les montagnes, une neige à demi glacée nous cingla le visage, la nuit très noire s'était faite rapidement, nous ne distinguions plus le sentier, nous glissions sur des éboulis ; continuer devenait dangereux et s'arrêter sur ces pierres croulant sous nos pieds n'était guère facile. Yongden et moi nous enfonçâmes chacun notre long bâton ferré dans le sol, aussi solidement que cela nous fut possible, afin d'obtenir un point d'appui pour un pied, puis nous nous assîmes, agrippés l'un à l'autre, nos fardeaux toujours attachés sur notre dos, sans oser bouger de crainte de glisser parmi les pierres jusqu'au fond de la vallée. Une neige fine, à demi fondue, tomba presque sans interruption ; nous demeurâmes là de 9 heures du soir à 3 heures du matin. Alors un pâle dernier quartier de lune se leva et nous pûmes continuer la descente » (*Souvenirs d'une Parisienne au Thibet*).

Les voici en pays interdit. Le paysage est grandiose, « un pic du Kha Karpo se dressait, gigantesque, tout blanc, éblouissant, son sommet pointant droit dans le ciel lumineux ». Des Tibétains originaires de toutes les provinces font le pèlerinage du Kha Karpo. C'est une circonstance favorable car les dialectes varient d'une région à l'autre. Alexandra et Albert ne connaissent pas le langage du Tsarong, la province du sud-est du pays, mais ils ne sont pas les seuls dans ce cas. Selon les interlocuteurs, nos héros se disent originaires du Koukou Nor ou de Labrang, toujours de contrées éloignées. Ils remontent la majestueuse vallée de la Salouen, « appelée Giamo nou tchou », dont les eaux vertes brillent sous le soleil. La température reste douce.

A Thana (Tchrana), la piste se divise en deux branches : l'une mène à la grosse bourgade de Menkong, l'autre à la vallée du Nou tchou, un affluent de la Salouen encore appelé Oukio ou Tsarkio. C'est cette piste qu'ils choisissent, pour éviter d'éventuels contrôles par les autorités de Menkong. Nouvelle rencontre avec des pèlerins. Lama Yongden est requis pour faire des prédictions, en particulier à propos d'une jeune fille qui souffre des jambes. Alexandra reste à l'écart, c'est le début d'une longue carrière pour Aphur ! Comme lors de la sortie de Jyekundo, ils ont mis au point un code, certaines paroles prononcées en tibétain présentent pour eux un double sens. Alexandra manque de se trahir un peu plus loin à Wabo (Oua, Ouabo), où ils commettent l'imprudence de boire leur thé au milieu du hameau. Les curieux s'attroupent. Boudeur ce jour-là, Yongden décide de rester muet et Alexandra ne sait que faire. Pour se donner une contenance, elle plonge la marmite dans l'eau du ruisseau et commence à la laver avec application. L'eau lave le récipient… et les mains d'Alexandra, qui ressortent plus blanches que celles des Tibétaines assemblées autour d'eux… Panique ! Devant la gravité de la situation, Aphur sort de son mutisme pour expliquer qu'ils viennent d'accomplir le pèlerinage du Kha Karpo et qu'ils retournent dans leur pays, au nord… Bien sûr qu'ils sont des « philings », dit un paysan, puisqu'ils sont Sokpos, c'est-à-dire des Mongols ! Et tous de partir d'un bon éclat de rire. Les imprudents sont sauvés : étrangers, certes, mais asiatiques ! Yongden se ravitaille au monastère de Pedo (Petu, Petou) : navets, farine, abricots secs, de quoi se nourrir pendant un bon moment. Peu après, Alexandra trouve un trésor dans les buissons, au bord d'un petit ravin, « un vieux bonnet en peau d'agneau comme en portent les femmes du Kham », un couvre-chef qui l'accompagnera jusqu'à Lhassa.

Cette première partie du voyage offre son lot de découvertes et d'angoisses. Alors qu'ils étaient ques-

tionnés par un *pönpo* (un haut fonctionnaire) croisé au hasard d'un chemin, Alexandra ne trouve pas de meilleure solution pour se tirer d'affaire que de demander la charité, de son air le plus humble... Pour remercier le généreux donateur, la vieille mère lui tire la langue, selon la coutume tibétaine. Autre expérience avant Dayul Gompa : l'hébergement chez l'habitant. Alexandra n'est plus la respectée khadoma (génie féminin) du Koukou Nor. Son nouveau rôle est moins prestigieux, surtout moins confortable : « J'allais maintenant expérimenter par moi-même nombre de choses que j'avais jusque-là observées seulement à distance. Je m'assoirais à même le plancher raboteux de la cuisine sur lequel la soupe graisseuse, le thé beurré et les crachats d'une nombreuse famille étaient libéralement répandus chaque jour. D'excellentes femmes, remplies de bonnes intentions, me tendraient les déchets d'un morceau de viande coupé sur un pan de leur robe ayant, depuis des années, servi de torchon de cuisine et de mouchoir de poche. » La vieille mère mendie « en chantonnant des formules pieuses de porte en porte, suivant la coutume des pèlerins nécessiteux ». C'est à la fois un exploit et une belle preuve de courage : Alexandra l'orientaliste, l'amie des maharadjahs, la « missionnaire » bouddhiste, l'oratrice consacrée, disparaît sous le masque de l'humilité. L'orgueilleuse Alexandra accepte la crasse, l'absence d'hygiène et du plus élémentaire des conforts pour parvenir à son but : Lhassa ! Voici Dayul Gompa où réside un dangereux pönpo. Il faut attendre la nuit pour traverser le village. Plusieurs pistes se croisent : laquelle choisir ? Jusqu'à l'aube, Yongden essaie en vain d'emprunter différentes directions tandis qu'Alexandra demeure cachée. Le lendemain matin, ils doivent se résoudre à demander leur chemin. Quelqu'un du village sait donc qu'une vieille mère et son fils marchent vers Dzogong ! Seront-ils signalés au pönpo ? Alexandra s'attend au pire mais les chemineaux remontent la vallée du Nou tchou sans être inquiétés. Bientôt, ils arrivent à Porang, village situé à trente kilomètres au nord-ouest de Dayul, sur la piste de Dzo-

gong. Un pont de bois enjambe le Nou tchou. Ne serait-ce pas le moyen d'échapper à un éventuel contrôle des autorités locales ? Après bien des hésitations, les deux marcheurs traversent, prennent la piste visible du pont et quittent la route de Dzogong qu'ils jugeaient dangereuse pour leur sécurité. La direction est bonne, assurément, mais où mène la piste ? Ils n'en savent rien. Un problème, qui se répète régulièrement, ne tarde pas à se poser : le chemin arrive à une bifurcation. Dans quelle direction continuer ? Souvent ils se trompent, reviennent sur leurs pas et trouvent enfin le bon chemin. Même si Alexandra consulte ses petits croquis, il lui est impossible de se repérer à quelques dizaines de kilomètres près. C'est Yongden qui est chargé de se renseigner en route, pendant que sa mère se cache le plus possible. L'inquiétude est à son comble lorsque Aphur s'absente trop longtemps pour aller mendier de la nourriture.

À partir de Porang, Alexandra se dirige vers l'ouest à l'inspiration. Elle espère retrouver la Salouen dont ils s'étaient écartés en longeant l'Oukio. La montagne devient plus sauvage, les températures plus basses, les chemins plus déserts. Quelques camps de dokpas (nomades des steppes) permettent heureusement de se ravitailler. Un beau matin apparaît « un mince ruban scintillant : le Giamo Nou tchou », nom local de la Salouen qui coule mille cinq cents mètres en contrebas et qu'il faut traverser ! La mère et le fils apprennent qu'un pont existe dans les environs. Ils finissent par découvrir l'ouvrage d'art : une simple corde tendue au-dessus du fleuve. Quelques péripéties accompagnent la traver-

Encore amaigrie par les épreuves du voyage à Lhassa, Alexandra s'apprête à quitter Gyantze, la ville tibétaine où elle a révélé son exploit en mai 1924 (à gauche). A Gyantze : le grand temple de Palkhorchöde, le chörten « aux cent mille images » (au centre) et la Tara rouge devant laquelle se prosternent des pèlerins (à droite). Au Tibet, Tara est considérée comme une protectrice.

sée de la dame lama, qui reste suspendue un long moment au-dessus de la Salouen rugissante, en compagnie d'une jeune Tibétaine apeurée.
La vieille mère porte désormais le bonnet de fourrure trouvé dans un ravin car elle s'est aperçue que le turban rouge, coiffure inhabituelle, attirait les regards. Maintenant qu'ils se sont éloignés de la frontière, les deux compagnons appréhendent moins les rencontres. Lors des étapes chez l'habitant, Lama Yongden est plus gâté que sa mère : le bout de tapis qu'on lui offre pour dormir est un peu moins loqueteux… La soupe offerte est, quant à elle, aussi infecte pour l'un que pour l'autre, mais c'est encore pire quand il s'agit de bas morceaux conservés dans l'estomac de l'animal depuis des jours, comme il est d'usage dans le pays…
Ils s'écartent définitivement du Giamo Nou Chou après le village de Jepa. Voici un petit affluent, enjambé par un « pont peint en rouge ». À cet endroit, la mère et le fils sont les témoins d'un de ces « incidents mystérieux, inexplicables, qui parfois, au Tibet, confondent le voyageur ». Lama Yongden est attendu par un vieillard moribond qu'il ne connaissait pas mais qui lui dit avoir « prévu » son passage. Les deux ardjopas (pèlerins) se dirigent vers le col de Sepo Khang (4 521 mètres d'altitude), où ils se perdent dans les alpages et sont pris dans une tempête, « un de ces vents terribles, spéciaux aux altitudes élevées qui balaient les sommets, jetant parfois des caravanes entières dans les précipices ».
Voici Tachi tsé, au carrefour de deux pistes menant au pays des Popas. L'une suit les fonds de vallées, la seconde franchit les montagnes : « La seconde route traverse des régions complètement désertes. Jusqu'à ce que vous ayez atteint les premiers hameaux du Po yul, vous ne verrez que des cimes nues ou des forêts. En hiver, nul voyageur ne s'aventure de ce côté à cause des deux cols très élevés qu'il faut franchir ; seuls y circulent, parfois, des brigands Popas s'en allant en expédition dans les provinces voisines. »
Telles sont les informations recueillies par les deux voyageurs. La route des vallées est connue et figure sur les croquis d'Alexandra, pas l'autre. Laquelle va-t-elle choisir ? L'autre bien sûr, « pour l'ivresse de l'aventure » et le goût du défi.
Les deux héros sont obligés de demander plusieurs fois le chemin qui mène au col Déou. Paysage dénudé, sans abri où passer la nuit, rien que l'immensité battue par le vent. Le paradis se présente alors sous la forme de cabanes qui servent d'étables à la belle saison, des cabanes avec un toit, des murs, un sol recouvert d'une épaisse « couche poussiéreuse de crotte de chèvre et de bouse de vache séchées », autant dire un véritable trésor de combustible ! Alexandra exulte : cette vie rude mais libre de toute contrainte lui apporte une indicible joie. Après une nuit plus réconfortante que d'ordinaire, les deux inséparables repartent en direction du Déou La. « Il fait froid mais joyeux », écrit Alexandra.
La fin de la matinée s'annonce lorsqu'ils croient avoir atteint leur but. Pure illusion, ce n'est qu'un ressaut du terrain derrière lequel se dresse une autre crête qui était invisible d'en bas. « Nulle description ne peut donner une idée d'un tel décor. C'était l'un de ces spectacles écrasants qui agenouillent les croyants, comme devant le voile cachant la Face Suprême. » Elle n'a rien vu d'aussi grandiose depuis l'Himalaya… mais le sentier a disparu sous la neige : « Après une marche pénible j'aperçois au loin le latsé que je signale avec grands gestes à Albert qui est très loin en arrière et m'apparaît

Retournant en Inde par la vallée de Chumbi, Alexandra fit étape à Phari Dzong, construite à 4260 mètres d'altitude (ci-dessus). Le 27 mai 1924, elle arriva à Old Chumbi, située à 2700 mètres (à droite). Cette piste transhimalayenne était la grande voie commerciale reliant l'Inde au Tibet. Située entre le Sikkim (à l'Ouest) et le Bhoutan (à l'Est), elle fut empruntée en 1904 par le colonel Younghusband lors de l'expédition à Lhassa.

tout petit, si petit avec son ballot, juste un mouvant point noir qui rampe parmi cette immensité désolée ». De l'autre côté du Déou La (Deu La, 5 114 mètres d'altitude), la piste réapparaît enfin. Le froid est trop vif pour s'arrêter. Les deux pèlerins marchent depuis dix-neuf heures : le besoin de dormir devient de plus en plus pressant. Un bon feu de bouse de yak évitera les refroidissements. Catastrophe : le briquet d'Aphur refuse de s'allumer et la mousse qu'ils viennent de ramasser est humide. Alexandra réussit alors un tour de force qu'aucun explorateur non initié n'aurait été capable de réaliser : elle s'aide de la technique tibétaine du

« toumo » pour parvenir à réchauffer sur elle et assécher le briquet et la mousse qui doit servir de combustible, permettant ainsi d'allumer le brasier salvateur. Elle avait appris cette méthode par pure curiosité lors de son séjour en Himalaya.
Les nuits sont les moments les plus insupportables, à cause du froid, de l'indigence des abris et de l'inhospitalité des rares habitants : « On s'adresse à une maison. Réponse négative. Presqu'à côté est un vaste enclos, on dirait un village, avec des huttes. Nous n'avons pas fait trois pas vers la porte que les chiens nous assaillent et une femme nous chasse ».
Des dokpas signalent que trois cols mènent au pays des Popas, ils conseillent de passer par l'Aigni La (Yoni La),

qui sera enneigé mais sans doute praticable. Un homme accepte de les accompagner jusque-là avec un cheval. Ce col de 5 029 mètres d'altitude débouche sur le redoutable Po Yul. La descente qui suit est difficile car le soleil de la journée fait fondre la neige de surface : « c'est pataugeage et glissade », écrit Alexandra.
La mère et le fils longent une petite vallée dans un décor marécageux. Les ruisseaux s'unissent les uns aux autres pour former un écoulement plus abondant entraîné vers la vallée principale du Po Yul. Alexandra pense qu'ils sont arrivés près des sources du fameux Po Tsangpo indiqué par le major Pereira. Sa curiosité n'étant pas totalement satisfaite et se prenant au jeu de l'exploration, elle veut « tenter de gagner sinon la source même de la rivière, du moins un point très proche de celle-ci ». Après tout rien ne la presse ! Aphur avertit sa mère : « Il va neiger et nous manquons de vivres. » Alexandra vérifie ses provisions : trois repas, donc trois jours de nourriture. C'est suffisant, et elle ne craint pas la neige… La dame lama racontera plus tard comment ils faillirent périr de faim et d'épuisement dans les neiges du Po Yul. Sans céder à la panique pour autant : en yogini expérimentée, Alexandra observait l'évolution de la situation avec sérénité. « Ce n'est qu'après six jours de diète - avec un peu de thé d'abord, puis simplement de l'eau - que nous atteignîmes le premier hameau du pays de Po, nommé Tchoulog. Le sixième jour de ce jeûne - je ne sais si j'ose l'avouer - nous avons fait bouillir les rognures des semelles de peau neuve que nous avions cousues à nos bottes et… nous les avons mangées. C'était le jour de Noël » (« En éclaireur à travers le Thibet », *La Géographie*, mai-juin 1926).
Cela se passait près de la source du Jolo Chu. Le ruisseau dont Alexandra avait voulu voir l'origine n'était pas le cours amont du Po Tsangpo mais celui de l'un de ses affluents. Elle a cependant raison d'affirmer que « la grande rivière qui traverse le Po mèd a d'autres sources que celle du Nagong ». Alexandra fut sans aucun doute la première Occidentale à s'approcher des sources du Jolo Chu.

Le thé beurré offert par les premiers Popas rencontrés leur semble le met le plus réconfortant du monde, d'autant que ces hôtes providentiels ne semblent pas plus redoutables que bien d'autres Tibétains. À partir de Tcholog (Tchoulog), les deux ardjopas s'estiment sauvés : ils peuvent à nouveau mendier leur nourriture, avant de se ravitailler au monastère de Soung Dzong planté au pied d'une chaîne impressionnante dont les sommets culminent à six mille mètres. La vallée du Po Tsangpo est féerique avec d'« épaisses forêts vierges », des « pics aigus », des « torrents glacés », des « sapins géants », des « cascades gigantesques dont les eaux congelées accrochaient des draperies scintillantes aux arêtes des rochers ».
Après Daching, la température s'adoucit enfin. Les forêts ressemblent à celles du Sikkim : « Les lianes notamment étaient les mêmes, les bambous et les orchidées poussaient partout. » Voici Showa, bourgade bâtie à 2 498 mètres d'altitude mais qui bénéficie, du fait de sa localisation au sud du trentième parallèle, à deux cents kilomètres de l'Assam tropical humide, d'un climat doux très appréciable. La beauté des paysages incite à la flânerie mais l'aventure est loin d'être terminée. La preuve : Alexandra est forcée de menacer quelques autochtones avec son « pistolet automatique » lors d'une étape mouvementée à l'intérieur d'une caverne !
À Tong mèd (actuel Tangmai), il faut franchir le large Yigong Tsangpo sur un pont-câble. Pour la troisième fois Alexandra réussit une traversée-lancée. La splendeur du panorama « dominé par le pic gigantesque du Gyalwa Pé Ri », « l'un des plus admirables tableaux que j'aie contemplés durant mes longues années d'alpinisme en Asie », ne distrait pas les voyageurs de leur but : la

piste qui mène à Giamda, capitale de la province du Kongbou. Une nouvelle bifurcation entraîne à tort nos deux héros dans un raccourci difficile et chaotique. Ils retrouvent la piste principale grâce à leur boussole mais l'erreur se révèle providentielle, car une troupe de voleurs a opéré sur l'autre piste ! Bien que l'on soit au mois de janvier, la dame lama trouve une orchidée en fleur fraîchement cueillie…

Aphur se trouve peu de temps après aux prises avec une bande de sept Popas qui lui dérobent deux roupies. Volant à son secours, Alexandra se lance dans une série de lamentations dont elle a le secret, transformées bientôt en imprécations… Elle vit la scène « avec amusement et fierté », et écrit : « Il me semblait que j'égalais les meilleures tragédiennes. » La démonstration est assez convaincante pour inciter les brigands à restituer le montant du larcin à leur victime et à lui demander une bénédiction !

La température baisse à nouveau au milieu de la forêt « alpine ». Le soir au bivouac, un bon feu n'est pas superflu. « L'ambiance psychique » se modifie. Un très énigmatique gomchen se présente un soir au camp... Mystère et atmosphère occulte... Où est la part de rêve, où est la réalité parmi les sombres forêts du Kongbou ? Alexandra poursuit son chemin par le petit col de Témo, enneigé mais « pas difficile », précise l'exploratrice en connaisseuse. Au village Yongden s'achète un costume monastique d'occasion, le sien étant réduit à l'état de haillons…

Le superbe Brahmapoutre aux rives sablonneuses apparaît un peu plus tard. Quiétude et solennité, ici tout respire la paix. Pouvoir mystérieux des eaux sacrées qui coulent vers l'Inde éternelle. Alexandra et Yongden goûtent avec plaisir ce moment de sérénité. Sur la route, ils côtoient bientôt des « pèlerins Bönpos processionnant autour de la montagne nommée Kong bou Bön ri, un des lieux sacrés de la région ». Beaucoup accomplissent les grandes prosternations en s'allongeant de tout leur long et en repartant de l'endroit atteint par leurs mains.

La mère et le fils longent la rivière de Giamda. Puis ils rejoignent la grande route postale qui relie la Chine à l'Inde, via Gyantze. Un drame a eu lieu au col de Pa (Kongbou Pa La, Gia Pass) : des pèlerins terrifiés se cachent, d'autres sont blessés, certains gisent sans vie…

Alexandra a noté au dos du cliché : « Une chapelle privée à Gyantze ». La plus grande statue représente le Bouddha Shakyamouni. À sa gauche, Padmasambhava, le Maître indien qui introduisit le bouddhisme au Tibet au VIIIe siècle. Il réussit à faire fuir les démons qui s'opposaient à la construction du monastère de Samye, dans la vallée du Yarlung-Brahmapoutre, qu'Alexandra visita en revenant de Lhassa.

BOSTON SUNDAY POST, AUGUST 2, 1925

First White Woman to Enter Forbidden City of Tibet

Writes Own Story for Sunday Post---Escaped Death From Spies and Wild Dogs Seeking Asiatic Mystery---Made Perilous Journey

UNE PARISIENNE AU THIBET

STORY OF THE FIRST WHITE WOMAN TO REACH LHASA, THE FORBIDDEN CITY

The Last Defeat Before Victory

by ALEXANDRA DAVID-NEEL

Madame David-Neel is a French woman and a French scholar, who also knows English well enough to write this article as it appears. Much of the flavor of her own telling would have been lost by translation and the story would lose considerably by professional journalistic handling. Her short, reserved, somewhat staccato way of recounting the terrible hardships through which she passed helps to give the reader a true picture of this courageous and indomitable little woman.

A high Tibetan official with his wife and his followers. Behind the lady are her two maids.

Wife of a Tibetan cowman.

Alexandra et Yongden à Pedong (Bengale) en août 1924. De retour en Inde, ils sont accueillis à la mission catholique dirigée par le père Douenel (auteur de la photo), le temps pour Alexandra de reprendre des forces. La presse internationale annonce bientôt son incroyable exploit : elle est la première Occidentale à avoir pénétré Lhassa, ayant réussi là où nombre d'explorateurs avaient échoué avant elle.

Ils viennent d'être sauvagement attaqués par des brigands. Dernière étape à Détchène (actuel Dagzê), vingt kilomètres à l'est de Lhassa. La piste longe la rive sud de la rivière de Lhassa (Kyi-tchou), qu'il faut maintenant traverser : c'est la toute dernière épreuve du voyage. Le passage s'effectue en bac avec d'autres Tibétains, qui n'accordent pas le moindre regard à ces deux pèlerins très ordinaires. La capitale interdite est là, à quelques dizaines de minutes de marche tout au plus, visible, palpable et bientôt vaincue !

Les circonstances sont favorables : une violente tempête de sable se lève lorsque la mère et le fils pénètrent dans la ville, protégeant d'un voile opportun les deux clandestins ! Alexandra tient son exploit : elle est la première femme étrangère à pénétrer dans la capitale interdite, la première aussi à observer les réjouissances qui marquent le nouvel an. Il importe cependant de rester vigilant car elle a choisi de garder l'incognito dans le but de poursuivre son voyage plus avant. En se faisant reconnaître, elle risquerait d'être arrêtée et reconduite à la frontière, comme tant d'autres voyageurs l'ont été par le passé. Or elle veut visiter les sites renommés de la province d'U, au cœur du Tibet historique.

Dans son livre, Alexandra raconte la ville en liesse, les rues, les petits commerces, les pèlerins et les temples. Elle dit ses ruses et ses craintes durant son séjour, en particulier lors de sa visite du Potala. Les fatigues accumulées durant tant de mois l'ont « réduite à l'état de squelette », Aphur ne vaut guère mieux. Ils ont attrapé « l'influenza » qui règne alors dans la ville, toussent et se croient atteints par la peste pulmonaire. Ce qui fait dire

AU PAYS DU DALAÏ LAMA

La visite d'une exploratrice française à Lhassa-la-Mystérieuse

Desideri et Freyre, qui visitèrent Lhassa en 1715. Quatre ans plus tard, Horace de la Penna s'y rendit avec une mission de capucins. En 1720, Van der Putte, un Hollandais, atteignit la cité. Après lui, personne ne s'y risque pendant près d'un siècle. En 1811, Lhassa reçoit la visite de Thomas Manning, le premier Anglais de la série.

La liste des visites authentiquement enregistrées est close par le voyage des deux missionnaires lazaristes Huc et Gabet, en 1846. Depuis lors, nul n'y entra jusqu'au voyage de Mme David-Neel, car l'expédition militaire anglaise de 1904 ne peut guère être rangée parmi les « explorations », nonobstant que M. Edmund Cartier, journaliste anglais, en ait laissé une excellente relation.

Un émouvant récit

Téméraire entreprise

Mme DAVID-NEEL

ALEXANDRA DAVID-NEEL ou l'Odyssée d'une Parisienne au Thibet

Quattordici anni nel Tibet

In un mondo sconosciuto - Fra i mongoli bianchi e bruni - Donne invisibili

Nel regno del mistero

Da Ceylan...

à la mère épuisée : « Mon succès est complet, mais l'on m'offrirait un million pour recommencer dans les mêmes conditions que je crois bien que je refuserais. » Deux mois plus tard, la santé de l'un et de l'autre demeure précaire. Alexandra connaît maintenant la ville, qu'elle trouve sans grand intérêt, en dehors de l'animation qui en fait tout l'attrait. On comprend que c'est par goût du défi qu'elle y est venue, plus que par curiosité véritable. Elle a bien préféré, dit-elle, les « paysages extraordinaires » des « vallées chaudes » du froid Po Yul. La mère et le fils, qui ont acheté un cheval avec le peu d'argent qui leur restait, visitent les monastères – Sera, Drepung et Ganden – parmi les hauts lieux du bouddhisme tibétain.

Lorsque Alexandra quitte Lhassa vers le 9 ou le 10 avril, elle est loin de se douter que quelqu'un connaissait sa présence dans la ville et n'en a rien dit. Il s'agit même d'un proche du dalaï-lama, une haute personnalité qu'elle a connue naguère au Sikkim : Laden La, devenu chef de la police de la ville. Il aurait vraisemblablement fait arrêter n'importe quel autre voyageur étranger. Mais il connaissait cette visiteuse si particulière et l'estimait. Son engagement dans le bouddhisme et son intérêt sincère pour le lamaïsme méritaient sans doute quelques faveurs.

Le pèlerinage se poursuit avec la visite de Samye, Tsetang, Neudong, Yumbulhakang, Chonggye, Mindoling. Alexandra contourne le superbe lac Yamdrok pour aller visiter enfin le monastère de Dordji Phagmo à Samding. La mère et son fils arrivent à Gyantze dans la nuit du 5 mai 1924. Il est enfin temps de se faire connaître et de lever le voile sur l'incroyable aventure menée jusque-là. Le premier Britannique auquel Alexandra s'adresse est Mr Ludlow, le directeur de l'école de garçons. Il reste pantois en entendant cette pauvresse tibétaine révéler son identité et son voyage en anglais. Mr Ludlow l'envoie aussitôt chez David Macdonald, le représentant politique qui réside au fort. Exténuée, démunie de tout, Alexandra est accueillie par sa famille avant d'être confrontée au capitaine Perry, chef de la garnison de Gyantze. Pour régler les formalités administratives exigées par sa situation de totale illégalité, divers câbles sont adressés au Foreign Office de Londres.

Alexandra à bord du *Min*, en mer Rouge, lors de son retour en Europe en avril 1925. Après ses innombrables aventures, elle a retrouvé « le monde civilisé », « sans aucune joie, bien au contraire. Je me sens tellement différente de tous ces gens-là. » Quatorze ans d'une vie hors du commun marquent ce visage éclairé par un regard d'une intensité exceptionnelle.

Le 16 mai 1924, Alexandra écrit à Philippe et lui signale son « absolu et immédiat besoin d'argent ». Elle reprend contact avec le monde occidental, sans plaisir, hormis celui de faire connaître son exploit le plus vite possible. Un peu reposée, vêtue de neuf, Alexandra quitte Gyantze le 17 mai. Il faut maintenant traverser l'Himalaya par la vallée de Chumbi. À chaque étape, elle est chaleureusement reçue par les Anglais. En route, elle reçoit une invitation de l'abbé Douénel, missionnaire à Pedong, à l'extrême nord du Bengale : l'exploratrice pourra disposer d'un toit en attendant l'arrivée des fonds demandés à Philippe.
Le 11 juin, le père Douénel accueille l'héroïne dans sa mission. En cette période de l'année, il pleut quasiment tous les jours. L'exploratrice se sent isolée alors qu'elle aurait tant besoin de faire connaître son épopée. Le 10 juillet enfin, une lettre arrive d'Algérie ! Alexandra répond à Philippe le jour même pour... annoncer son retour dès qu'il lui en aura procuré les moyens. En août, elle n'a encore reçu aucun subside. Philippe serait-il mal disposé à son égard ? Pour sa part rien n'a changé, le voyage ne fut qu'une parenthèse dans sa vie d'épouse, une absence seulement un peu plus longue que les autres. En est-il de même pour ce mari délaissé depuis treize ans ? Même si elle n'en dit rien, il est permis de penser que l'argent est enfin arrivé, car Alexandra quitte Pedong à la mi-septembre en direction de Calcutta.
Les journaux locaux annoncent son exploit. La dame lama retourne une dernière fois à Bénarès où elle passe le mois de janvier 1925, partagée entre sa « passion innée » pour l'Asie, où elle resterait volontiers, et son souhait sincère de retrouver son mari. Après un court séjour à Bombay chez le consul de France, Daniel Lévi, Alexandra rallie Ceylan, son point de départ vers l'Europe. C'est un retour aux sources. Croit-elle trouver là-bas une réponse à ses interrogations ? Cette fois, le climat ne lui réussit guère, l'atmosphère humide l'oppresse : ce n'est pas là qu'elle s'installera. Et, bien que Philippe lui conseille de rester en Extrême-Orient, l'épouse du bout du monde décide finalement de rentrer en France pour s'occuper de ses affaires. Le 10 avril 1925, Alexandra embarque à Colombo. Elle arrive au Havre le 10 mai. La modeste orientaliste de 1911 est devenue une héroïne mondialement connue.

CHAPITRE 5

Devenue célèbre depuis son exploit, l'exploratrice publie de nombreux ouvrages et donne des conférences un peu partout en Europe.

Elle retourne en Chine en 1937. La guerre sino-japonaise l'oblige à se réfugier à Hankéou, puis à Chungking, à Chengtu et à Tatsienlou où elle reste jusqu'en 1943, avec Yongden. En 1941, elle apprend le décès de son époux.

Alexandra regagne la France en 1946, à soixante-dix-sept ans, après une dernière année passée en Inde. Malgré la mort brutale de son fils en 1955, elle continue à travailler. L'arrivée de Marie-Madeleine Peyronnet en 1959 lui permet d'achever une œuvre étincelante.

LA DERNIÈRE ÉPOPÉE

Partie en 1911, Alexandra David-Néel rentre en France en 1925. Elle n'a pas vécu la Grande Guerre qui a ravagé l'Europe pendant quatre ans. Crises politiques, financières et monétaires accompagnent la reconstruction et la modernisation d'un pays profondément bouleversé. Le progrès touche tous les domaines. 1925, c'est aussi un nouvel art de vivre, accompagné d'un extraordinaire foisonnement artistique et culturel. Le monde est entré dans une ère nouvelle que l'exploratrice découvre sans enthousiasme : « Je suis immensément dégoûtée de l'Europe. Avant même d'y avoir mis les pieds, je n'avais, du reste, aucune illusion à ce sujet », écrivait-elle lors de son escale en Espagne le 4 mai 1925.

Si l'Europe n'est plus la même, Alexandra aussi a changé. Son caractère indépendant et autoritaire s'est affermi au fur et à mesure des épreuves accumulées. Ces quatorze années de voyages et de découvertes lui ont apporté beaucoup : une expérience personnelle, un vécu incommunicable, mais aussi une multitude de connaissances dans les domaines philosophiques et ethnographiques. En 1925, sans doute est-elle l'orientaliste occidentale qui connaît le mieux les coutumes du peuple tibétain. Aphur Yongden, âgé de vingt-six ans, qui l'assiste depuis plus de dix ans, l'accompagne. Le consentement de Philippe reste évidemment nécessaire pour une adoption officielle, mais Alexandra se battra pour l'obtenir, sachant ce qu'elle doit à celui qui a tout quitté pour la servir. Même tyrannique, elle est avec lui d'une loyauté irréprochable. Il lui faudra néanmoins attendre quatre années encore avant d'obtenir le consentement définitif de son mari.

Grâce à l'aide efficace de l'orientaliste Sylvain Lévi qui n'a pas oublié son ancienne élève, Alexandra est propulsée dans le tourbillon de la célébrité. Interviews, conférences, dîners, thés et toutes sortes de réceptions mondaines sont dûment répertoriés dans son agenda . À ses côtés, Yongden découvre la vie parisienne et... les applaudis-

Âgée de 85 ans environ, Alexandra lit un livre tibétain dans sa maison de Digne où elle s'est retirée. Rentrée définitivement en France en 1946, Mme David-Néel, titulaire de nombreuses décorations, dont la Légion d'honneur (ci-contre), poursuit son œuvre. Elle publie encore une dizaine de livres, récits de voyages, romans tibétains ou ouvrages de spiritualité. Pages précédentes : Pendant le voyage de 1937-1946, les chaises à porteurs et les soldats de l'escorte d'Alexandra, dans une petite ville des confins sino-tibétains.

sements qui ponctuent chacune de ses interventions, car il a pris l'habitude de déclamer des vers ou d'entonner quelques chants tibétains lors des fameuses conférences de sa mère adoptive. Au fil des mois, Alexandra récolte une cascade de récompenses : Légion d'honneur, deux prix de la Société de géographie de Paris, et un surprenant grand prix belge d'athlétisme féminin...
Le 3 décembre 1925, elle évoque son voyage à Lhassa devant le public passionné de la Société de géographie de Paris. Quelques jours plus tard, c'est au Collège de France qu'elle s'exprime, répondant à l'invitation du professeur d'Arsonval, membre de l'Académie des sciences et de celle de médecine, président de l'Institut général psychologique. Celui-ci s'intéresse à tous les phénomènes psychiques et l'invitera plusieurs fois à venir parler de ses expériences.
Début 1926, une tournée de conférences mène l'exploratrice à travers la France et, de passage à Marseille, elle y rencontre son mari, qu'elle ne semble pas avoir revu depuis son retour. Les deux époux sont respectivement âgés de cinquante-huit et soixante-quatre ans. Les retrouvailles ne se prolongent guère et le couple, sans rompre pour autant, se sépare à nouveau. En mars, Mme David-Néel s'adresse au Collège de France, puis au musée Guimet. C'est un triomphe : « On s'écrasait dans la salle. On avait laissé les portes ouvertes et dans la salle contiguë nombre de gens debout tâchaient d'entendre et de voir quelque chose. Beaucoup de personnalités : l'ancien gouverneur de l'Indo-Chine et l'ancien ministre de France au Brésil qui attend son départ pour un autre poste, le directeur de l'École Française d'Extrême-Orient, etc. » (lettre du 30 mars 1926).

Ne partageant plus le domicile conjugal, l'ex-mendiante tibétaine, toujours errante, cherche un pied-à-terre où entreposer ses multiples caisses. Peu attirée par les grandes villes, elle se laisse tenter par une petite maison située à Toulon, aux « Mazots, chemin de la Calade - Près Serinette ». À peine installée, Alexandra se met à travailler « comme une bête » du matin au soir. Connaissant la versatilité du public, elle souhaite publier le maximum de

choses le plus vite possible. Le *Voyage d'une Parisienne à Lhassa*, édité en 1927, connaît un succès immédiat à New York d'abord, puis à Londres et à Paris. Articles et livres se succèdent. Les récits de voyages sont les plus faciles à écrire grâce en particulier à la correspondance que Philippe a conservée, classée et restituée. Les seuls problèmes à résoudre relèvent des choix à opérer dans les innombrables anecdotes accumulées. Les autres ouvrages sont plus délicats à mettre en forme : *Mystiques et magiciens du Thibet* (1929) tient à la fois du récit de voyage et du reportage ethnographique. *Le Lama aux cinq sagesses* (1929) est le premier roman tibétain d'un superbe triptyque associant réalisme des personnages, authenticité des lieux, réminiscences lamaïques, étrangeté des faits, suspens, mystère… Les *Initiations lamaïques. Des théories, des pratiques, des hommes* (1930) abordent un sujet plus ardu, d'autant que le vocabulaire français se prête mal à la restitution de notions orientales parfois très complexes. Dans le style efficace qui est le sien, l'auteur présente clairement les différents degrés initiatiques des enseignements transmis par les maîtres tibétains, leurs buts, les exercices et les rites qui s'y rattachent. *La Vie surhumaine de Guésar de Ling* (1931), *Au pays des brigands gentilshommes* (1933) compléteront cette première fournée littéraire.

En 1928, l'exploratrice devient propriétaire d'une petite maison « admirablement située » à la sortie de Digne, sur la route de Nice. L'habitation, qui présente l'avantage d'être bâtie sur un vaste terrain, portera le nom de Samten Dzong, la « Forteresse de la méditation ».

La propriétaire y aménage un oratoire tibétain et un jardin potager. Dans ces « Himalayas pour Lilliputiens » que sont les Alpes-de-Haute-Provence, Alexandra renoue avec ses habitudes d'anachorète inaugurées à La-

Alexandra et Yongden à Stresa, sur les bords du lac Majeur, Italie 1931. Noter le sourire de l'exploratrice ! Yongden, adopté officiellement en 1929, découvre la vie occidentale. Entre 1925 et 1937, Alexandra ne cessa de circuler en France et dans toute l'Europe. Devenue une célébrité, elle partagea son temps entre les conférences et les périodes de travail intensif.

Lors de la conférence qu'elle donna à Budapest en 1935, Alexandra attira tous les regards. Le public, venu en tenue d'apparat écouter la grande exploratrice, était de qualité. « Mes conférences ont un très grand succès, les salles étaient bondées. On avait dû mettre des chaises jusque sur l'estrade où je parlais. Articles très enthousiastes dans les journaux » écrit-elle à Philippe le 15 décembre 1929.

chen. Pas pour longtemps... En 1931, un voyage mondain la conduit en Italie : réception à l'ambassade de France à Rome, déjeuner avec la comtesse Rasponi, rencontre avec Mussolini, etc. L'on se tromperait grandement en limitant le personnage d'Alexandra David-Néel à l'errante qu'elle fut en Himalaya. Elle est ermite au pays des ermites, lamani chez les lamaïstes, mondaine au milieu du monde. Solitaire quand il le faut, mais aussi sensible aux applaudissements et aux honneurs : une carrière d'artiste laisse des traces, et l'on sent qu'elle a plaisir à raconter ses succès de conférencière à Philippe.

Cette même année, une femme s'installe à ses côtés. Pleine de bonne volonté et d'enthousiasme à l'idée de collaborer longuement avec la grande dame de l'exploration, sa traductrice anglaise Violet Sydney rallie Samten Dzong. Elle résistera quatre ans au caractère très spécial de l'aveuglante « Lampe de sagesse » avant de partir en proclamant une vérité : « Cette femme est un génie mais elle est impossible à vivre ! »

Alexandra ne tient pas en place, ses circuits l'amènent dans tous les coins de France et d'Europe jusqu'en 1937 : Espagne, Suisse, Belgique, Pays-Bas. Notons deux conférences au Benelux en 1934 : l'une à Rotterdam, l'autre à la Société royale belge de géographie à Bruxelles. La voyageuse en profite pour se renseigner sur les possibilités de se rendre à Pékin par le chemin de fer, car la nécessité de retourner sur le terrain s'impose : « pour me maintenir à la place

où l'opinion m'a juchée, il importe que je ne me laisse pas dépasser », écrit-elle le 22 mars 1934.
Encouragée par le président de la République française, Gaston Doumergue, qui s'intéresse à ses découvertes, la grande nomade obtient des subventions pour effectuer un nouveau périple. Son objectif : la Russie, ou plutôt l'Union soviétique, avec deux thèmes d'étude, la vie des femmes sibériennes depuis le changement de régime, et les croyances des Bouriates du lac Baïkal puisqu'ils font partie du monde bouddhiste. Ensuite elle poursuivra vers la Chine. Mais l'URSS est fermée aux étrangers, et elle doit obtenir d'indispensables autorisations pour circuler. Il lui serait plus facile de partir avec la Croisière jaune puisque André Citroën lui propose un poste de conseiller-accompagnateur, mais ce type d'expédition tapageuse, qui est autant une campagne de publicité pour la marque qu'une prouesse technique, ne l'intéresse pas.
En 1936, une tournée de conférences l'amène pour la première fois de sa vie en Europe centrale. Au printemps, elle retourne en Afrique du Nord : après une semaine passée à Tunis et une étape à Bône où elle rencontre probablement son époux, la voici au Maroc, dont elle longe la côte jusqu'à Agadir. Elle connaît désormais l'Afrique du Nord sur toute sa largeur. Le 30 juin, c'est « Mouchy » qui arrive à Digne pour un séjour dont on ne connaît pas la durée. Puis Alexandra repart en Suisse, avant de revoir son mari à Marseille le 11 novembre. Elle ignore que ce sera leur dernière rencontre...
L'exploratrice termine l'année à Paris. Elle achève de préparer ses bagages avant de rejoindre Bruxelles le 5 janvier 1937, où elle se recueille sur la tombe de son père. L'intransigeance des autorités soviétiques a eu raison de son projet. Privée des autorisations nécessaires pour circuler en Sibérie, Alexandra décide de gagner la Chine le plus rapidement possible en sacrifiant un minimum d'arrêt jusqu'à Pékin.

Jusque-là l'exploratrice avait toujours pris son temps et modifié ses itinéraires en fonction des circonstances. Cette fois il ne s'agira pas de flâner : le célèbre Transsibérien n'attend pas, le trajet global représente près de dix mille kilomètres et le plan de route a été planifié par les services soviétiques avec le zèle que l'on imagine. Seule concession : une halte préalable à Varsovie, où Alexandra rencontre l'éditeur du *Voyage d'une Parisienne à Lhassa* et de *Mystiques et magiciens du Tibet*, tout juste traduits en polonais.
La frontière soviétique n'est plus très loin. Alexandra va enfin de découvrir l'État qui a succédé à l'empire des tsars tant haï durant sa jeunesse. N'ayant pas obtenu les laissez-passer souhaités, elle n'est de prime abord guère enthousiaste. Comment cautionner un pays où l'on ne circule pas plus librement qu'au Tibet ? Le passage de la douane renforce ses a priori : les tracasseries administratives, la froideur des employés, les visages fermés ajoutent à l'atmosphère « décevante et glaçante ». À Moscou, la visite de la ville est orchestrée par une guide officielle de l'Intourist que rien ne saurait écarter du programme. Alexandra et Yongden s'installent dans le Transsibérien.
La moyenne du train ne dépassant pas les soixante-deux kilomètres à l'heure, les jours traînent en longueur. L'Oural est franchi dans la nuit du 15 au 16 janvier, « une succession de médiocres collines », écrit Alexandra qui, bien sûr, n'a pas oublié les géants himalayens autrement impressionnants. Le paysage ne prend une teinte vraiment sibérienne que plusieurs centaines de kilomètres plus à l'est, à partir de Krasnoïarsk, au bord du fleuve Ienisseï. Les immensités monotones et glacées défilent sous les yeux des passagers qui tuent le temps comme ils peuvent. Entre deux lectures, Alexandra compte les poteaux télégraphiques.
Le 20 janvier 1937 à vingt-trois heures, le train se présente en gare de Mandchouria, à la frontière du Mandchoukouo. Le trajet se poursuit stores baissés, sur l'ordre des autorités japonaises, afin d'empêcher les passagers d'observer le paysage. La province chinoise de Mandchourie n'existe plus depuis 1932. Elle a cédé la place à un État officiellement indépendant, en réalité aux mains des Japonais. La capitale est maintenant Hsin-King (actuelle Changchun), où Alexandra s'arrête quarante-huit heures, le temps de visiter la ville. À l'hôtel elle raconte à son mari : « Je ne me livrerai pas à des réflexions sur la Russie que je n'ai fait que traverser, mais j'ai pu y constater que les pauvres y sont des pauvres et les gens aisés, des gens aisés, comme partout ailleurs. Entre les uns et les autres, aucun signe extérieur ne témoigne d'un sentiment de bienveillante camaraderie. [...] J'ai vu des ouvriers du chemin de fer : graisseurs de roues ou autres, circuler en haillons et, dans la nuit, en Sibérie, 30 degrés sous zéro, des femmes courant sur les toits des wagons, chargées de remplir les réservoirs d'eau destinés à alimenter les lavabos et les W.-C. des voyageurs. [...]
« La merveille de ce trajet, c'est la journée passée dans les environs du Baïkal. D'abord, le matin, au lever du jour, un sublime paysage polaire : l'Angara qui coulait encore (le temps est resté doux cette année) roulait des glaçons, à perte de vue, dans les méandres de son cours encore libre à travers les parties déjà glacées. Rien que de la neige tout autour, des chaînes de collines blanches, au lointain des brumes montant du fleuve et rampant en bancs de brumes laiteuses... Merveilleux, te dis-je. Puis le Baïkal lui-même tout figé, mais pas en surface unie. Les eaux ont, de ci de là, brisé plusieurs fois la croûte glacée puis se sont gelées de nouveau, formant de hauts monceaux de glaçons sur lesquels les rayons du

soleil allument des éclairs. » (lettre du 22 janvier 1937). Le 26 janvier 1937, Alexandra et Yongden arrivent à Pékin. La Chine a changé elle aussi en vingt ans. Pékin a perdu sa prééminence en même temps que son nom : l'ancienne capitale du Nord a repris son appellation de Peiping, « Paix du Nord ». C'est à Nankin, la capitale du Sud, que revient le privilège d'abriter le pouvoir central et Tchang Kai-Chek, son nouveau leader. Le général a unifié la Chine déchirée par la guerre civile depuis la mort de Yuan Che-Kai en 1916, il a lancé de nombreuses réformes et placé la lutte contre le communisme au premier rang de ses obsessions. Les « Rouges », qui s'appuient sur le monde rural alors en plein marasme, fragilisent cette unité nationale encore récente, d'autant que des famines affectent tout le territoire. Communistes et forces gouvernementales ne s'entendent que sur un point : le rejet de l'envahisseur japonais. Telle est la situation de la Chine quand Mme David-Néel y arrive en janvier 1937. Alexandra n'est pas longue à noter l'importance de ces divers enjeux. Peiping et ses alentours sont « saturées d'influences japonaises » mais la ville s'est transformée à son avantage. Des tramways et des automobiles empruntent maintenant les grands axes qui ont été goudronnés, la Cité interdite a été ouverte au public, les vitrines débordent de soies multicolores et d'autres produits locaux, les activités culturelles se sont développées, les Chinoises ont gagné en élégance. « Pékin, rajeuni, était devenu une des plus pittoresques et fascinantes villes du monde. » La mère et son fils décident de se fixer dans l'ancienne capitale durant ce séjour en Extrême-Orient. L'orientaliste fait aménager une petite maison chinoise agrémentée de fenêtres vitrées et des indispensables commodités sanitaires.

Commencé en janvier 1937, le nouveau voyage en Chine tourna au désastre. La guerre sino-japonaise débuta alors qu'Alexandra séjournait dans les monastères bouddhistes des monts du Wutai Shan, à 400 km au sud-ouest de Pékin (à droite). Au dos de la photographie de gauche, Alexandra a écrit : « Le restant de mes bagages, Hankow, 1938 ». Fuyant vers Hankow (Hankéou), elle perdit en effet la plus grande partie de ses bagages.

Une nouvelle période studieuse commence alors pour l'exploratrice, qui allie l'écriture, la réflexion et d'heu-

reuses rencontres comme celle de ces lamas tibétains qui, par une heureuse coïncidence, séjournent à Peiping. La petite maison sert alors de cadre à des joutes oratoires telles que les mènent les moines dans leurs monastères, avec la gestuelle du genre, claquements de mains, verbe fort et mouvements de robes : un remue-ménage tel qu'il finit par inquiéter la police locale ! Alexandra doit faire intervenir son propriétaire et voisin, un universitaire, pour rassurer les autorités sur ses activités. Un agent de police restera cependant de faction à proximité de la maison de cette étrangère aux fréquentations peu ordinaires...

Une installation en ville n'exclut pas les excursions. Dès le printemps, la nomade invétérée commence à mettre au point la liste des bagages qu'elle emportera dans les montagnes nommées Wutai Shan, où elle envisage de passer l'été. En juin, elle engage deux domestiques qui pourront l'accompagner là-bas, un boy mongol et un cuisinier chinois. Alexandra, Yongden et les deux serviteurs quittent Peiping le 30 juin 1937. Le Wutai Shan, l'une des montagnes sacrées de la Chine, se situe à environ sept cents kilomètres de Peiping. On y vénère l'un des grands boddhisatvas de la tradition bouddhiste, Mandjouçri (ou Manjushri en sanscrit), symbole du savoir et de la sagesse. Les Chinois l'appellent Wan-son pou-sa, les Tibétains Djampéyang (Jampel-yang). Sous son aspect paisible, il porte deux attributs symboliques : dans sa main gauche, le manuscrit de la *Prâjnâpâramitâ*, c'est-à-dire le fameux traité de la perfection et de la sagesse, et dans sa main droite un glaive destiné à combattre l'ignorance. Alexandra avait étudié et traduit en partie ce grand texte lors de son séjour à Kumbum. Au Wutai Shan, elle rassemblera chroniques et légendes locales se rapportant au prestigieux boddhisatva. Ensuite, vers le mois de septembre, elle compte « visiter le Nord du Chansi et aller en Mongolie ». Et poursuivre ainsi l'immense pèlerinage entamé en... 1911 !

Alexandra enquêtera aussi sur place sur le thème de l'immortalité : « Rechercher les théories ésotériques des anciens Tao-sses, concernant les moyens de rendre immortel et les comparer avec celles des mystiques

et des occultistes tibétains figurait au programme de mon nouveau séjour en Chine. »

Le trajet ne présente aucune difficulté puisque les deux tiers du parcours s'effectuent en chemin de fer. Alexandra fera étape à Taiyüan, capitale du Shansi, où elle demandera au gouverneur les recommandations nécessaires pour obtenir un logement dans les monastères du Wutai Shan. Et pourtant les contrariétés commencent dès le départ, en gare de « Pékin » (Alexandra continue à écrire « Pékin »). Tous les voyageurs sont tenus d'ouvrir leurs colis et de les soumettre à la fouille. Raison invoquée : la recherche d'opium et d'héroïne. Les principaux trafiquants sont des Japonais qui utilisent ce commerce pour affaiblir les populations qu'ils souhaitent conquérir. Pas question pour Alexandra de montrer ses affaires personnelles à cette « plèbe orientale, malodorante et couverte de vermine » ! Yongden est mandaté pour parlementer avec les autorités. La voyageuse obtient gain de cause : ses bagages ne seront pas fouillés.

À Taiyüan, le gouverneur ayant disparu, l'exploratrice est reçue par le maire de la ville, « un érudit très versé en philosophie bouddhiste ». Elle rend aussi visite à une Française dont l'époux chinois est conseiller du gouverneur. Soucieuse de ne point se charger inutilement, la lamani laisse chez cette dame une partie de ses bagages, en particulier le matériel de camping qu'elle n'utilisera qu'en Mongolie.

Alexandra est conduite en voiture militaire « jusqu'à l'extrémité de la route carrossable », tandis que Yongden et les domestiques prennent l'autobus. Que d'évolution dans les moyens de transport en l'espace de vingt ans ! L'exploratrice regrette les traditionnelles charrettes, les chaises à porteurs, les bêtes de louage, dont l'usage était si souple et surtout beaucoup plus économique. Maintenant les services d'autobus ou la location de voitures avec chauffeur grèvent tout de suite le budget de voyage, sans compter que les automobiles ne peuvent circuler que sur des routes en bon état, équipées de postes de ravitaillement d'essence. Les voyageurs étaient plus libres naguère : aujourd'hui il faut sans arrêt exhiber ses papiers et se soumettre à toutes sortes de contrôles.

La route carrossable s'arrêtant au pied des montagnes, c'est avec des mules, deux litières et une charrette que

Images de la guerre sino-japonaise en 1938. Revue de troupes dans les rues de Chungking avant leur départ pour le front (en haut, à gauche). Alexandra et Yongden se sont réfugiés dans cette ville en janvier-février. Les constructeurs du Moscou-Chungking portent leurs pelles comme des fusils (ci-contre) ! Défilé de troupes chinoises (en haut, à droite). Civils et militaires clouant des cercueils dans la rue (au centre). « Des orphelines de guerre et des réfugiés faisant des vêtements d'hiver pour les combattants », a noté Alexandra (en bas).

s'effectue la fin du parcours, comme au bon vieux temps. Le groupe atteint la petite ville fortifiée de Woutai-Hsien au soir du 8 juillet. Nouveau contrôle dans l'auberge où elle est descendue : Alexandra refuse de signer tout papier écrit en chinois, qu'elle ne sait pas lire. Les fonctionnaires devront se contenter de déclarations orales. La voyageuse est persuadée que ces interrogatoires et autres tracasseries n'ont d'autre but que d'ennuyer une étrangère.
Ils arrivent au monastère de Pou-sating, un édifice construit « en pur style chinois », qu'Alexandra compare à un palais de conte de fées. C'est dans l'un des logements aménagés dans l'ancien palais impérial qu'elle séjourne durant tout l'été 1937. Le Wutai Shan, aux sommets arrondis (3 058 mètres d'altitude), est le point culminant de la Chine du Nord. Les temples et monastères, orientés vers le bouddhisme chinois ou vers le lamaïsme tibétain, y prolifèrent. Celui de Pou-sating (actuel Pusadingsi) est occupé par des moines Gelugpa (Bonnets jaunes). Alexandra retrouve avec émotion l'atmosphère tibétaine qui lui est chère : le logis sommaire, le khang avec ses carrés de tapis, l'odeur très particulière de beurre et d'encens, le son des instruments traditionnels : « Je pense : voici peut-être la dernière fois de ma vie que j'habite une gompa. Je suis comme une femme qui sait que son amant va la quitter et qui jouit goulûment et tristement des derniers jours de leur liaison... » (Carnet, 8 juillet 1937.) L'orientaliste commence à décrypter des chroniques évoquant la vie légendaire de Djampéyang. Des visiteurs lui racontent l'histoire du boddhisatva. Elle s'immerge à nouveau dans le monde légendaire du Tibet, bien loin de l'orage qui gronde dans le pays...

Les premières rumeurs inquiétantes se répandent vers la fin juillet : des avions japonais auraient bombardé Pékin. Alexandra poursuit son enquête sur Manjouçri et termine un livre, *Magie d'amour et magie noire*, extraordinaire roman tibétain inspiré d'une histoire vécue par celui qui la rapporta à la dame lama.
Le maire de Pékin aurait ouvert les portes de la ville aux Japonais. Le 16 août, « des bandes de Mongols terrifiés » arrivent dans le Wutai Shan, racontant que les Chinois et les Japonais se battent entre Pékin et la province du Nord, le Chahar. Quelques jours plus tard, l'officier commandant le poste de Woutai-Hsien arrive au monastère : Pékin et Tsientsin sont bel et bien tombés. Alexandra reçoit enfin des nouvelles de l'ancienne capitale : l'un des membres de la colonie française résidant là-bas, le docteur Bussière, lui assure qu'il veillera sur ses affaires. Des avions survolent maintenant le Wutai Shan, où des bombardements sont à craindre. « On barbouille de noir les tuiles jaunes des temples de Pu-sa-ting. Précautions contre les avions dit-on », note-t-elle le 13 septembre. La

neige est déjà tombée sur le plus haut sommet : il faut partir avant que les chemins ne deviennent impraticables. Mais où aller ? Dans une ville où Alexandra connaît des gens qui pourront répondre d'elle auprès d'une banque, dans une ville pas trop éloignée car elle n'aurait pas de quoi payer un long trajet : à Taiyüan. Pour y parvenir, il faut se procurer des mules et des muletiers. De peur d'être réquisitionnés en route avec leurs

Après Chungking, c'est à Chengtu, la capitale du Sseu-Tchouan, qu'Alexandra et Yongden se sont provisoirement installés. A droite : Alexandra à la mission catholique de Chengtu en mai 1938. « Sacs de terre devant les fenêtres de la cave du pavillon principal. Notre seul refuge contre les mitrailleuses... » Pages précedentes : vers 1938, sur une piste du Sikang (ouest de la Chine, région de Tatsienlou).

bêtes, les fermiers refusent de s'éloigner. Alexandra doit patienter. Comme en Corée naguère, elle en est réduite à manger des pissenlits sauvages, à glaner ici et là quelques épis de maïs ou quelques poignées de fèves. L'argent manque et le jeûne devient pesant. Un Chinois promet enfin sept mules et deux litières qui pourront conduire les voyageurs jusqu'à Woutai-Hsien. L'orientaliste prend congé des lamas du Pou-sating, « qui s'étaient montrés extrêmement aimables et obligeants pendant toute la durée de notre séjour ».

Le 20 septembre 1937, vers sept heures du matin, Alexandra, Yongden et les deux domestiques quittent le monastère avec les mules et leurs muletiers. Craignant les avions autant que la rencontre de militaires, les muletiers imposent de terminer le parcours de nuit. Arrivés à Woutai-Hsien le 21 septembre, ils doivent trouver d'autres bêtes. L'aubergiste finit par dénicher des volontaires prêts à mener les voyageurs jusqu'au village suivant, Toung Yeh, mais pas plus loin. La caravane reprend sa route, croisant des camions et des autobus chargés de soldats. Les domestiques d'Alexandra sont inefficaces, l'un ne songe qu'à boire, l'autre qu'à fumer de l'opium. À Toung Yeh, encore un contrôle administratif : dans son livre la voyageuse signale la cocasserie de ces vérifications, car les employés chinois ne comprennent pas que Yongden ait un passeport britannique, lui qui n'a ni les cheveux jaunes ni les yeux ronds !

À Toung Yeh, il n'y a plus ni bêtes, ni charrettes, ni litières disponibles, mais un autobus fonctionne encore sur la ligne de Taiyüan. L'arrêt a été déplacé à vingt kilomètres du village car la route a été emportée par la pluie. Le magistrat du lieu trouve deux charrettes et des hommes susceptibles d'emmener le groupe jusqu'au car. Alexandra traîne avec elle une bonne dizaine de caisses de bagages ! La caravane n'avance que lentement sur une route complètement inondée et défoncée par les ornières. Résultat : l'autobus est parti quand le groupe se présente à l'arrêt. Les muletiers s'apprêtent à décharger les bagages dans la boue mais Alexandra ne se laisse pas faire : elle ordonne vertement aux guides de les conduire jusqu'au prochain village !

Arrivés à Opien, les hommes laissent leurs clients au dépôt qui tient lieu de gare routière. Deux autobus vides sont remisés dans un hangar désert. L'employé arrive, ignorant tout des horaires à venir. Par hasard, Yongden apprend que les deux engins sont réquisitionnés et qu'ils ne prennent plus de passagers civils. Ce n'est pas le moment de se décourager, « s'affliger est toujours vain », pense Alexandra. Une gare de chemin de fer se trouve bien à quelque distance, mais les trains sont tous réservés à l'armée. Taiyüan est encore à cent kilomètres et il n'y a plus un âne disponible à la ronde.

La voyageuse envisage d'aller chercher à pied son argent à Taiyüan. Le lendemain après-midi, l'aubergiste du lieu propose un pis-aller : gagner Sinchow, la prochaine localité, avec trois charrettes qui viennent d'arriver. Évidemment le prix réclamé par les conducteurs est exorbitant !

Pour les mêmes raisons de sécurité que les premiers muletiers, ces commerçants ne circulent que la nuit. Les champs sont devenus de vrais lacs, les roues s'enfoncent dans la boue, les bagages tanguent. Une ornière encore et la charrette où est juchée Alexandra bascule. Une caisse de livres lui tombe sur la tête, tandis que le conducteur est projeté à terre. Alexandra est coincée, une jambe prise dans l'une des roues de l'engin. Il fait nuit. Les hommes dégagent sans douceur la dame lama qui, par miracle, n'a rien de cassé. Mais elle est commotionnée. Il faut attendre le lendemain pour réparer car personne ne possède de lanterne. La pluie tombe de plus belle. Dans un semi-coma, Alexandra reste étendue sous « un drap huilé très vaguement imperméable ». Elle souffre et termine l'étape allongée sur des couvertures qui amortissent un tant soit peu les chocs.

Sinchow est atteint le 24 septembre. La blessée peut enfin laver ses plaies. Tout en essayant de se montrer digne des maîtres stoïciens de sa jeunesse – « Douleur tu n'es qu'un mot » –, elle reconnaît n'être pas au mieux. Mauvaises nouvelles : on dit que les Japonais progressent vers Taiyüan. Il faut partir, ordonne la blessée, avant que la route ne soit bloquée. Le lendemain, la pluie redouble. Un brave Chinois qui a amené deux mules pour transporter les bagages prévient Alexandra qu'un train pour Taiyüan sera autorisé à prendre des passagers civils. Les caisses sont chargées à la hâte. Ouf, voici la gare ! Le spectacle qui s'offre aux yeux des voyageurs est pitoyable : des cohortes de gens hagards, leurs bagages dispersés dans la boue, attendent depuis des heures... Le bâtiment construit en pleine campagne ne suffit pas à contenir la population en fuite. Souffrant toujours du ge-

Alexandra avec Violet Sydney et deux personnalités locales à l'hôpital catholique de Tatsienlou (Kangding), en mai 1940 (ci-dessus). La traductrice anglaise d'Alexandra vint dans cette lointaine contrée pour traduire *Sous des nuées d'orage*, publié en Europe dès 1940.
Hiver 1938, Tatsienlou (à droite), où résidèrent Alexandra et Yongden. La bourgade était le siège d'un évêché (cathédrale au premier plan) dirigé par monseigneur Valentin.

nou, Alexandra parvient à se glisser dans la salle exiguë, au sec. Des trains militaires passent, remplis de soldats envoyés au front sans fusils parce qu'il n'y en a pas assez pour tous. Le « bétail humain charrié vers la tuerie » reste sous la pluie car les wagons sont dépourvus de toits. Il est minuit. La foule devient de plus en plus compacte. On éteint la lumière. Coincée entre plusieurs personnes, Alexandra tente de s'endormir. Le jour se lève et toujours aucun train civil. On apprend qu'un hypothétique convoi passera vers cinq ou six heures du soir. Au cours de l'après-midi, on signale des avions, la po-

pulation, affolée, court dans tous les sens. La gare n'est heureusement pas bombardée mais l'attente s'éternise. À cinq heures du matin, le train est enfin annoncé. Les bagages sont transportés sur le quai. Le convoi s'arrête, déjà bondé. Le cuisinier d'Alexandra parvient à monter, on lui passe les sacs et les colis, mais le train repart, sans prévenir ! Alexandra, Yongden, le Mongol et le reste des bagages sont toujours sur le quai... Quand passera le prochain train ? Une journée, une nuit s'écoulent encore. Le jour se lève, la dame lama et le reste de son équipe peuvent enfin partir. Chacun se tasse où il peut. Six jours ont été nécessaires pour parcourir les deux cents kilomètres qui séparent le Wutai Shan de la ville de Taiyüan. Exténuée mais soulagée, la voyageuse frappe à la porte de la mission baptiste anglaise : le révérend Price l'accueille avec chaleur.

Alexandra apprend alors que Pékin est tombée le 29 juillet, que les Japonais occupent le Shantung et se dirigent vers le Shansi. La mission possède une maison inoccupée où Alexandra peut s'installer. À peine posé ses bagages, la voyageuse se fait conduire en rikschaw chez la Française qui avait accepté de garder son matériel de camping. Elle souhaite récupérer son bien et, surtout, se faire accompagner à la banque pour retirer de l'argent. Mauvaise surprise : le couple est absent pour une durée indéterminée. Las, Alexandra n'a plus que quatre dollars chinois en poche et le préposé au guichet refuse d'échanger tout chèque émis à Pékin. Disposant également de fonds à Shanghaï, Alexandra télégraphie au consul général de France pour qu'on lui envoie de toute urgence un mandat. Elle est obligée d'attendre encore mais les bombes tombent désormais sur Taiyüan. Le désordre est partout et la répression est terrible. Les forces de l'ordre décapitent les voleurs et exposent leurs têtes, mais rien n'y fait : les boutiques sont pillées.

L'argent arrive enfin et le matériel de camping est récupéré. Deux directions vers le sud sont désormais envisageables : Sian ou Hankéou. Un dernier train civil doit partir le 8 octobre sur la seconde ligne, il faut se presser ! Une cohue indescriptible règne à la gare. Lors de la première nuit, le convoi est mitraillé par un avion, il y aurait eu deux morts et trois blessés. Comment savoir ? Le 9 octobre dans l'après-midi, Shih kia schwang est en vue, mais il faut changer et de train et de gare pour espérer continuer...

Alexandra et Yongden surveillent le transbordement de leurs caisses et s'informent de l'heure de passage du train d'Hankéou. Mais les sirènes se mettent à hurler : les avions japonais approchent. Alexandra et son fils refusent de s'abriter et préfèrent demeurer à proximité de leurs précieuses caisses. Il faut tirer dans leur direction pour les obliger à bouger ! Bien malgré eux, ils se réfugient dans les ruines d'une villa. Dès la fin du bombardement ils retournent vers le fourgon et constatent impuissants qu'il est en train de s'éloigner en direction de Taiyüan avec l'ensemble des caisses : « Mes bagages... mes livres, mes notes, mes photographies, mon travail de trois mois ! »

Alexandra n'a guère le temps de s'apitoyer sur son sort : on annonce le dernier train pour Hankéou et l'arrivée imminente des Japonais... Le ciel rougeoie sous les incendies, la cohue est à son comble, il faut courir vers la grande gare, attraper ce dernier convoi « indescriptiblement bondé ». Malgré tout, les quatre membres du groupe parviennent à s'y installer. Il serait impossible d'introduire une personne de plus. Lors d'un arrêt durant la nuit des infirmiers s'évertuent pourtant à hisser quelques blessés supplémentaires. Alexandra reçoit un coup de brancard dans la bouche et s'évanouit dans l'indifférence générale. Le train arrive à Hankéou le soir du 11 octobre : il a fallu trois jours et deux nuits pour effectuer un trajet d'environ neuf cents kilomètres. L'exploratrice n'a que trop le temps de penser à « toutes les choses précieuses » qu'elle vient de perdre : ses livres tibétains, les copies de ses manuscrits, ses notes, « fruits

de lectures assidues et d'enquêtes laborieuses ». Jusqu'à sa mort elle regrettera ce malheureux épisode.
Les quatre voyageurs privés de bagages se rendent à l'hôtel que leur avait indiqué le révérend Price. L'établissement est complet comme tous les autres des environs, qui débordent de réfugiés. Exténuée, Alexandra se présente au Lutherian Mission Home, foyer de la mission luthérienne américaine, dont les cent chambres sont également toutes occupées. Cette fois c'en est trop, Alexandra proclame qu'elle ne sortira pas du bâtiment. Qu'on aille chercher le directeur ! L'intéressé arrive et reconnaît la véhémente vieille dame, qu'il avait rencontrée à Sian en 1918. Le directeur du foyer réquisitionne deux pièces pour la mère et son fils. Les domestiques iront loger ailleurs... Deux pièces, claires et propres, par ces temps d'exode, ce luxe est inestimable !
À Hankéou, l'un des principaux nœuds économiques du pays, situé sur la grande voie fluviale du Yangtzé que les bateaux remontent jusqu'au Sseu-Tchouan, les menaces de bombardement ne sont pas rares. Anyang, la ville voisine, ne l'a-t-elle pas été il y a quelques jours seulement ? Alexandra reste trois mois à la mission luthérienne. Elle fréquente des Européens comme le docteur Martinie et son épouse, prend des leçons de chinois, donne des conférences... Mais la ville ne présente aucun intérêt pour ses recherches en orientalisme : « Il y aura bientôt un an que je suis revenue en Chine ; à part

« Le thé est apporté de Chine à dos d'homme dans des paniers d'osier. À Tatsienlou, il est réempaqueté dans du cuir pour être transporté au Tibet », précise Alexandra. Depuis des siècles, la ville est une étape importante sur cette route commerciale (ci-dessous). Dans une ferme près de Tatsienlou-Kangding, les yaks sont chargés de briques de thé destinées à Lhassa (ci-contre).

quelques mois à Wutaishan, le reste est du temps gâché, absolument sans rien d'intéressant. Vivre à Hankéou est idiot ! Mais la guerre entrave tout. » (lettre du 1er janvier 1938). Une nouvelle fois, Alexandra décide de précéder l'arrivée des Japonais et de fuir en direction de l'ouest, cette fois par le fleuve.

Le navire quitte le port fluvial le 4 janvier 1938 et remonte jusqu'à Ichang, où débutent les célèbres gorges du Yangtzé et où un transbordement est nécessaire. Il faut emprunter un vapeur nettement plus nerveux pour remonter les rapides qui contrarient le cours du fleuve à cet endroit et rendent la navigation d'autant plus périlleuse. Le *Wuliang* quitte Ichang le 14 janvier sous une légère chute de neige. Le temps, gris et froid, ne permet pas à Alexandra de jouir pleinement du fabuleux paysage. La fameuse Wind-box gorge l'impressionne malgré tout.

Quatre jours plus tard, le bateau accoste à Chungking, où Alexandra s'installe à la mission protestante canadienne, « une maison obscure et froide » où elle reste un mois. Chungking est la ville la plus sale qu'elle ait jamais visitée. Les ruelles ne sont qu'une « succession de cloaques infects ». La xénophobie, comme partout en Chine, se manifeste chaque jour davantage. Au passage d'un Blanc, les enfants crient : « diables étrangers ». Chungking (Tchong-king) était l'un des points forts de la présence française en Chine. Sa base navale en particulier accueillait les célèbres canonnières du haut Yangtzé qui circulaient en permanence pour protéger les embarcations de commerce. En janvier 1938, la ville est encore à l'écart de la guerre mais les autorités font procéder à des « répétitions » susceptibles de prévenir les futures attaques japonaises. Alexandra ne peut pas s'habituer à cette situation et décide d'aller voir plus loin. Son projet est de gagner Tatsienlou, bourgade peu-

Un magicien-devin à Tatsienlou (ci-dessus). Cette bourgade d'origine tibétaine a été conquise par les Chinois. Capitale de la nouvelle province du Sikang en 1938, elle devient Kangding. Alexandra y retrouve cette civilisation tibétaine si chère à son cœur. Elle loge pendant quelques mois dans un ermitage dépendant du monastère bouddhiste de la ville. À droite : les années n'altèrent en rien le goût des promenades, même dans la neige.

plée de Tibétains, située plus de trois cents kilomètres à l'ouest de Chengtu.

Le 20 février enfin, Yongden et elle prennent la route une fois de plus. Ils arrivent à Chengtu quelques jours plus tard. Il était temps, car les Japonais bombardent bientôt Chungking, qui deviendra la première ville martyre de cette guerre pour avoir abrité le gouvernement en exode. Chengtu est-elle une ville plus sûre ? Les alertes se multiplient là aussi. Plus que jamais Alexandra est décidée à se réfugier à Tatsienlou.

Le consul de France, le docteur Béchamp, procure un petit logement à sa compatriote, dans « l'enclos de l'ancien laboratoire français » où elle avait logé quinze ans auparavant. Mais l'une des préoccupations majeures de la fugitive reste l'argent. Elle demande à son mari de lui envoyer des fonds à la Banque de l'Indochine, dont une agence fonctionne à Yunnanfou. Le mandat arrive le 8 mars 1938. Provisoirement sauvée, l'orientaliste, qui vient de fêter ses soixante-dix ans, n'en est pas moins isolée au centre de la Chine ! Choquée par les « sentiments anti-étranger » qui progressent « dans la populace », elle raconte à Philippe que l'évêque, monseigneur Rouchouse, faillit être poignardé dans son évêché.

C'est le 24 juin 1938 qu'Alexandra et Yongden quittent Chengtu en chaise à porteurs, par la route des caravanes qui transitent vers le Tibet. Ils savent que l'entreprise est dangereuse à cause des bombardements, des assassinats xénophobes, des agressions perpétrées par les pillards ou les déserteurs ou des accidents toujours possibles... Trois jours après être parvenue à bon port, Alexandra s'empresse de donner des nouvelles à son mari : « Je suis arrivée ici le 4 juillet après un voyage de dix jours à travers la montagne. Le mauvais temps a rendu assez rude le début de ce voyage. Il y avait deux cols à franchir, d'altitude très moyenne dans la région : environ 3 000 m seulement, mais au premier d'entre eux, après avoir marché pendant toute la moitié de la journée sous une pluie diluvienne, nous avons été assaillis par une tempête. Le toit de ma chaise à porteurs a été emporté, les porteurs renversés. J'ai dû faire la descente à pied trempée jusqu'aux os. [...] Au passage du second col le temps était brumeux mais sans pluie. Cependant la boue créée par les pluies des jours précédents rendait la marche extrêmement difficile dans les sentiers étroits, parmi les pierres écroulées. » (lettre du 7 juillet 1938).

Alexandra et Yongden sont en sécurité dans la petite ville tibétaine de Tatsienlou (anciennement Dartsédo ou Dar-rtsé-mdo, aujourd'hui Kangding), devenue capitale de la nouvelle province du Sikang en 1938. À la recherche d'un logement économique, ils s'adressent à la mission protestante écossaise, qui accepte de les héberger. La cité est si peu remarquable qu'Alexandra est heureuse de s'installer enfin, le 19 juillet, dans un ermitage situé un peu plus haut en altitude sur le Po-mo San. Ce logis lui a été octroyé grâce à l'intervention d'un bouddhiste de ses connaissances, qui réside alors au monastère de Dartsédo. Les moines ont construit quelques petites maisonnettes qu'ils mettent à la disposition des candidats à une retraite. « Cette habitation me plut au premier coup d'œil, bien qu'elle n'ait pas l'allure "héroïque" de la caverne où j'avais passé près de trois années », écrit Alexandra, enfin satisfaite. L'automne arrive avec ses premières chutes de neige et un froid plus vif qui l'incitent à descendre dans la bour-

gade pour y passer la mauvaise saison. Aucun logement n'étant disponible, les protestants acceptent encore une fois de l'accueillir.

Les bombardements atteignent maintenant Chengtu. « Tout va mal, très mal en Chine », écrit Alexandra. À tel point qu'elle envisage de fuir à nouveau en direction du Tibet. Seuls des problèmes d'argent la freinent : l'utilisation des billets chinois s'arrête à Tatsienlou, au-delà il faut payer avec de la monnaie tibétaine, actuellement introuvable. À la fin du mois de novembre, les missionnaires lui font savoir qu'ils souhaitent récupérer leur logement : « Jolie situation que la mienne ! Où aller ?... » Alexandra est à la rue... Une fois de plus, serait-on tenté d'ajouter. Et la fugitive... de sonner à la porte de l'évêque catholique, bien qu'il ne soit « pas du tout du même bord » qu'elle. Malgré ses divergences avec la dame lama, monseigneur Valentin accepte d'aider sa compatriote. Les religieuses de la mission libèrent un ancien entrepôt à céréales, où elle aménage « deux grandes chambres, une cuisine et des dépendances pour remiser le combustible et coucher le domestique ». Située près d'un vaste cimetière, « la baraque est indépendante » et finalement pas si mal puisqu'elle va y loger pendant cinq ans (jusqu'en 1943) pour un loyer dérisoire. Alexandra se remet au travail. *Sous des nuées d'orage*, expédié par avion en septembre 1939, paraîtra en 1940.

Au cours de ces années, Philippe Néel s'est retiré dans la maison familiale de Saint-Laurent-d'Aigouze, dans le Gard. Dans sa lettre du 1er octobre 1940, il rappelle à Alexandra qu'elle a droit au tiers de sa pension de retraite et l'informe qu'il l'a désignée comme sa légataire universelle. Philippe continu à aider sa femme. Celle-ci voit arriver un jour à Tatsienlou Violet Sydney, chargée de traduire *Sous des nuées d'orage.* Le travail terminé, l'amie anglaise s'ennuie et s'en va. Alexandra rédige *À l'ouest barbare de la vaste Chine,* où elle rapporte sa vie à Tatsienlou tout en évoquant ses périples dans le Koukou Nor.

À la mi-février 1941, un télégramme expédié d'Europe lui annonce le décès de son mari, survenu le 8 février, à l'âge de quatre-vingts ans : « J'ai perdu le meilleur des maris et mon seul ami », écrira-t-elle, sincèrement attristée. Son principal point d'appui disparu, elle est plus seule que jamais, à soixante-treize ans, alors qu'un nouveau conflit mondial secoue les quatre cinquièmes de la planète. Pour comble de difficultés, les relations entre la mère et le fils se dégradent. L'inaction et l'insatisfaction qui en résultent ne sont sans doute pas étrangères à la situation, pas plus que le caractère de plus en plus insupportable de la vieille dame. Déçue par ce séjour interminable et trop sédentaire, l'exploratrice se force moins que jamais à être aimable. Yongden a quarante-deux ans ; il s'ennuie lui aussi, et se rebiffe parfois contre l'autorité tyrannique de son mentor. Alexandra songe même à se séparer de lui en octobre 1943. Mais la force de l'habitude, la fidélité et le sens du devoir l'emportent : Albert reste auprès de sa terrible mère adoptive.

Les relations ne sont pas meilleures avec les missionnaires. « Tatsienlou qui n'a rien du Tibet pittoresque que j'aimais me devient insupportable. Ma bicoque et le voisinage des nonnes sont abominables », écrit-elle dans son carnet de 1941-1942. La mésentente atteindra son paroxysme en 1943. Alexandra avait fini par se croire chez elle dans le logement des missionnaires et, avant de partir, elle le proposa à d'autres locataires sans demander l'avis des religieuses. Les nouveaux occupants étant des militaires chinois, on comprend le mécontentement des sœurs ! Soudain prise d'une violente colère, Alexandra vitupère de plus belle contre les gens d'Église et plie bagages...

Durant les dernières années de son séjour, la santé de la vieille dame s'est passablement dégradée. Toutes sortes de maux l'affectent : douleurs rénales, crampes d'estomac, « intestins en mauvais état », jaunisses, ténia ou « inflammation des nerfs » qu'elle soigne parfois en battant ses serviteurs... L'inaction lui a toujours été préjudiciable. Son organisme a aussi beaucoup enduré au cours de cette vie finalement très dure. Alexandra et son fils quittent les confins sino-tibétains en 1943 et retournent vers Chengtu, où l'exploratrice espère trouver les moyens de récupérer quelque argent. Dans la capitale du Sseu-Tchouan elle pourra éventuellement monnayer ses compétences en donnant des cours ou des conférences...

Depuis l'été 1944, l'Europe est sauvée de la tragédie. Circonstance étonnante, Alexandra s'est trouvée en Asie durant les deux guerres mondiales. Quand l'Allemagne signe la capitulation, les 7 et 8 mai 1945, elle réside à Chengtu où elle a été nommée professeur de recherches au West China Frontier Research Institute de l'université le 1er janvier de la même année. Quelques jours plus tard, le directeur de la Compagnie des chemins de fer tunisiens lui annonce le versement des arriérés de pension de réversion de Philippe Néel pour la période 1941-1944. Ses problèmes financiers se trouvent réglés : elle prend aussitôt ses dispositions pour quitter dès la fin de l'année uni-

Les dernières années de la vie de l'exploratrice se déroulèrent dans sa maison de Digne achetée en 1928. La propriété, « admirablement située » dans les Alpes-de-Haute-Provence, l'avait alors séduite par le large panorama. La demeure était petite mais la terrasse-pergola lui permettait d'y passer « souvent la nuit couchée sur un tapis ». À gauche : Alexandra à la fenêtre de la maison qu'elle vient d'acquérir.

versitaire un pays encore en guerre avec le Japon. Le 27 juillet 1945, pour la première fois de sa vie, Alexandra David-Néel prend l'avion : accompagnée de Yongden et d'un nombre impressionnant de caisses, elle s'envole vers Yunnanfou (Kunming). Ils y passent la fin de l'été, le temps d'une réflexion supplémentaire pour décider où s'installer définitivement. Le problème n'est pas simple car les Japonais ont bouleversé la carte politique de l'Asie : Hong-Kong, Singapour, l'Indochine, la Birmanie sont entre leurs mains. Avec la signature de la capitulation japonaise, le 15 août 1945, le monde retrouve la paix, mais la lutte reprend de plus belle en Chine entre nationalistes et communistes. En dehors des trois mois passés au Wutai Shan, ce voyage en Chine n'aura été qu'une longue fuite entrecoupée de séjours forcés dans des villes imposées davantage par les circonstances que par le plaisir de la découverte.
Le 23 septembre 1945, Alexandra et Yongden quittent Kunming pour Calcutta, toujours en avion. C'est en Inde que l'exploratrice a finalement décidé de s'installer. Un pays qui a certes participé à la Seconde Guerre mondiale en envoyant des troupes aux ordres des Anglais, mais qui a totalement été épargné par les combats. Cet avantage n'est qu'illusion. Depuis peu le sous-continent est agité par des troubles à peine moins dommageables : c'est la révolte du peuple indien contre les colonisateurs britanniques, avec pour objectif l'indépendance du pays ! La guerre avait en fait reporté à plus tard cette lutte qui s'impose à nouveau sur le devant de la scène au moment où Alexandra arrive à Calcutta.
La mère et le fils s'installent au « Grand Hotel, situé en face du parc appelé Maidan ». Un endroit idéal pour observer les nouvelles mœurs politiques, car ce lieu stratégique sert souvent de cadre aux manifestations populaires, meetings et autres rassemblements. Alexandra découvre l'Inde nouvelle d'abord de l'intérieur de son hôtel. Un beau matin, le personnel indigène se déclare en grève face aux chefs de services européens ou anglo-indiens et n'accepte de reprendre le travail qu'après avoir obtenu satisfaction : « Un tel fait n'a rien d'étonnant en Europe, mais dans l'Inde où, quelques années auparavant, les sahibs et les memsahibs ne se gênaient pas pour cingler leurs domestiques avec le fouet servant à châtier les chiens, la conduite des mercenaires osant re-

La petite maison fut agrandie et baptisée Samten Dzong, « Forteresse de la méditation », un nom dont personne ne peut s'étonner. Alexandra conçut les plans de l'extension, avec l'aide de Philippe. La tour quadrangulaire et le toit plat rappellent les bâtisses tibétaines. L'une des pièces a été entièrement décorée à la manière d'un oratoire tibétain. Il suffisait à la maîtresse des lieux de puiser dans ses nombreuses caisses de bagages pour dénicher les objets adéquats !

lever la tête et discuter avec leurs maîtres marquait une évolution d'une ampleur considérable. » Les domestiques de certains maharadjahs font de même, et revendiquent « des augmentations de salaire de leurs seigneurs que leurs pères s'étaient jusque-là trouvés hautement honorés de pouvoir servir gratuitement ». Elle observe aussi les immenses meetings nationalistes qui ont lieu dans le parc : le drapeau indien flotte et déchaîne l'enthousiasme de « centaines de milliers d'auditeurs » ! Les sentiments xénophobes s'exacerbent, des tramways flambent, des automobiles sont renversées sous les cris de foules excitées… Avec objectivité, l'exploratrice célèbre le calme et la bravoure des Anglais face à de telles manifestations.

Alexandra n'a pas perdu son sens critique. Dans *L'Inde où j'ai vécu*, elle commentera avec un recul décapant, parce qu'inhabituel, certains aspects de la démarche politique de Gandhi, le « caractère affecté et théâtral des jeûnes du Mahâtma », son « idéal périmé du *bon* riche et du *bon* pauvre coexistant », son « séjour spectaculaire » dans le quartier des intouchables… Contrairement à de nombreux Occidentaux, elle ne se laisse pas envoûter par le nouveau chef spirituel de l'Inde. Sa sympathie va davantage au pandit Nehru, qu'elle juge bien plus ouvert aux problèmes contemporains.

Les émeutes continuent à Calcutta, dans cette « atmosphère singulière créée par la tension des volontés de tout un peuple centrées vers un but commun : chasser les Anglais de l'Inde ». N'est-il pas temps de partir ? L'Asie est en plein bouleversement, des mouvements d'émancipation éclatent un peu partout depuis la fin de la guerre. Alexandra hésite. Elle fait une dernière excursion à Darjeeling, tout en songeant qu'elle a des intérêts à défendre en Europe, la succession de son mari est à régler… À regret, elle décide de rentrer en France.

Le 30 juin 1946 marque une date mémorable : Alexandra, Yongden et leurs encombrants bagages se pré-

sentent à l'aérodrome de Calcutta. L'exploratrice, âgée de soixante-dix-sept ans, est rapatriée aux frais de l'État français. Le 1er juillet 1946 à seize heures, l'avion atterrit à Paris : les grands voyages d'Alexandra David-Néel sont terminés.

L'exploratrice passe l'été à Paris, puis regagne sa maison de Digne le 10 octobre. Une tâche immense l'attend encore en tant qu'auteur. De 1947 à 1955, elle publie huit livres, bilan flatteur pour une octogénaire ! Le poids des années n'entame en rien ses remarquables capacités intellectuelles. Quelques promenades de santé agrémentent ce programme studieux : à l'âge de quatre-vingt-deux ans, en plein hiver, Alexandra part camper au col d'Allos, histoire de se rappeler le bon vieux temps ! Certains livres sont de nouveaux récits de voyages, des témoignages, des reportages sur ce qu'elle a vécu et observé : *A l'ouest barbare de la vaste Chine* (1947), *Le Vieux Tibet face à la Chine nouvelle* (1953). L'auteur prolifique y intègre ses propres expériences, y distille une lucidité percutante. En 1951, elle dédie *L'Inde. Hier, aujourd'hui, demain* à la mémoire du maître qu'elle n'a jamais oublié, Swâmi Bashkarânanda. *Au cœur des Himalayas. Le Népal* (1949) nous reporte trente-sept ans en arrière au gré d'un récit fourmillant de mille et une anecdotes.

Les autres livres s'adressent à un public plus averti : *Astavakra Gitâ* (1951), par exemple, texte issu de la tradition indienne. *Les Enseignements secrets des bouddhistes tibétains. La vue pénétrante* (1951) est un reportage qui présente certains aspects des doctrines professées par les maîtres tibétains. Alexandra y expose une partie des enseignements reçus du gomchen

Alexandra et Marie-Madeleine Peyronnet à Samten Dzong, le 20 novembre 1961 (à gauche). A partir de 1959, la vieille dame fut assistée pour toutes les tâches intellectuelles et matérielles par Marie-Madeleine qui reprit, dans un style très différent, le rôle d'Aphur Yongden. Alexandra reçoit la cravate de commandeur de la Légion d'honneur (ci-dessus) des mains de Jean-Émile Reymond, ministre d'État de la principauté de Monaco.

de Lachen, en précisant qu'elle a été autorisée à le faire. Aphur Yongden, le compagnon des pistes impossibles, le collaborateur fidèle de quarante années, le fils attentif et tout dévoué, meurt le 7 novembre 1955, à l'âge de cinquante-six ans, à la suite de malaises nocturnes qui ne semblaient pas particulièrement inquiétants. Sa vieille mère est affectée, mais la sagesse acquise depuis tant d'années lui permet de tout supporter. N'est-elle pas affranchie désormais du dernier lien qui l'attachait à un être humain ? Rapportant les dernières paroles que le Bouddha aurait prononcées avant de quitter son corps, elle rappelait souvent cette phrase : « Je suis affranchi, ô Bhikkhus, de tous liens humains et divins et comme moi, vous êtes affranchis de tous liens humains et divins. » Alexandra conserve les cendres de Yongden dans une urne qu'elle place dans son oratoire tibétain de Samten Dzong. Âgée de quatre-vingt-sept ans, elle se retrouve cette fois complètement seule, et son corps la trahit, ses jambes surtout, et ses mains, affectées de rhumatismes articulaires qui les déforment petit à petit. Elle se remet néanmoins au travail. Mme Martinie, qu'elle avait connue à Hankéou, vient vivre quelque temps auprès d'elle, l'aidant dans ses tâches quotidiennes. En 1957 paraît une nouvelle édition, augmentée, des *Initiations lamaïques*. Alexandra s'installe ensuite quelque temps chez une autre amie, Mme Lloyd, qui vit à Monaco. Puis elle prend pension dans différents hôtels de la Côte d'Azur. En 1958 paraissent deux nouveaux ouvrages philosophiques. *La Connaissance transcendante d'après le texte et les commentaires tibétains*, sous la double signature d'Alexandra et de Lama Yongden, présente les principaux extraits de cette *Prâjnâpâramitâ* étudiée à Kumbum. Le second, *Avadhuta Gîtâ*, est un texte indien dont le personnage central « est un ascète – un yoguin – qui a atteint le plus haut degré de l'illumination spirituelle et qui s'est affranchi de tous liens avec le monde ».

En juin 1959, la vieille exploratrice séjourne à l'hôtel Sextius d'Aix-en-Provence. Elle souhaite retourner à Samten Dzong et cherche quelqu'un pour lui tenir compagnie durant quelques jours et l'aider dans certains travaux. On lui parle d'une personne qui pourrait peut-être convenir, une jeune femme de bonne famille, âgée de vingt-neuf ans, Marie-Madeleine Peyronnet. Celle-ci accepte de rendre le service que cette vieille dame lui demande pour si peu de temps. À Digne, elle découvre avec stupéfaction la villa très « originale » de Samten Dzong, laissée à l'abandon depuis plusieurs années. Le soutien réclamé pour quelques jours se prolonge bientôt sur des semaines, des mois, puis des années...

Alexandra a très vite compris qu'elle avait rencontré un nouveau Yongden, et même bien davantage ! Dotée d'un fort caractère doublé d'une belle intelligence, l'énergique pied-noire accepte les tâches domestiques et intellectuelles commandées par la maîtresse des lieux avec une autorité que le temps n'a pas affaiblie. Dans son ouvrage *Dix ans avec Alexandra David-Néel*, à la fois drôle et émouvant, Marie-Madeleine Peyronnet raconte les éclats de voix, les disputes et les réconciliations, les rires et les larmes qui font vibrer les murs de Samten Dzong pendant la dernière décennie de sa propriétaire.

Alexandra ne quitte plus sa maison. Malgré les souffrances causées par la paralysie progressive de ses jambes et la déformation de ses mains et grâce à l'aide efficace de Marie-Madeleine, qu'elle a surnommée Tortue, elle continue à travailler. Alexandra découvre enfin le bonheur d'être choyée par quelqu'un qui ne tarde pas à éprouver pour elle amour, admiration et respect. C'est une première ! Jusqu'ici personne n'avait pu la supporter, à l'exception de Yongden dont le dévouement total s'inscrivait dans la tradition orientale, celui du disciple envers son maître spirituel.

En 1961 paraît un nouvel ouvrage de vulgarisation philosophique, *Immortalité et réincarnation. Doctrines et pratiques. Chine, Tibet, Inde*, dans lequel Alexandra fait le point sur les croyances véhiculées à ce sujet dans les pays qu'elle a connus. Elle écrit et publie son dernier livre à l'âge de quatre-vingt-quinze ans, *Quarante siècles d'expansion chinoise*, dédié à la mémoire de Yongden. Livre inhabituel puisqu'il s'agit d'une sorte de chronique historique sur les principaux épisodes de l'avancée des Chinois vers le nord-ouest. C'est que la Chine reste un sujet d'actualité depuis que la République populaire y a été proclamée, le 1er octobre 1949.

11 août 1969 : dernier regard d'une femme exceptionnelle dont la vie fut guidée par la recherche de la lumière intérieure. L'exploratrice décéda le 8 septembre 1969, dans sa cent unième année. Une indépendance farouche, une volonté d'airain, une détermination sans faille dans ses choix, une résistance physique peu commune sont les atouts que le destin avait accordés à celle qui mit tout son talent et son énergie à faire découvrir et aimer les mondes lointains du Pays des Neiges et de l'Inde éternelle.

Marie-Madeleine Peyronnet assume toutes les fonctions auprès d'Alexandra : secrétaire, dame de compagnie, infirmière, cuisinière, confidente, relais avec le monde extérieur, bras et jambes de substitution depuis que le corps de l'exploratrice ne répond plus, raidi par la loi cruelle de la grande vieillesse. Le corps se paralyse, mais pas la tête ! Mme David-Néel paie un tribut outrageusement élevé à cette longévité bientôt accompagnée de multiples honneurs : cravate de commandeur de la Légion d'honneur, célébration de son centenaire, médaille réalisée à son effigie, prix des Vikings, inauguration du lycée Alexandra-David-Néel à Digne, émission de télévision réalisée par Arnaud Desjardins en août 1969, etc. Elle observe d'un œil amusé toutes ces manifestations organisées pour elle, gardant au fond du cœur la même passion des voyages qu'au temps de sa jeunesse. Malgré ses misères physiques, la stupéfiante exploratrice fait renouveler son passeport à l'âge de cent ans !

Mais le temps est venu où Alexandra doit accepter de lâcher prise, et ce n'est pas le moindre combat pour celle qui n'a jamais cédé. À la fin du mois d'août 1969, elle annonce qu'elle va mourir : elle le sent, elle le sait. L'agonie commence peu après, une longue agonie de dix-sept jours et dix-huit nuits. Alexandra David-Néel expire le 8 septembre 1969, dans sa cent-unième année.

Ce jour-là disparait une femme d'exception, un être authentique comme l'on en rencontre peu. L'extraordinaire force intérieure qui l'habitait avait permis à Alexandra David-Néel d'aller jusqu'à l'héroïsme et d'atteindre le sommet de ses rêves. Son enthousiasme pour les hautes philosophies de l'Inde et celles du Pays des Neiges a commandé l'essentiel de son destin : « Marche comme ton cœur te mène et selon le regard de tes yeux », écrivait-elle en citant l'Ecclésiaste.

Malgré son égocentrisme, l'insupportable « océan d'orgueil », « l'Himalaya de despotisme » qu'était Alexandra

David-Néel voulut partager son chemin. Elle raconta ses périples avec un talent et une vivacité rarement égalés. Elle voulut transmettre aussi cette spiritualité acquise au prix de tant d'épreuves et qui avait donné son sens à sa vie. Mais Alexandra n'imposa jamais rien. Écrite sur le vif ou mûrement réfléchie, son œuvre demeure étincelante car elle contient l'expérience humaine en toute sa richesse, cette expérience profonde où plonge le savoir oriental. Chaque livre est un jalon posé dans le sillage de LA connaissance. À l'heure où la tradition tibétaine se trouve laminée dans son propre pays, le témoignage d'Alexandra David-Néel revêt une importance toute particulière. Le Tibet populaire authentique qu'elle a connu n'existe plus, mais ses textes sont là pour nous le rappeler. Les deux visites de Sa Sainteté le XIVe dalaï-lama à Samten Dzong, en 1982 et en 1986, montrent la valeur que le chef spirituel des bouddhistes accorde à l'œuvre et à son auteur, dont les cendres ont été mêlées à jamais aux eaux du fleuve sacré qu'elle a tant admiré, le Gange.

DOCUMENTS

हे सप्तलोक सुरराक्षस किन्नरादि ॥
जीच्या समस्त उदरांत चराचरादि ॥
माता पिता सरव जनास परोपकारी ॥
धेनू! पहा खळ कसा कलि तीसमारा ॥
श्लोकः - वसंततिलका.
लक्ष्मी.
भारद्वाज.
कुबेर.
वरुण.
अग्नि.
गंगा.
नारद.
वसिष्ठ.
सनक सनंदन सनातन सनत्कुमार.
पृथ्वीदेवी.
पराशर.
विश्वामित्र.
अग्निहोत्र.
अमृताचे ७ समुद्र.
मंदराचल पर्वत.
द्रोणाचल पर्वत.
हिंदु
दूधपीओऔर गऊका रक्षण करो.
मुसलमान
पारसी

Image populaire éditée par la Société protectrice des vaches. Le roi de justice, le Dharma Rajah, protège la vache contre le démon qui brandit son sabre pour l'abattre. Les dieux hindoux sont dessinés comme habitant le corps de l'animal sacré qui offre son lait.

Chronologie

1815
- 9 juillet : naissance de Louis David, à Tours (futur père d'Alexandra David-Néel). Il deviendra instituteur puis journaliste au *Courrier de l'Indre-et-Loire.*

1842
- 30 juin : naissance d'Alexandrine Borghmans à Bruxelles (future mère d'Alexandra David-Néel).
- Mort de Csoma de Koros, pionnier de la tibétologie. Il est enterré à Darjeeling.

1852
- 2 décembre : proclamation du Second Empire. Louis Napoléon Bonaparte devient Napoléon III.

1854
- Louis David, exilé à Bruxelles à cause de ses idées politiques, épouse Alexandrine Borghmans.

1859
- Les David regagnent la France.

1861
- Naissance de Philippe Néel à Alès (Gard), fils d'un père missionnaire méthodiste.
- Le traité de Tumlong instaure un protectorat britannique sur le petit État himalayen du Sikkim.

1866
- Janvier : l'Indien Nain Singh, l'un des pandits du Service topographique des Indes, atteint Lhassa déguisé en marchand de chevaux.

1868
- 7 février : au Japon l'abolition du shogounat marque le début de l'ère Meiji (l'ère des lumières). Le nouveau Mikado, Mutsu-Hito, âgé de seize ans, transfère la capitale à Tokyo. Le Japon prend conscience de son retard économique et s'ouvre à l'Occident.
- 24 octobre : naissance de Louise Eugénie Alexandrine Marie David à Saint-Mandé, près de Paris (la future Alexandra David-Néel).

1869
- Naissance de Mohandas Karamchand Gandhi.

1870
- 19 juillet : Napoléon III déclare la guerre à la Prusse.
- 4 septembre : Napoléon III est déchu et la IIIe République proclamée.

1871
- Louis David conduit sa fille Alexandra au cimetière du Père-Lachaise et lui montre le mur au pied duquel ont été exécutés les derniers communards.

1873
- 26 janvier : enterrement de Jules Louis David (frère d'Alexandra), âgé de quelques mois.

Remarquable épistolière, Alexandra a écrit des milliers de lettres au cours de sa vie. Les plus nombreuses et les plus longues étaient destinées à son mari. Merveille des services postaux, la plupart de ces missives - dont celles présentées dans ces pages - sont parvenues à leur destinataire, malgré les guerres et l'éloignement.

- 24 mai : Adolphe Thiers est remplacé par le maréchal de Mac-Mahon à la présidence de la République.
- Été : Alexandra, âgée de quatre ans et demi, échappe à la surveillance de sa nourrice et part « explorer » le bois de Vincennes.

1874
- La famille David retourne en Belgique et s'installe à Ixelles, au sud de Bruxelles, auprès de plusieurs familles d'exilés politiques (dont les Reclus).

1875
- 8 septembre : Helena Petrovna Blavatsky (1831-1891) et le colonel Henry Steele Olcott (1832-1907) fondent la Société théosophique à New York.

1876
- La reine Victoria, qui règne depuis 1837, est proclamée impératrice des Indes.

1879
- Juin : l'explorateur russe Nikolaï Prjevalsky est le premier Européen à pénétrer dans les grottes des Mille Bouddhas à Tunghuan dans le Turkestan chinois. Il sera arrêté l'année suivante à moins de 300 km de Lhassa.

1882
- La Société théosophique transfère son siège en Inde, à Adyar près de Madras.
- Début de la construction du Transsibérien.
- En route depuis 1879, le pandit A. K. (du Survey of India) atteint la vallée du Po Tsangpo (Tibet sud-oriental) par la route du sud (Soung Dzong et Rawu) depuis le nord-est de l'Inde.
- Parti de Darjeeling en novembre 1881, le pandit indien Sarat Chandra Das, membre du Service topographique des Indes, traverse le Sikkim et l'Himalaya avant d'atteindre Lhassa au début de l'année 1882. Il rencontre le XIIIe dalaï-lama.

1883
- Été : Alexandra fugue depuis la côte belge où elle passe ses vacances près d'Ostende. Elle se rend en Hollande à Flessingue et s'embarque pour l'Angleterre.

1885
- Nouvelle fugue d'Alexandra en direction de l'Italie, via la Suisse et le Saint-Gothard.

1886
- Alexandra entre au Conservatoire royal de musique de Bruxelles (classe de chant théâtral).
- Mort de Ramakrishna à l'âge de cinquante-deux ans.

1888
- Alexandra perfectionne son anglais à Londres et se cultive en orientalisme.
- Nikolaï Prjevalsky échoue dans sa nouvelle tentative pour atteindre Lhassa (quatrième expédition).

1889
- Alexandra obtient le premier prix de chant théâtral français au Conservatoire royal de musique de Bruxelles.
- 20 novembre : inauguration à Paris du musée Guimet, consacré aux religions de l'Orient.
- Le prince Henri d'Orléans et Gabriel Bonvalot sont interceptés au nord de Lhassa par les soldats tibétains.

1890-1900
- Alexandra gagne sa vie comme artiste lyrique sous le nom d'Alexandra Myrial, elle devient « la première bouddhiste de Paris », suit des cours de civilisations orientales, s'adonne au spiritisme, adhère à la franc-maçonnerie et se rend en Inde pour la première fois.
- Le capitaine anglais Hamilton Bower traverse le Tibet (en 1890) sans atteindre Lhassa.

1892

- 7 juin : Alexandra David adhère à la Société théosophique.

- Juillet : William Woodville Rockhill, secrétaire de la légation américaine à Pékin, traverse le Tibet du nord-ouest au sud-est mais échoue dans sa tentative d'atteindre Lhassa.

1893

- Sous le pseudonyme de Mitra, Alexandra David publie ses premiers articles dans la revue de la Société théosophique *Le Lotus bleu.*

- L'Anglaise Annie Taylor, missionnaire protestante, est la première femme occidentale à pénétrer au Tibet. Partie du Kan-Sou pour atteindre Lhassa, elle est trahie par un serviteur et arrêtée près de Nagchu, au nord de la capitale interdite.

1894

- Suite à l'assassinat du président de la République Sadi Carnot par l'un des leurs, des lois sont votées contre les anarchistes.

- La guerre sino-japonaise éclate à propos de la Corée.

- 4 juin : Jules-Léon Dutreuil de Rhins est assassiné auTibet près de Jyekundo. Son compagnon Fernand Grenard réussit à s'échapper.

1895

- Avril : le traité de Shimonoseki consacre la victoire du Japon qui annexe Taïwan, les Pescadores, Port-Arthur et le Liaotoung. La Corée devient indépendante.

- Thubten Gyatso, le XIIIe dalaï-lama, accède au pouvoir.

- Première expédition de Sven Hedin en Asie centrale (traversée du désert du Takla-Makan).

- Charles Bonin explore les frontières de l'Empire chinois depuis le Tonkin jusqu'à la Sibérie orientale. Il visite le royaume de Meli au Tibet et le désert de Gobi.

1897

- Alexandra partage le même logement que Jean Haustont, jusqu'en 1900. Ils voyageront ensemble sous les noms de M. et Mme Myrial.

- Fondation de la mission Ramakrishna par Vivekananda à Calcutta (Belur).

- Fondation du journal féministe et féminin *La Fronde* par Marguerite Durand.

- L'Anglais Henri Savage Landor est arrêté près de Lhassa, torturé, puis libéré et expulsé du Tibet.

1898

- Alexandra publie son manifeste d'inspiration anarchiste *Pour la vie.*

- En Chine, installation de trois bases militaires européennes. Les opposants chinois fondent la société secrète des Boxers pour lutter contre toute forme de pénétration étrangère en Chine.

1899

- Novembre : Alexandra Myrial entame une tournée en Grèce qui s'achèvera en janvier 1900.

1900

- Alexandra obtient un contrat à l'opéra municipal de Tunis et s'installe à La Goulette, l'avant-port de Tunis.

- Congrès des religions à Paris : Vivekananda y prononce une conférence.

- Été : guerre des Boxers en Chine. Massacres de chrétiens, assassinat du ministre allemand, siège des légations étrangères à Pékin. Un corps expéditionnaire international est envoyé.

- Août : le bouriate russe G. T. Tsybikov voyage au Tibet en tant que

pèlerin bouddhiste avec un groupe de lamas mongols et tibétains. Arrivé à Lhassa, il y demeure jusqu'au 30 septembre 1901, prend des photographies et accumule une abondante documentation.

1901

- 22 janvier : mort de la reine Victoria. Édouard VII lui succède.

- Création du Conseil national des femmes françaises.

- Sven Hedin, déguisé en mongol, échoue dans sa tentative d'atteindre Lhassa. Il ne réussira jamais à atteindre la capitale interdite.

1902

- Alexandra devient directrice artistique du casino de Tunis.

1903

- Partant de Tunis, Alexandra voyage en Espagne.

- Les missionnaires protestants Petrus et Susie Rijnhart partent du Kan-Sou en direction de Lhassa. Petrus disparaît en route, sans doute assassiné. Susie est arrêtée et reconduite à la frontière du Sseu-Tchouan.

- Le missionnaire protestant Albert Shelton, médecin américain, s'installe à Tatsienlou, bourgade sino-tibétaine située à l'est du Tibet.

- Le bouddhiste japonais Ekai Kawaguchi réussit à entrer à Lhassa sous un déguisement.

1904

- 8 février : les Japonais attaquent la flotte russe à Port-Arthur, déclenchant la guerre russo-japonaise en Mandchourie.

- 1er août : les Anglais entrent dans Lhassa. L'expédition militaire britannique est dirigée par le colonel Francis Younghusband, secondé par John Claude White, agent politique britannique au Sikkim. Le dalaï-lama se réfugie à Ourga en Mongolie.

- 4 août : Alexandra David épouse Philippe Néel à Tunis.

- 11 août : Alexandra écrit à son mari de Vizille (Alpes françaises) : c'est le début de leur volumineuse correspondance.

- 20 décembre : mort de Louis David (père d'Alexandra).

1905

- Alexandra prononce une allocution sur la « morale laïque » au congrès de la Libre Pensée à Paris et participe au Congrès des femmes italiennes.

- 22 janvier : troubles révolutionnaires à Saint-Pétersbourg en Russie.

- Février-mars : défaite russe à Moukden.

- Septembre : les Japonais établissent un protectorat en Corée (traité de Portsmouth) et prennent aux Russes le contrôle du chemin de fer de Mandchourie.

- Massacres des pères Mussot, Soulié, Dubernard et Bourdonnec dans les Marches tibétaines. Ils avaient été envoyés par les Missions étrangères de Paris.

1906

- Avril : Alexandra voyage en Afrique du Nord, de Tunis à Oran, puis au Sahara jusqu'à Figuig et Colomb Béchar.

- La population indienne réclame l'autonomie ou *svaraj.*

- Paul Pelliot, chargé d'une mission archéologique en Asie centrale, étudie les grottes des Mille Bouddhas à Tunghuan dans le Turkestan chinois.

1907

- Alexandra publie son premier ou-

Chronologie

vrage d'orientalisme, *Le Philosophe Meh-ti (ou Mo-tse) et l'Idée de solidarité.*
- Rudyard Kipling reçoit le prix Nobel de littérature.
- Sven Hedin explore la chaîne transhimalayenne au sud du Tibet, les régions du lac Manasarowar et du mont Kailas.
- L'explorateur français Jacques Bacot sillonne les vallées du Yang-Tze-Kiang, du Mékong, de la Salouen et de l'Irrawaddi.

1908
- Avril-mai : Alexandra présente une communication écrite au Congrès des femmes italiennes à Rome, *« Le féminisme rationnel ».*
- Novembre : mort de l'impératrice de Chine Tseu-Hi. Le nouvel empereur, Pu-Hi, a trois ans.
- Le docteur Albert Shelton et son épouse fondent un hôpital à Batang dans le Kham.
- Les Britanniques se retirent du Tibet mais gardent leurs comptoirs commerciaux.

1909
- Alexandra publie son deuxième ouvrage d'orientalisme, *Les Théories individualistes dans la philosophie chinoise.*
- Avril : Alexandra voyage dans le sud de la Tunisie.
- 13 octobre : exécution de Francisco Ferrer Guardia, chef de file des anarchistes espagnols, bien connu d'Alexandra.

1910
- 27 août : Alexandra représente Dharmapala, l'un des acteurs du *Modernisme bouddhiste,* au congrès de Libre Pensée à Bruxelles. Elle donne des conférences sur le bouddhisme à Londres et en Écosse.
- Le Japon annexe la Corée.
- L'armée chinoise pénètre au Tibet. Le XIIIe dalaï-lama se réfugie en Inde.
- Jusqu'en 1930, le naturaliste anglais Francis Kingdon Ward circule dans le Tibet oriental.

1911
- Alexandra publie *Le Modernisme bouddhiste et le bouddhisme du Bouddha,* l'un de ses principaux ouvrages.
- 9 août : Alexandra quitte Tunis pour Marseille, première étape d'un voyage en Asie qui durera quatorze ans.
- 30 août- 16 novembre : elle séjourne à Ceylan. Puis elle visite l'Inde du Sud.
- En Inde, le gouvernement est transféré de Calcutta à Delhi.
- Décembre : en Chine, un gouvernement républicain est mis en place par Sun Yat Sen.

1912
- 1er janvier : Sun Yat Sen est remplacé par Yuan Che Kai.
- 2 janvier : Alexandra s'installe à Calcutta.
- 12 février : en Chine, abdication de l'empereur Pu-Hi.
- 15 avril : Thubten Gyatso, XIIIe dalaï-lama, reçoit Alexandra David-Néel à Kalimpong (extrême nord du Bengale), aux portes du Sikkim. C'est la première fois qu'un dalaï-lama accorde une audience à une femme occidentale. Le chef des bouddhistes s'apprête à rentrer au Tibet.
- Juin : pour la première fois de sa vie, Alexandra franchit la chaîne de l'Himalaya au Sikkim avant de rejoindre Gangtok, la capitale du pays.
- Au Japon, mort de l'empereur Meiji, remplacé par Yoshi-Hito.
- 21 novembre-31 décembre : Alexandra visite la vallée de Katmandou.

- Le capitaine britannique F. M. Bailey circule dans le sud-est du Tibet.

1913
- Janvier : Alexandra fait un pèlerinage dans la région natale du Bouddha en bordure du Népal, puis elle retourne au Sikkim.
- Le poète bengali Rabindranath Tagore reçoit le prix Nobel de littérature.
- Octobre : à la conférence de Simla, le Tibet central et occidental est déclaré indépendant. Le nord et l'est du pays sont placés sous contrôle chinois. Londres reconnaît la « suzeraineté » de la Chine sur le Tibet mais pas sa « souveraineté ». Britanniques, Tibétains et Chinois maintiennent l'interdiction de l'accès au Tibet pour les étrangers.
- Rentré à Lhassa, le XIIIe dalaï-lama proclame l'indépendance du Tibet et expulse tous les Chinois.
- F. M. Bailey explore la région de la grande boucle du Brahmapoutre qui franchit l'Himalaya.

1914
- 16 février : Kumar (Sidkeong Tulkou) succède à son père sur le trône du Sikkim. Il invite Alexandra à séjourner au monastère de Phodang dont il est l'abbé. Aphur Yongden, un jeune homme de quinze ans, entre au service d'Alexandra : elle en fera son fils adoptif.
- 28 juin : assassinat à Sarajevo en Bosnie-Herzégovine de l'archiduc héritier d'Autriche François-Ferdinand et son épouse.
- Juillet : début de la Grande Guerre.
- 31 juillet : assassinat de Jean Jaurès.
- Octobre : Alexandra franchit l'Himalaya pour la deuxième fois pour se rendre à Chörten Nyima Gompa, petit monastère situé au pied du versant tibétain de l'Himalaya.
- 24 octobre : aidée par son jeune serviteur Yongden, Alexandra emménage dans une caverne d'anachorète dans le haut Sikkim, pour suivre les enseignements du supérieur du monastère de Lachen.
- 6 décembre : mort soudaine du jeune maharadjah du Sikkim, Sidkeong Tulkou.
- Alexandra passe l'hiver 1914-1915 à Lachen.

1915
- Mai : Alexandra retourne à la caverne qu'elle fait aménager en ermitage. C'est Dechen Ashram, « l'ermitage de la paix », où elle séjourne jusqu'en juillet 1916.

1916
- Juillet : Alexandra se rend sans autorisation à Shigatze, l'une des principales villes du Tibet. Elle rencontre le panchen-lama (Tashi Lama) dans sa ville monastique de Tashilumpo, près de Shigatze.
- Septembre : ayant quitté le pays sans autorisation, Alexandra est expulsée du Sikkim par le résident britannique Charles Bell.
- 2 septembre : mort d'Alexandrine David (mère d'Alexandra).
- 20 septembre-5 novembre : Alexandra séjourne à Calcutta en attendant de pouvoir se rendre en Birmanie.
- Novembre-décembre : Alexandra séjourne en Birmanie.
- Mort de Yuan Che Kai : la Chine tombe aux mains des Seigneurs de la guerre et sombre dans l'anarchie.

1917
- 6 février-4 août : Alexandra séjourne au Japon.
- 15 mars : abdication du tsar de Russie Nicolas II.
- 7 août-2 octobre : Alexandra découvre la Corée et les monts de Diamant.
- 7 octobre : Alexandra arrive à Pékin où elle demeure près de quatre mois.
- 6-7 novembre : les bolcheviks, dirigés par Lénine et Trotski, s'emparent du pouvoir à Petrograd (ancien Saint-Pétersbourg).

1918
- 5 janvier : proclamation d'une République soviétique fédérale de Russie.
- 24 janvier : Alexandra quitte Pékin avec le groupe du lama Gourong Tsang en direction du Koukou Nor, région située à 2 000 km à l'ouest de Pékin.
- 9 avril-8 mai : étape prolongée à Sian (Xian).
- Juillet : Alexandra s'installe pour un long séjour au monastère de Kumbum dans la région du Koukou Nor.
- 11 novembre : capitulation de l'Allemagne et signature de l'armistice.
- Sir Eric Teichman, consul britannique, sillonne le Tibet oriental.

1919
- Alexandra visite les monastères de la région de Kumbum et fait le tour du lac Koukou Nor.

- 28 avril : création de la Société des Nations (SDN).
- 28 juin : traité de Versailles. L'Alsace et la Lorraine sont restituées à la France, de nouvelles frontières sont dessinées en Europe centrale.
- En Inde, les grandes émeutes au Penjab sont violemment réprimées par les Anglais (fusillade d'Amritsar). Le nationalisme devient un mouvement de masse.
- Sir Charles Bell, le résident britannique au Sikkim, est chargé d'une mission diplomatique à Lhassa. Il deviendra l'un des spécialistes de la civilisation tibétaine.

1921

- 5 février : Alexandra quitte le monastère de Kumbum, dans l'intention de se rendre à Lhassa.
- 30 mars : visite du monastère de Labrang-Tachikyil en Amdo.
- Juillet : étape dans les missions catholiques implantées en bordure du Tibet.
- 17 août : près de Kanzé, les autorités tibétaines obligent Alexandra à changer de direction.
- 15 septembre : Alexandra arrive à Jakyendo (Jyekundo).
- Octobre : elle tente une sortie vers l'ouest (Tachi-gompa), mais échoue à cause de la neige et d'un manque d'équipement. Retour à Jyekundo.
- Fondation du Parti communiste chinois.
- En Inde, le Congrès national proclame la Satayagraha, la désobéissance civile fondée sur la non-violence.

1922

- Février : Alexandra tente à nouveau de quitter Jyekundo (vers le sud) pour se rendre à Lhassa. Arrêtée par les Tibétains au sud de Riwoche, elle retourne à Jyekundo.
- Juillet : l'explorateur-militaire britannique George Pereira, de passage à Jyekundo, donne à Alexandra l'idée d'une autre piste pour se rendre à Lhassa.
- Fin juillet : Alexandra quitte Jyekundo en direction du nord. Elle visite la région du haut fleuve Jaune et des lacs Ngoring et Gyaring, remonte vers le Koukou Nor et arrive à Kanchow (Kan-Sou) au mois d'août. Elle y demeure cinq mois.
- Octobre : George Pereira arrive à Lhassa et obtient une audience du XIIIe dalaï-lama. La même année le Britannique Montgomery Mac Govern atteint lui aussi Lhassa.
- Le docteur Shelton prend la route de Batang à Lhassa où il souhaite fonder un hôpital. Il est assassiné en chemin.
- Les bolcheviks fondent l'Union des républiques socialistes soviétiques (URSS).
- En Italie, Mussolini, chef du parti fasciste, s'empare du pouvoir.

1923

- Février-mars : Alexandra se rend à Tunghuan et visite les grottes des Mille Bouddhas.
- 10 avril-1er mai : retour à Kanchow puis à Lanchow, capitale du Kan-Sou.
- 1er mai-18 juin : long parcours de Lanchow à Chengtu (du Kan-Sou au Sseu-Tchouan) dans une Chine ravagée par la guerre civile.
- 18 juin-14 juillet : repos à Chengtu, capitale du Sseu-Tchouan.
- 14 juillet-20 octobre : trois mois de parcours difficile vers les Marches tibétaines avant d'arriver à la mission catholique de Tsedjrong, à la lisière occidentale du Yunnan.
- L'explorateur botaniste américain Joseph Rock circule dans l'ouest du Yunnan et au Tibet sud-oriental. Il rencontre Alexandra à Likiang et à Tsedjrong.
- 1er septembre : le grand tremblement de terre du Kantô fait 150 000 morts à Tokyo.
- Fin octobre : Alexandra et Aphur Yongden quittent Tsedjrong à pied pour se rendre à Lhassa, distante d'environ... 2 000 km !

1924

- Février : Alexandra et Yongden, épuisés, entrent incognito dans Lhassa. Alexandra David-Néel est la première femme occidentale à pénétrer dans la capitale interdite.
- Avril : départ de Lhassa, toujours incognito.
- 5 mai : Alexandra se fait reconnaître à Gyantze, ville tibétaine où réside l'agent commercial britannique David Macdonald.
- 11 juin : elle est hébergée dans une maison appartenant à la mission catholique de Pedong, à l'extrême nord du Bengale.
- Mi-septembre : Alexandra et Yongden quittent Pedong pour Calcutta.

1925

- Janvier : Alexandra séjourne à Bénarès.
- 12-22 février : passage à Bombay.
- Fin février-début avril : séjour à Ceylan.
- 12 mars : en Chine, mort de Sun Yat Sen. Son successeur Tchang Kaï-chek s'impose aux Seigneurs de la guerre et unifie le pays.
- 10 avril : Alexandra et Yongden embarquent à Colombo en direction de l'Europe.
- 10 mai : arrivée au Havre. Alexandra devient une célébrité. Invitée dans de nombreuses réceptions mondaines, elle termine l'année en donnant conférences et interviews.
- L'Américain Joseph Rock explore la montagne sacrée de l'Amnye Machen au nord du Tibet.

1926

- Année de conférences et de récompenses pour Alexandra : Lé-

Chronologie

gion d'honneur, deux prix de la Société de géographie de Paris, grand prix belge d'athlétisme féminin, etc.

1927

- La publication du *Voyage d'une Parisienne à Lhassa* connaît un succès immédiat à Londres, New York et Paris.

- Mars : l'expédition de l'orientaliste russe George Roerich est arrêtée à Nagchu, à quelques jours de marche au nord de Lhassa.

1928

- Alexandra achète une propriété à Digne et la nomme Samten Dzong (Forteresse de la méditation).

- En Chine, Tchang Kaï-chek est proclamé président de la République.

- Joseph Rock circule dans le Tibet oriental (région de Tatsienlou).

1929

- 21 janvier : Aphur Yongden est adopté officiellement par Alexandra.

1930

- En Inde, Gandhi lance la deuxième campagne de désobéissance (marche du Sel).

- L'agent politique britannique au Sikkim James-Leslie R. Weir est invité à Lhassa par le dalaï-lama pour étudier les problèmes frontaliers entre la Chine et le Tibet. Son épouse l'accompagne : Mrs Weir est la première Européenne à être invitée à Lhassa.

1931

- Les Japonais s'emparent de la Mandchourie.

- La croisière jaune Citroën-Centre Asie entraîne ses autochenilles de Beyrouth à Pékin.

- Le naturaliste américain Brooke Dolan voyage au Sseu-Tchouan et au nord-est du Tibet. Il ramène aux États-Unis les premiers spécimens de panda géant et de Takin.

1932

- Février : en Chine, création par les Japonais de l'État fantoche du Mandchoukouo.

1933

- 30 janvier : Adolf Hitler est nommé chancelier du Reich et obtient les pleins pouvoirs le 23 mars.

- Mort de Thubten Gyatso, le XIIIe dalaï-lama.

1934

- En Chine : l'armée Rouge fuit devant l'armée nationaliste. La Longue Marche commence. Mao Tsé-Toung devient le leader des communistes.

- L'Américain Brooke Dolan retourne au Tibet et explore les pentes de l'Amnye Machen.

1935

- Le naturaliste Charles Suydam Cutting est le premier Américain à venir à Lhassa, après trois ans de négociations avec le XIIIe dalaï-lama (mort en 1933), puis avec le régent.

1936

- Janvier-février : Alexandra donne des conférences en Europe centrale et orientale, puis en Allemagne et en Suisse.

- 4 juin : en France, victoire du Front populaire aux élections.

- Juin : Alexandra voyage en Afrique du Nord, de la Tunisie au Maroc.

- 11 novembre : Alexandra rencontre pour la dernière fois son mari à Marseille.

- Sir Basil Gould, l'agent politique britannique du Sikkim, est chargé d'une mission diplomatique à Lhassa. Il est secondé par le lieutenant-colonel Frederick Spencer-Chapman qui prend de nombreuses photographies.

- Début de l'expédition des Britanniques J. Hanbury-Tracy et R. Kaulback dans le pays de Po (Pomed, Tibet sud-oriental), qu'Alexandra avait traversé en 1924.

1937

- 5 janvier : Alexandra quitte Paris pour un nouveau voyage en Asie.

- 9-10 janvier : trajet ferroviaire de Bruxelles à Moscou, où Alexandra et Yongden prennent le Transsibérien.

- 26 janvier : arrivée à Peiping (Pékin).

- 30 juin : départ pour la montagne sacrée du Wutai Shan.

- 9 juillet : installation au monastère bouddhique de Pou-sating dans le Wutai Shan.

- 15 juillet : le Japon engage les hostilités contre la Chine sans déclaration de guerre.

- 29 juillet : Peiping (Pékin) tombe aux mains des Japonais, puis Shanghaï et Nankin.

- 20 septembre : devant les menaces de la guerre sino-japonaise, Alexandra et Yongden quittent le Wutai Shan.

- 26 septembre : ils arrivent à Taiyüan. La menace japonaise se précise.

- 11 octobre : ils arrivent à Hankéou après avoir perdu tous leurs bagages à Shih kia schwang. Alexandra s'installe à la mission luthérienne américaine.

- Décembre : mort du panchen-lama qui s'était exilé en Chine.

1938

- 4 janvier : Alexandra et Yongden fuient Hankéou par la voie fluviale du Yang-Tze-Kiang.

- 18 janvier-20 février : séjour à Chungking.

- Fin février-24 juin : séjour à Chengtu avant une nouvelle fuite vers le Sikang.

- 12 mars : l'armée allemande envahit l'Autriche.

- 4 juillet : arrivée dans la petite ville tibétaine de Tatsienlou (Kangding).

- Face à l'avancée des Japonais, le gouvernement chinois se réfugie à Chungking.

- Le militaire et botaniste écossais George Sherriff et son compatriote George Taylor explorent la région du Tsangpo et en étudient la flore.

1939

- 3 septembre : l'Angleterre et la France se déclarent en état de guerre face à l'Allemagne. Début de la Seconde Guerre mondiale.

1940

- Mai-juin : la « guerre éclair » de l'armée allemande entraîne l'effondrement de la France et l'arrivée au pouvoir du maréchal Pétain.

- 10 septembre : l'explorateur français Louis Liotard est assassiné au Tibet dans le pays des Ngolo-Seta. Son équipier, André Guibaut, est sauf.

- Tenzin Gyatso, âgé de cinq ans, est sacré XIVe dalaï-lama.

1941

- 8 février : mort de Philippe Néel.

- Juillet : les Japonais occupent l'ensemble de l'Indochine française.

- 7 décembre : les Japonais attaquent la flotte américaine à Pearl Harbor puis s'emparent de Manille, Singapour, Hong Kong, Java, etc.

1942

- Juin : défaite japonaise dans la bataille navale de Midway (Pacifique).

- Création d'un ministère des Affaires étrangères à Lhassa.

- Le colonel américain Ilya Tolstoï, fils de l'écrivain russe, est chargé d'une mission diplomatique par le président F. D. Roosevelt. Reçu par le dalaï-lama (âgé de huit ans) et son régent, il demeure quelques mois à Lhassa chez le résident britannique Frank Ludlow. Alexandra avait rencontré Ilya Tolstoï en 1917 à Tokyo.

1943

- Alexandra quitte Tatsienlou et retourne à Chengtu.

- Une terrible famine sévit au Bengale.

- Le botaniste écossais George Sherriff, résident britannique à Lhassa, photographie et filme les Tibétains et leur pays.

1944

- Août : libération de Paris.

- Été : offensive victorieuse des Soviétiques sur le front oriental.

1945

- 7-8 mai : capitulation de l'Allemagne.

- 27 juillet : Alexandra et Yongden quittent Chengtu par avion. Ils atterrissent à Yunnanfou (Kunming).

- 6 et 9 août : deux bombes atomiques sont lâchées par les Américains sur Hiroshima et Nagasaki (Japon).

- 10 août : les troupes soviétiques pénètrent dans le nord de la Corée.

- 15 août : capitulation du Japon.

- 8 septembre : les Américains débarquent dans le sud de la Corée.

Le 38e parallèle sépare les deux camps.

- 23 septembre : Alexandra et Yongden quittent Kunming par avion en direction de Calcutta.

1946

- Décembre-21 janvier : dernière excursion d'Alexandra à Darjeeling.
- 30 juin : Alexandra et Yongden quittent Calcutta et s'envolent pour Paris.
- 1er juillet : arrivée à Paris.
- 10 octobre : retour à Digne.
- L'Autrichien Heinrich Harrer s'évade du camp britannique de Dehra Dun au nord du Pakistan. Il traverse l'Himalaya et s'enfuit au Tibet. Accueilli par une riche famille tibétaine, il vivra à Lhassa jusqu'en 1950 et deviendra conseiller auprès de Tenzin Gyatso, le jeune dalaï-lama, à qui il fera découvrir les réalités du monde occidental.

1947

- 3 juillet : l'indépendance est accordée à l'Inde par le vice-roi Lord Mountbatten. L'Inde devient un dominion intégré dans le British Commonwealth. Nehru est nommé Premier ministre. Un État musulman est créé : le Pakistan, coupé en deux parties, à l'ouest et l'est de l'Inde.

1948

- Janvier : Gandhi est assassiné à Delhi par un fanatique hindou.
- 9 septembre : la République populaire de Corée est proclamée, au nord du 38e parallèle.

1949

- 1er octobre : Mao Tsé-Toung proclame la création de la République populaire de Chine. Tchang Kaï-chek s'enfuit à Taïwan.

1950

- 7 octobre : l'Armée populaire de libération chinoise envahit le Tibet.
- 26 janvier : l'Inde devient une république fédérale à part entière dans le Commonwealth.
- Été : début de la guerre de Corée qui va durer trois ans (la Chine soutient la Corée du Nord, les États-Unis soutiennent la Corée du Sud).

1951

- 26 octobre : l'armée chinoise pénètre à Lhassa.

1955

- 7 novembre : mort d'Aphur Yongden à Digne.

1956

- Au Tibet, les Khampas organisent un mouvement de révolte contre la Chine.

1958

- En Chine, Mao Tsé-Toung lance le « grand bond en avant » destiné à développer l'économie par une décentralisation des activités.
- Le putsch d'Alger provoque la chute de la IVe République et l'arrivée au pouvoir du général de Gaulle.

1959

- 10 mars : suite à la terrible répression menée par les Chinois, le dalaï-lama, âgé de vingt-quatre ans, s'enfuit du Tibet et se réfugie en Inde (où il réside toujours).
- Juin : arrivée de Marie-Madeleine Peyronnet aux côtés d'Alexandra.

1960

- Le « grand bond en avant » entraîne une catastrophe économique. La famine ravage la Chine.

1962

- Fin de la guerre d'Algérie : proclamation de la République démocratique populaire d'Algérie.

1964

- Alexandra publie son dernier livre, à l'âge de quatre-vingt-quinze ans : *Quarante siècles d'expansion chinoise.*
- Mort de Nehru, qui fut Premier ministre de l'Inde pendant dix-sept ans.

1965

- 9 septembre : Pékin annonce la création d'une Région autonome du Tibet. Le Tibet historique perd la moitié de son territoire, englobé dans les provinces chinoises voisines.

1966

- La Révolution culturelle commence en Chine : un million de jeunes gardes rouges s'attaquent aux « éléments bourgeois » et détruisent tout ce qui rappelle le passé.
- Août : la Révolution culturelle atteint Lhassa. Presque tous les temples et les monastères sont pillés et détruits sauf le Potala, considéré comme trésor national. Le grand monastère de Ganden est dynamité : il sera complètement détruit en 1969. Des milliers de Tibétains sont envoyés dans des camps de travail. Les cultes sont interdits.

1968

- Alexandra suit les événements de mai 1968 en se faisant relire son ancien texte anarchiste *Pour la vie.*

1969

- 8 septembre : mort d'Alexandra David-Néel dans sa maison de Samten Dzong à Digne.

1971

- La Chine est admise aux Nations unies.
- Une guerre éclate entre l'Inde et le Pakistan. Victoire de l'Inde. Le Pakistan oriental devient un État indépendant : le Bangladesh.

1973

- 28 février : les cendres d'Alexandra David-Néel et d'Aphur Yongden sont immergées dans les eaux du Gange à Bénarès.

1975

- L'immigration massive de Chinois commence au Tibet. Lhassa compte bientôt cent mille Chinois pour cinquante mille Tibétains.

1976

- 9 septembre : mort de Mao Tsé-Toung.
- Le dalaï-lama estime à plus de un million le nombre de Tibétains morts des suites du conflit avec la Chine entre 1950 et 1976.

1982

- Le XIVe dalaï-lama visite Samten Dzong lors de son premier voyage en Europe.

1986

- Deuxième visite du XIVe dalaï-lama à Samten Dzong.

1989

- 5 mars : des émeutes à Lhassa sont réprimées par les Chinois qui instaurent la loi martiale.
- 4 juin : l'armée chinoise tire sur les manifestants de la place Tian Anmen.
- 10 décembre : le XIVe dalaï-lama reçoit le prix Nobel de la paix.

Atlas

Alexandra David-Néel voyagea à une époque où les cartes des régions lointaines comportaient de nombreuses taches blanches. Il a fallu des années de recherche et de patience pour établir un relevé précis de ses incroyables pérégrinations. En voici un aperçu.

Qui peut situer sans carte Kumbum, Labrang, Rumichangu, Kanzé, Jakyendo ou le Yarlung Tsangpo ? Pour aider ses lecteurs, Alexandra David-Néel accompagnait ses récits de voyages d'un croquis de localisation, certes approximatif et partiel, mais fort utile. L'exploratrice avait conscience de l'imprécision de ses schémas. Ainsi s'en excuse-t-elle dans *Au pays des brigands gentilshommes*, paru en 1933 : « La carte ci-contre ne constitue pas un document géographique visant à combler les lacunes et à rectifier les erreurs qui existent sur les cartes des régions peu connues que j'ai parcourues. J'ai simplement indiqué ici les itinéraires de certains de mes voyages afin de permettre à mes lecteurs de situer les endroits mentionnés dans mes livres. Les altitudes sont indiquées approximativement, généralement en chiffres ronds, d'après des renseignements obtenus sur les lieux ou ceux donnés par les cartes considérées comme les plus exactes. »

De telles réserves s'imposaient en effet car, au début du XXe siècle, la représentation détaillée de la surface de la terre restait encore incomplète, surtout dans les régions d'accès difficile comme le Tibet. Explorateurs et missionnaires étaient refoulés aux frontières, quand ils n'étaient pas assassinés. Les dangers perdurèrent jusqu'à une date relativement récente puisque Louis Liotard fut massacré en 1940 lors d'une expédition.

À cette époque, la couverture cartographique de l'Asie présentait une qualité très inégale d'une région à l'autre car elle était alors exclusivement une œuvre de terrain. Les obstacles devenaient presque insurmontables lorsque le territoire présentait des difficultés extrêmes (Himalaya) ou lorsqu'il était interdit (Tibet). Pourtant, chaque région fut progressivement couverte grâce à la ténacité de personnages habités par le goût de l'aventure et du défi, par la curiosité et la passion scientifique (voir ci-contre).

Le levé de cartes était l'un des objectifs des explorations scientifiques chargées de combler les espaces encore « blancs » sur le papier, la *terra incognita* des anciens géographes. On a même parfois réservé le nom d'explorateurs à ceux qui s'en retournaient avec des notes de terrain ou des relevés cartographiques de type scientifique, comme Nikolaï Prjevalsky (1839-1888), George Roerich (1870-1947), Sven Hedin (1865-1952), etc. Les progrès techniques dans le domaine de la topographie, remarquables à partir de la fin du XIXe siècle avec la mise au point de nouvelles méthodes (amélioration de la triangulation) et de nouveaux appareils de mesure et de visée (théodolite), allèrent de pair avec l'ouverture de nouveaux horizons lointains qui caractérisa l'époque du colonialisme triomphant. Les cartes étaient établies par des explorateurs ou des militaires, mais aussi par des missionnaires : le pionnier des Marches tibétaines, le père Augustin Desgodins (1826-1913), dressa de nombreux croquis. Citons aussi les travaux de l'explorateur français Jacques Bacot (1877-1965). Mais l'opération la plus spectaculaire fut incontestablement menée par les Britanniques du Service topographique des Indes, le Survey of India, qui avaient décidé de cartographier l'immense empire des Indes, sa bordure himalayenne et le Tibet interdit. Le plus célèbre directeur du Service, Sir George Everest (1790-1866), fit avancer de manière décisive cette gigantesque tâche. En hommage, ses pairs donnèrent son nom au plus haut sommet de la planète. Pour cartographier le Tibet, les Anglais eurent l'idée de former des Indiens aux techniques de la topographie et de les envoyer clandestinement sur le terrain, déguisés en marchands. Ce sont les fameux pandits, dont l'un des plus célèbres, Sarat Chandra Das, pénétra à Lhassa en 1882.

Alexandra David-Néel s'est toujours intéressée aux cartes géographiques. Elle en achetait sur les pays qu'elle avait l'intention de visiter : cartes d'Europe, d'Afrique du Nord, d'Asie. Elle s'en procurait d'autres pendant ou après ses périples. En Asie, la dame lama ne fit pas œuvre topographique ou cartographique. Lorsque de tels documents existaient, elle les utilisait comme moyen de repérage afin de préparer au mieux ses circuits. Sur place, elle complétait ses informations et y notait les noms de lieux qui n'y figuraient pas encore (voir ci-contre).

À Jakyendo, en 1922, le major Pereira lui permit de décalquer de nombreux croquis d'après ses propres relevés et documents ; elle en emporta de précieux extraits durant sa randonnée à Lhassa, roulés et cachés dans les ourlets de ses vêtements. Après son voyage dans la capitale interdite, Alexandra essaya de reconstituer son itinéraire. Elle écrivit au Service topographique de l'Inde en juin 1924 pour acheter la carte du pays de Po qu'elle avait traversé : on lui répondit que les levés n'étaient que provisoires, la nouvelle édition de la carte qui l'intéressait n'étant pas encore publiée. L'exploratrice avait parcouru une région encore non cartographiée. Malgré de nombreuses tentatives, elle ne parviendra jamais à reconstituer son trajet entre Tsedjrong et Lhassa (voir ci-contre). C'est à cette tâche que nous nous sommes attelés dans un précédent livre. Nous avons retrouvé et cartographié précisément tous les itinéraires de voyages de l'exploratrice. En effet, les quelques croquis parus dans les premières éditions de ses récits n'ont pas été repris dans les éditions récentes.

Ils ne seraient d'ailleurs plus utilisables car tous les noms de lieux, qu'Alexandra écrivait de manière phonétique, ont été systématiquement supprimés des actuelles cartes du Tibet. Une carte géographique, avec sa nomenclature, étant un vecteur culturel très puissant par l'image du territoire qu'elle présente, les Chinois occultent le plus possible les éléments qui pourraient rappeler l'identité tibétaine. Nous avons retrouvé les équivalences entre les noms cités par la voyageuse et les noms actuels utilisés par les Chinois. Les cartes présentées ci-après profitent de ces travaux, développés avec plus de détails dans *Les Itinéraires d'Alexandra David-Néel* (éd. Arthaud, 1996).

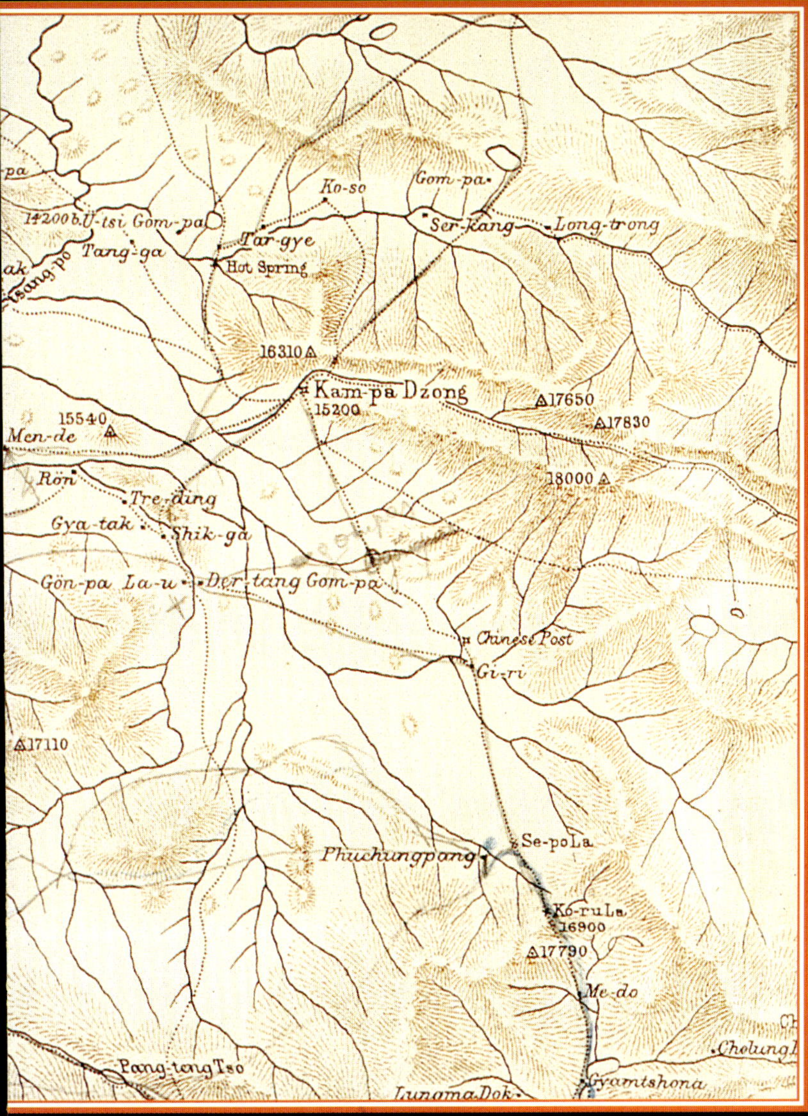

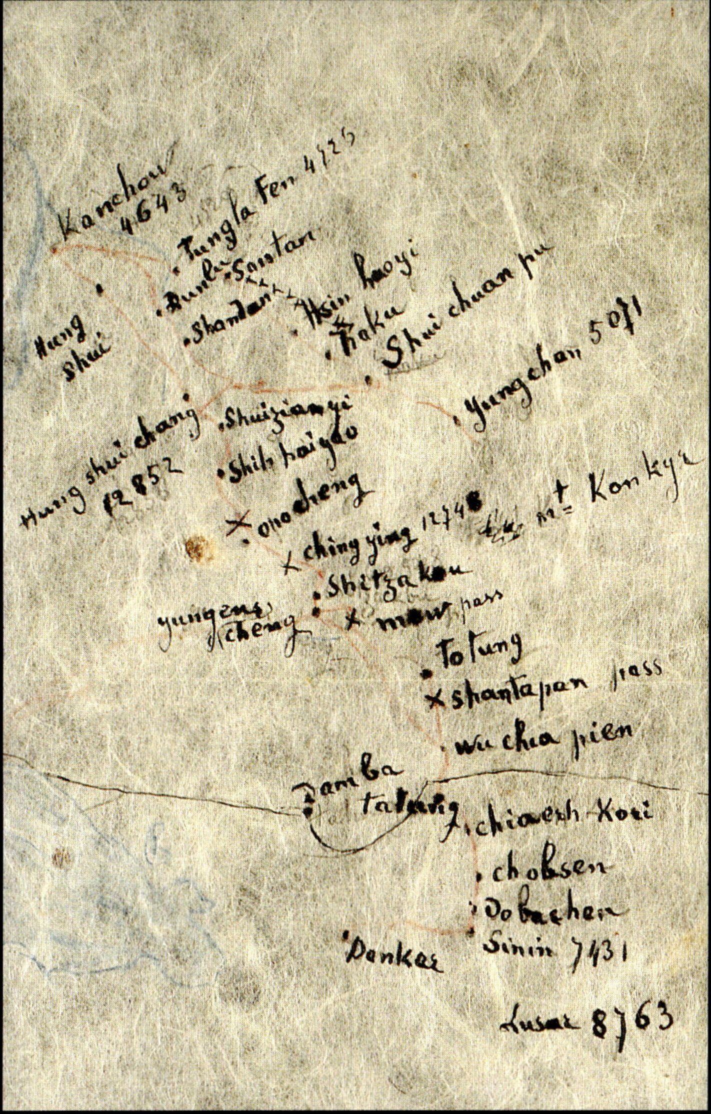

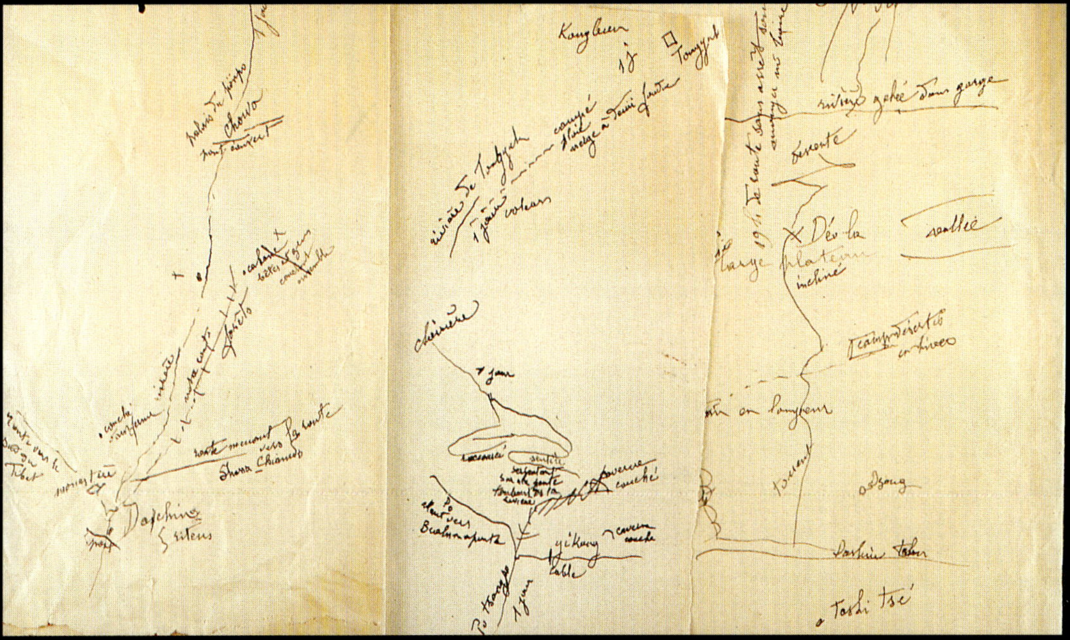

En haut à gauche : le secteur présenté se situe à l'extrême nord du Sikkim, au sud du Tibet. On y repère les cols Koru La, Sepo La qu'Alexandra traversa. Elle-même a tracé plusieurs itinéraires au crayon et noté quelques remarques. (Extrait de la carte Tibet, North Eastern Frontier, Sheet n° 14 SW, scale 1/253 440, published under the direction of Lieut.-Colonel F.B. Longe, R.E., Surveyor general of India, 1905).
En haut à droite : l'un des croquis de terrain dessinés par l'exploratrice sur du papier tibétain ou chinois montrant les lieux à traverser entre Sining et Kanchow, au Kan-Sou.
A droite : quelques-uns des schémas dessinés par Alexandra lorsqu'elle essayait de reconstituer son voyage à Lhassa.

Atlas

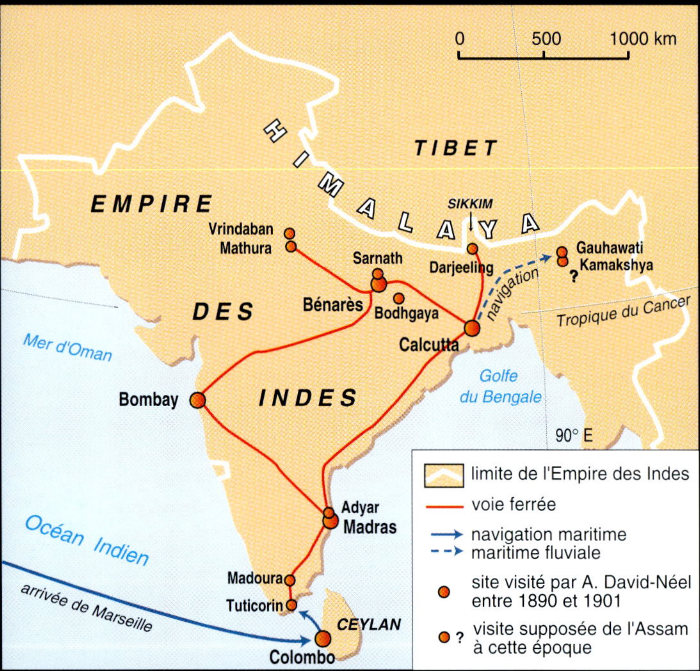

La découverte de l'Inde dans les années 1890

Les voyages en Afrique du Nord : 1906, 1909 et 1911

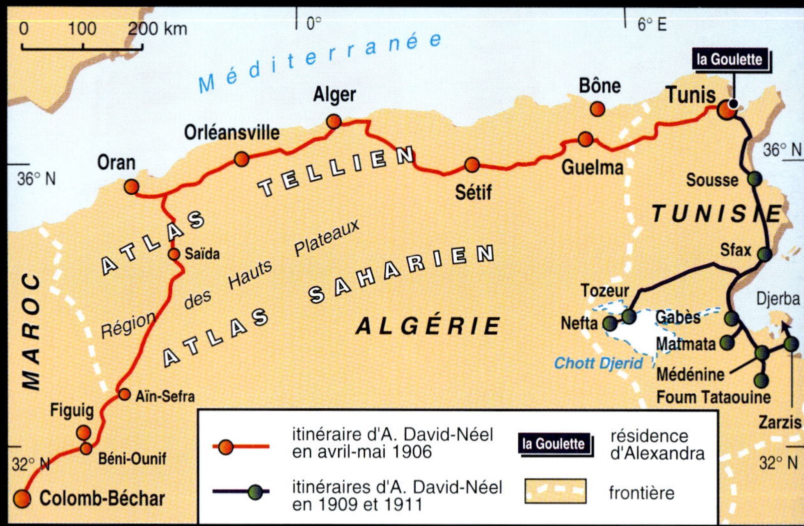

L'excursion clandestine à Shigatze : été 1916

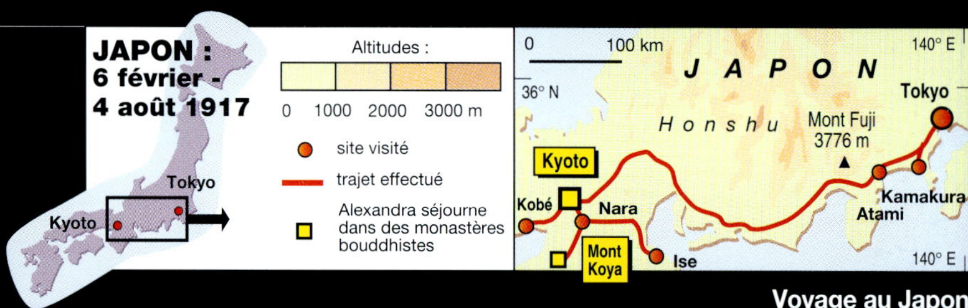

Voyage au Japon

Deux mois en Corée : 7 août - 2 octobre 1917

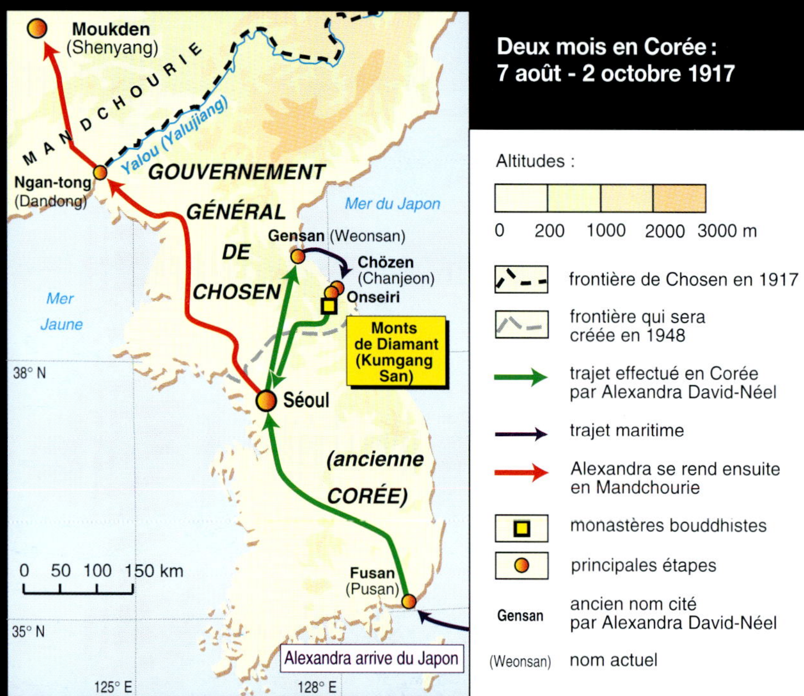

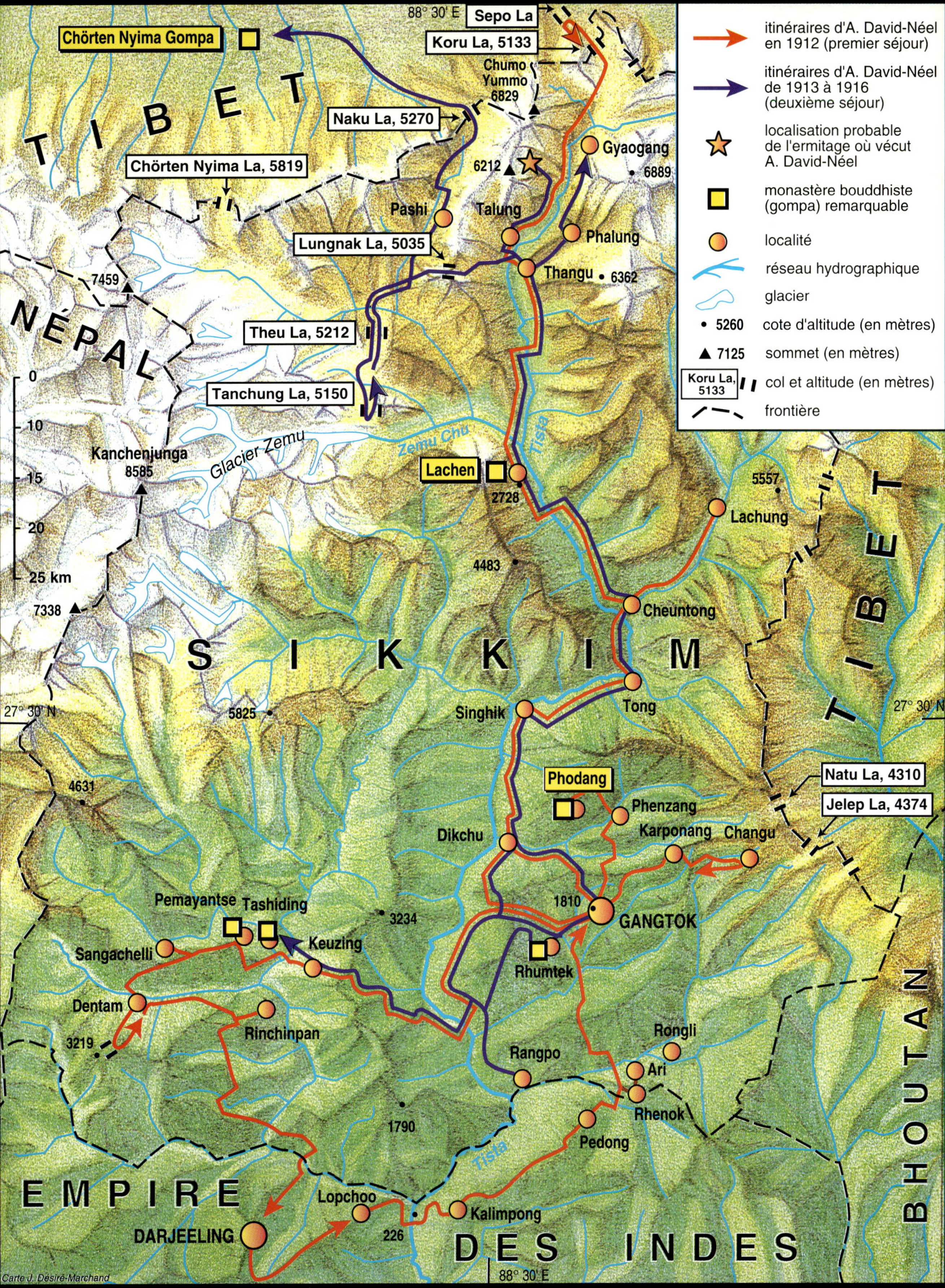

itinéraires d'A. David-Néel en 1912 (premier séjour)
itinéraires d'A. David-Néel de 1913 à 1916 (deuxième séjour)
localisation probable de l'ermitage où vécut A. David-Néel
monastère bouddhiste (gompa) remarquable
localité
réseau hydrographique
glacier
5260 cote d'altitude (en mètres)
7125 sommet (en mètres)
Koru La, 5133 col et altitude (en mètres)
frontière
TIBET
NÉPAL
SIKKIM
EMPIRE DES INDES
BHOUTAN
88° 30' E
27° 30' N
Sepo La
Koru La, 5133
Chörten Nyima Gompa
Chumo Yummo 6829
Naku La, 5270
Chörten Nyima La, 5819
Gyaogang
6212
6889
Pashi
Talung
Phalung
Lungnak La, 5035
Thangu
6362
7459
Theu La, 5212
Tanchung La, 5150
Kanchenjunga 8585
Glacier Zemu
Zemu Chu
Tista
Lachen
2728
5557
Lachung
4483
7338
Cheuntong
5825
Tong
Singhik
4631
Phodang
Phenzang
Natu La, 4310
Jelep La, 4374
Karponang
Changu
Dikchu
1810
GANGTOK
Pemayantse
Tashiding
3234
Keuzing
Sangachelli
Rhumtek
Dentam
Rinchinpan
3219
Rongli
Rangpo
Ari
Rhenok
1790
Pedong
Lopchoo
Kalimpong
DARJEELING
226
0
10
15
20
25 km
Carte J. Désiré-Marchand

Les circuits sino-tibétains de 1919 à 1922

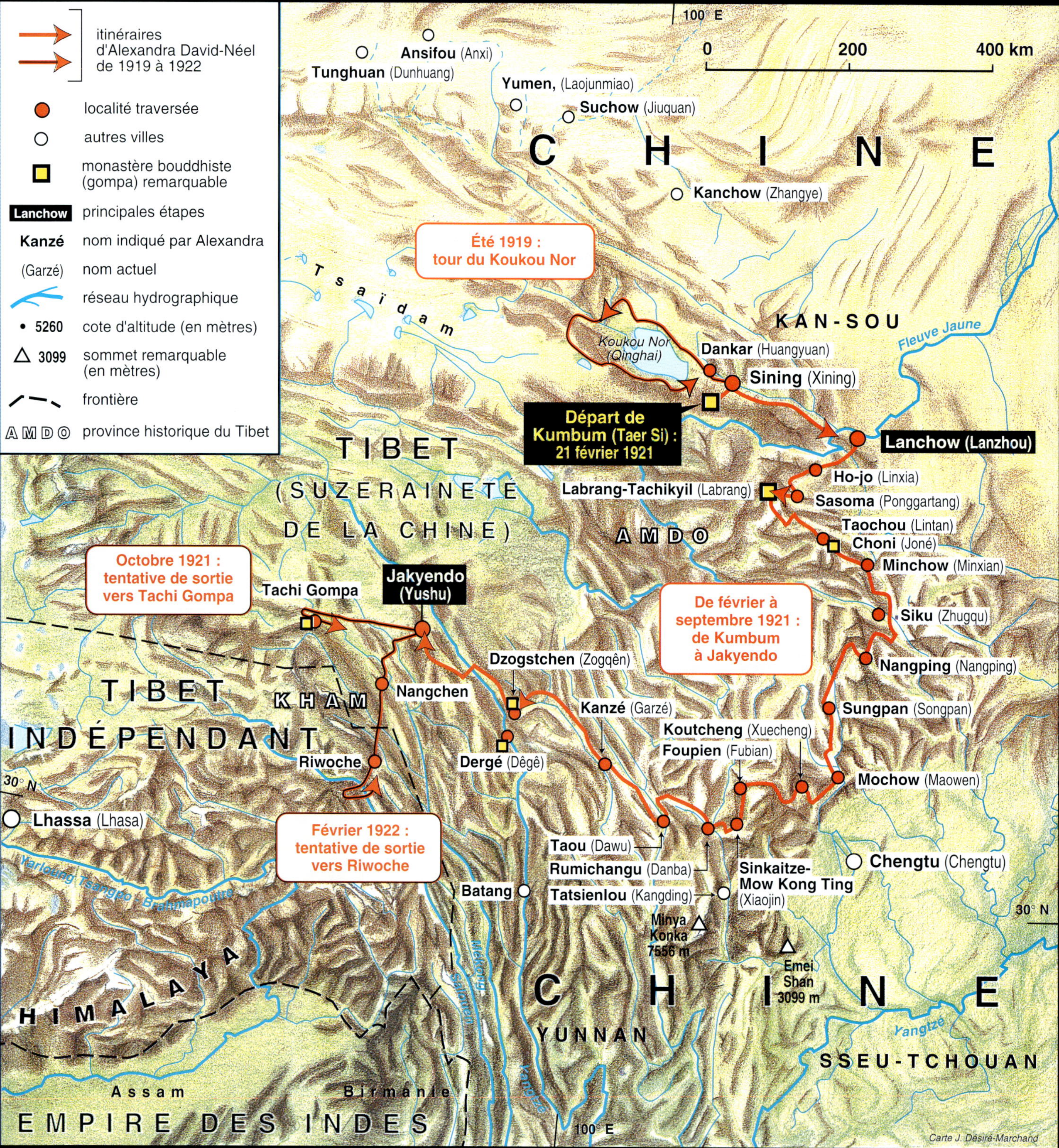

Les circuits sino-tibétains de 1922 et 1923

Deux mille kilomètres à pied du Yunnan à Lhassa : octobre 1923 à février 1924

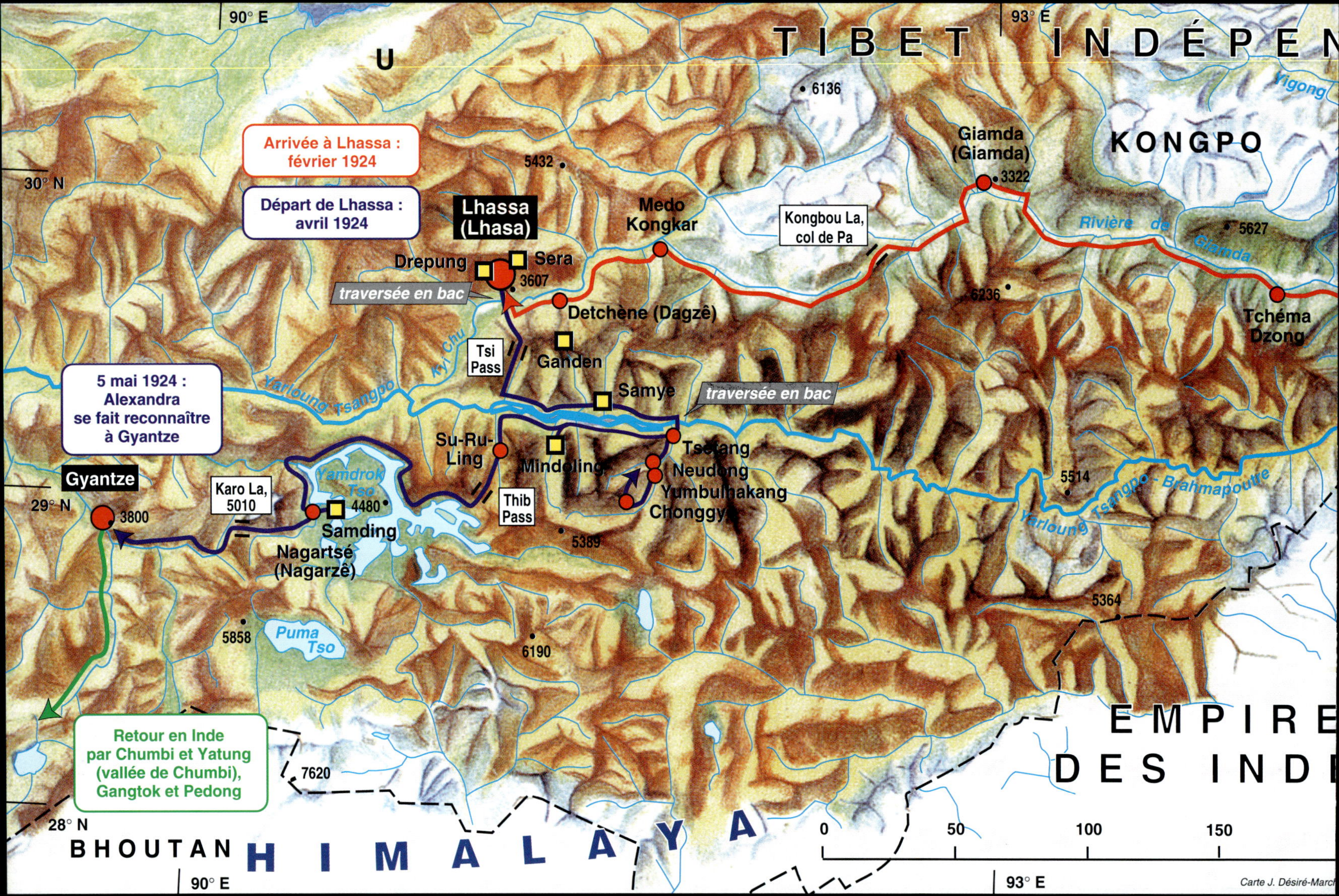

Cet atlas localise les principaux itinéraires suivis par Alexandra. Sans négliger les premiers voyages, nous avons accordé la part la plus belle à l'immense périple de quatorze ans en Asie. Entre 1911 et 1925, il permit à Alexandra David-Néel de devenir une exploratrice célèbre et une orientaliste confirmée. Les pleines pages sont consacrées aux parcours majeurs : ceux du Sikkim et du Grand Tibet, avec, pour finir, une représentation détaillée de la fameuse randonnée à Lhassa. De 1937 à 1946, le dernier grand voyage se déroula dans des régions sans mystères. Il a simplement été porté sur la carte générale des pages 14-15.

1. LE SIKKIM (P. 161)

Cette visualisation, haute en couleurs, évoque les paysages naturels de ce petit Etat himalayen situé sur le flanc sud de la célèbre chaîne montagneuse. Le Sikkim « vert «, au sud, est celui de l'Himalaya subtropical, avec ses forêts somptueuses, ses lianes et ses mousses, ses cascades de fougères, ses fleurs éclatantes, ses vallées chaudes, ses papillons multicolores. Mais en moins de 80 kilomètres, on passe du fond de la vallée de la Tista, 226 mètres d'altitude à l'extrême sud du pays, au troisième plus haut sommet du monde, le Kanchenjunga, à 8585 mètres. Région de pics enneigés et de solitude où les ermites font retraite. Alexandra vécut ainsi plus d'un an près de la frontière nord du pays.

2. LES CIRCUITS SINO-TIBÉTAINS DE 1919 À 1923 (P. 162-163)

Le Grand Tibet et les contrées chinoises qui le bordent forment le « pays des brigands gentilshommes » auquel Alexandra a consacré un ouvrage. La visualisation du relief permet de comprendre les difficultés des parcours, relatées par l'exploratrice. L'échelle aide à apprécier la longueur considérable des périples accomplis. Alexandra David-Néel a parcouru plusieurs milliers de kilomètres à dos de mule, en carriole, en chaise à porteurs ou à pied. Dans les « solitudes herbeuses » du Toit du monde, dans les montagnes escarpées des contreforts orientaux du Tibet, dans les régions périphériques du bassin du Sseu-Tchouan ou des déserts

du Kan-Sou. Ainsi, à l'est du Tibet : « Route difficile, chemins grimpant et redescendant à pic sur des éboulis, se hissant en corniche au-dessus des rivières et tous si étroits que parfois l'on n'aurait pu y poser ses deux pieds l'un à côté de l'autre… » (lettre du 15 mai 1921).

3. DEUX MILLE KILOMETRES À PIED DU YUNNAN À LHASSA (P. 164-165)

La randonnée clandestine vers Lhassa eut lieu entre octobre 1923 et février 1924, date à laquelle Alexandra et Yongden pénètrent dans la capitale interdite. Le retour s'effectua en avril et en mai 1924. Les teintes de la carte évoquent à la fois les paysages et les saisons. Le circuit commença en automne dans la région frontalière du Yunnan et du Tibet, dans les vallées profondément encaissées comme celle du haut Mékong et de la Salouen : versants boisés, dénivellations vertigineuses de près de 2000 mètres ! Lorsqu'ils ne circulaient que la nuit afin d'éviter de se faire repérer, les deux compagnons craignaient à tout instant de se rompre le cou en tombant dans les précipices. Ils progressèrent vers le nord-ouest dans des régions âpres au climat d'autant plus rude que l'hiver arrivait. Ils furent immobilisés plusieurs jours dans les montagnes enneigées de l'interfluve, qui domine le Poyul, près des cols Deou La et Aigni La. Le 25 décembre 1923, n'ayant plus rien à manger, ils grignotèrent quelques rognures de cuir délayées dans de la neige fondue. Le parcours s'acheva sur une piste plus facile, celle de la route postale qui mène de la Chine à Lhassa. Après plus de deux mois de séjour, Alexandra quitta la capitale interdite. Elle longea la superbe vallée du Brahmapoutre aux rives sablonneuses, puis suivit les eaux turquoises de l'immense lac Yamdrok qui, dit-on, abrite « l'âme tibétaine ». Après le franchissement d'un dernier col, le Karo La, elle atteignit Gyantze où elle se fit reconnaître et officialisa son exploit.

ALEXANDRA VUE PAR...

... MR LUDLOW
« Le succès triomphal de votre grand voyage »

Gyantse, le 9 août 1926
Ma chère Madame Néel,
J'ai été très heureux de recevoir votre lettre et d'apprendre que vous êtes satisfaite et que vous vous portez bien. Je conserverai toujours le plus vivant des souvenirs de votre arrivée à Gyantse. Vous savez que vous m'avez complètement abusé ! Je croyais réellement que vous étiez une religieuse tibétaine. Ça n'a été qu'après coup que j'ai réalisé l'énorme étendue de vos pérégrinations, et les épreuves par lesquelles vous avez dû passer. Même maintenant, je n'ai qu'une vague idée de vos voyages.
Faites-moi savoir, s'il vous plaît, quand votre livre sera publié. Je m'en procurerai un exemplaire. Je ne peux pas parler français, vous le savez, mais je peux lire un peu. Je lisais (seulement) l'autre jour le récit du voyage de George Pereira à Lhassa et comment il vous rencontra à Jakyendo (je pense que c'était l'endroit). Quel homme charmant il a dû être ! J'espérais pouvoir le rencontrer, mais il passa à Gyantse un an ou plus avant vous et avant que je n'y arrive.
N'avez-vous jamais entendu l'histoire amusante de comment vous avez presque été découverte durant votre séjour à Lhassa ? Je ne sais pas s'il y a quelque chose de vrai là-dedans, mais la voici : Un monsieur tibétain de haut rang fut prévenu par un de ses serviteurs qu'une femme étrange vivant dans le bazar avait pris « un bain » et s'était servie d'une « serviette européenne ». Il y pensa pendant un moment, puis il chassa la chose de son esprit, en disant que la personne devait être une Sikkimaise ou une Népalaise. Je me demande s'il y a quelque chose de vrai là-dedans J'aimerais connaître votre version de cette histoire. [...]

Gstaad, le 3 juillet 1927
Ma chère Madame Néel,
Ma mère vient juste de m'envoyer l'exemplaire de votre livre, que Heinemann a envoyé à mon adresse en Angleterre. Inutile de dire que je l'ai dévoré immédiatement, dès qu'arrivé, et je le lis à nouveau pour la seconde fois. Tout est si profondément intéressant pour moi, car je peux visualiser les épreuves et le succès triomphal de votre grand voyage, bien mieux que la majorité de vos lecteurs pourraient le faire. Je me demande ce que les critiques diront de lui. Celui qui aime à critiquer regrettera probablement l'absence d'une carte et d'un index, et les critiques anglais ne verront sans doute pas les choses du même œil que vous, à propos de vos remarques sur la politique du gouvernement anglais. Et alors ? S'ils sont justes, ils devront reconnaître franchement que le voyage que vous avez accompli fut le plus grand qui ait été fait jusqu'à ce jour, au Thibet. J'ai lu presque tous les livres écrits en anglais sur l'exploration du Thibet. Je sais qu'aucun des explorateurs européens précédents n'a la moitié de la connaissance que vous avez du pays et de ses habitants. Pas un seul n'aurait pu atteindre Lhassa, se mêler aux gens, leur parler, manger avec eux, dormir avec eux, sans être immédiatement découvert. Il est vrai que Mac Govern soit allé à Lhassa, déguisé en coolie, mais en chemin, il n'a pas osé ouvrir la bouche pour parler, sinon ses paroles l'auraient trahi, et quand il atteignit Lhassa, il dut avouer sa nationalité.
Sven Hedin, Littledales, Boward, Walby, Bonvalot et beaucoup d'autres ont tous pénétré profondément à l'intérieur du pays, mais ils l'ont fait en évitant les sentiers battus et ils étaient immédiatement découverts, et quittaient le Chang Thang. Vous seule, sauf un ou deux explorateurs indigènes, êtes entrée à Lhassa, restée là pendant des semaines, l'avez exploré et êtes repartie sans qu'aucun Tibétain, même le plus sagace, l'ait deviné. Si les critiques sont justes, ils diront ceci, mais je doute fort qu'ils puissent apprécier la réelle importance de votre voyage. Quel monument de force Albert a dû être ! Je réalise maintenant quel compagnon loyal il a dû être. Merci beaucoup, beaucoup de votre gentillesse en m'envoyant ce livre. Je le conserverai toujours précieusement[...] .

Mr Ludlow
Directeur de l'école tibétaine de garçons de Gyantze, Mr Ludlow accueillit Alexandra lorsqu'elle dévoila son identité à son retour de Lhassa. Ces deux lettres sont des pièces à conviction confirmant l'exploit de l'exploratrice. Mr Ludlow et Alexandra entretiendront leur correspondance durant de nombreuses années.

Boussole anglaise à couvercle mobile (diamètre 3,8 cm) qu'Alexandra utilisa lors de sa randonnée à Lhassa en 1923-1924.

... DAVID MACDONALD
« Notre rencontre fut un grand événement »

Kalimpong,
le 1er septembre 1927
Chère Madame Néel,
[...] Après que vous ayez quitté le Tibet (bien sûr, je vous dis cela confidentiellement), le Dalaï lama m'a demandé de lui dire par quel itinéraire vous aviez voyagé. Bien sûr, je n'ai pas pu lui dire, puisque vous avez caché le renseignement et l'avez réservé pour votre éditeur. Il a semblé très intéressé par votre courageuse aventure et quand je lui ai dit que vous étiez passée par une région boisée, il dit qu'il n'y avait pas de forêt, pas de route du Commerce de l'Est. Il a sans doute pensé que vous n'aviez pas pu venir par le pays de Po.
J'ai rencontré le Tsarong Shapé et ai demandé comment était-ce possible qu'il ne sût pas qu'une Européenne avait visité Lhassa. Il me dit qu'une femme était venue et lui avait indiqué (fait remarquer) qu'il y avait une dame qui se lavait chaque matin et que ce fait lui sembla un peu suspect en y réfléchissant. Il dit qu'il était sur le point de faire une enquête pour savoir qui était cette dame, mais il fut pris par beaucoup de travail, et puis il entendit parler de votre arrivée à Gyantsé. Les Tibétains pensent que vous devez être une femme remarquable pour visiter Lhassa, déguisée, et pour avoir entrepris ce long et périlleux voyage. Je suis sûr qu'ils ont dû beaucoup parler de vous et de votre voyage et si vous aviez été rendre visite au Dalaï lama, je ne pense pas que Sa Sainteté eût été en colère, surtout que vous voyagiez en tant que « nonne ». Il aurait envoyé quelqu'un pour vous aider dans votre voyage jusqu'à la frontière indienne, mais, naturellement, vous n'auriez pas pu voir Gyantsé et obtenir ces livres du lama. [...]

Kalimpong, le 11 janvier 1946
Chère Madame David-Néel,
[...] J'ai une petite collection de livres, mais ceux-ci ne sont pas à la vente et j'en ai besoin pour moi-même. Je pense que le lama Yongden ou vous-même m'aviez dit que vous aviez acheté une belle collection de livres au monastère de Samyé et que vous aviez

Lunettes de glacier ayant appartenu à Yongden, le compagnon de route et fils adoptif d'Alexandra.

acheté également celle du frère du Kazi Dawasamdup, après la mort du propriétaire, que vous connaissiez très bien. Je vous félicite d'avoir une telle bibliothèque en votre possession. Nous sommes tous deux intéressés par la littérature tibétaine, mais il est si difficile de se procurer des livres. Et si on les obtient, on n'y trouve que peu de sujets essentiels. Le colonel Waddell et moi-même avons trouvé que cela était le cas dans un grand nombre d'entre eux. Je ferai tout ce qui est en mon pouvoir afin de vous faire obtenir les livres que vous désirez. Veuillez me dire ce que vous voulez que je fasse. [...] Je pense que vous savez tout au sujet du nouveau Dalaï lama et au sujet du nouveau Panchen lama qui est encore au monastère de Koum-Boum. Je me demande si vous l'avez vu là-bas ? Je serais très intéressé d'avoir quelques nouvelles de ce dernier, car il était un de mes grands amis, ainsi que l'un des vôtres aussi. J'ai de nombreuses lettres que Sa Sérénité m'a écrites avant sa mort.

Notre rencontre à Gyantsé fut un grand événement, et je m'y réfère souvent dans les conversations à votre sujet avec des amis qui désirent vous connaître. Vous avez mentionné notre rencontre dans votre livre *My Journey in Tibet,* mais quelqu'un l'a emprunté, et je ne le possède plus. Je dois essayer d'en avoir un de par les bouquinistes de Londres. Vous devez avoir beaucoup à écrire au sujet de votre seconde aventure à l'Est du Tibet et de la Chine. Je serais intéressé par toutes informations brèves que vous pourriez me donner concernant votre second voyage. Des voyageurs européens ont lu vos livres, et ils considèrent que vous êtes une héroïne et vous admirent grandement pour votre exploit. Si je puis faire quoi que ce soit pour vous, vous pouvez compter sur moi à tous moments. Mes amis tibétains sont très obligeants et je suis encore dans leurs bonnes grâces. Cependant, je ne peux pas les charger de commissions pour mes amis car étant trop préoccupés par leurs propres affaires, celles-ci ne vous parviendraient qu'avec un très grand retard.

Avec les meilleurs souvenirs de mes filles et de moi-même.

P.S. : Après que vous ayez quitté Gyantsé, le Tsarong Shapé descendit vers l'Inde, par Gyantsé, et à ma demande vous concernant, il me dit qu'il avait entendu dire qu'une dame étrangère avait pris un bain en dépit du froid à Lhassa. Sa méfiance fut éveillée de par le fait qu'aucune Tibétaine n'aurait pris le soin de prendre un bain dans de l'eau. Aussi il envoya un garde afin de vous observer dans vos mouvements, mais il découvrit par la suite que vous étiez partie de Lhassa. Ceci confirmait la déclaration que vous aviez visité Lhassa et étiez demeurée là-bas. Je pense que cela peut vous intéresser.

David Macdonald

Agent commercial représentant les Britanniques à Gyantze, David Macdonald accueillit et hébergea Alexandra lorsqu'elle revint de Lhassa. Il a évoqué cette rencontre dans *Twenty years in Tibet-Intimate and personnal experience of the closed land among all classes of its people from the highest to the lowest,* Londres Seely Ed., 1932.

Alexandra vue par…

Bottes tibétaines en feutre ayant été portées par Alexandra dans les dernières années de pérégrinations.

... FRANCIS GORÉ

« Un paysage ne serait-il qu'un état d'âme ? »

J'apprécie beaucoup la somme des observations et des renseignements sur le mystérieux Tibet que nous livre dans ses ouvrages (une dizaine) l'érudite Mme David-Néel. J'admire aussi l'endurance de la voyageuse, qui a largement dépassé l'âge des sports. Mais la désinvolture de l'auteur me déconcerte souvent et m'agace parfois. Mme David-Néel a pris la précaution de nous avertir qu'elle ne sait pas le chinois : avertissement inutile pour un sinologue, même de piètre qualité. Ainsi, elle nous dit qu'à son arrivée à Tatsienlu elle habitait un ermitage sur le Pomosan (lisez P'AO Ma Shan, c'est-à-dire « la montage où ont lieu les courses de chevaux »). Elle nous parle ailleurs d'une de ces sociétés secrètes, si nombreuses en Chine, et qu'elle appelle *fidji* ! Peut-être s'agit-il des *Fei Dze* ? Ce terme ne désigne pas une société particulière ; il signifie : brigands, voleurs. Dans une note, elle nous déclare que Tcheou (Chow, romanisation anglaise), dans Yatcheou ou autres noms de lieux, se prononce dou : yadou, etc. Bornons-nous à ces quelques exemples ; ils suffisent amplement à éclairer la religion de tous ceux qui connaissent le chinois.
On ne saurait exiger d'un voyageur une parfaite connaissance des langues ou des dialectes des pays traversés ; cependant je supporte mal que ce voyageur, ignorant de la langue, affecte d'engager une conversation avec toutes sortes de

personnes : officiels, marchands, soldats d'escorte et même brigands de grand chemin. [...] Quand Mme David-Néel traite le sujet historique, elle tire, nous dit-elle, faits et dates des sources chinoises, sans nous indiquer à qui elle est redevable de ses traductions. Notre auteur, pour ne pas surcharger son texte, sans doute, n'a recours aux références que pour rappeler au lecteur l'un ou l'autre de ses précédents ouvrages ; cela ne l'empêche pas d'ailleurs de se répéter, comme il est inévitable pour un auteur aussi fécond.
Dans chacun de ses ouvrages, Mme David-Néel, qui touche à tout, n'a pu se retenir de donner des coups de griffes à certains étrangers, rencontrés au hasard des étapes, qui n'avaient pas eu l'heur de lui plaire ou avaient refusé de la recevoir. Un missionnaire peut, en effet, éprouver une certaine gêne à frayer avec une « dame lama », sa compatriote, qui égrène en public son chapelet bouddhique ou se prosterne devant une montagne... [...]

... CHRISTIAN SIMONNET
« Envahissante et emmerdante comme un boisseau de puces »

Alexandra se disait bouddhiste. En fait, elle ne croyait à rien du tout ; mais le bouddhisme l'introduisait dans les lamaseries. Incroyante, mais pas sectaire. Elle se moque gentiment des « pratiques superstitieuses » tant chrétiennes que chamanistes, hindouistes ou bouddhiques. Elle-même, en tant que « dame lama », est appelée à donner des « bénédictions » pour lesquelles elle accepte des « pourboires » en nature. Mais elle pense appartenir à la catégorie de ceux qui ont transcendé le souci métaphysique. [...]
Question : pourquoi déserte-t-elle les lamaseries au « profit » des missions (chaque fois qu'elle en trouve sur son chemin) après son départ de Koumbou en février 1921 ?... Les consulats aussi la redoutaient, « qu'elle empoisonnait de ses plaintes et de ses réclamations » (père Goré, *Bulletin MEP*, septembre 1950), et qui parfois devaient casquer quand elle se trouvait à court d'argent (*Journal de voyage*, p. 268). De fait, étant donné ses déplacements continuels et la qualité relative des postes chinoises, les chèques du mari n'étaient pas toujours au rendez-vous. Elle a beau lui écrire : « Je suis une sauvage, mon bien cher, mets-toi cela en tête. Toute la civilisation occidentale me dégoûte. Je n'aime que ma tente, mes chevaux et le désert... » (*Journal de voyage*, p. 296). Elle avait encore bien besoin des missions, des consulats et du pognon de son mari... [...]
Enfin, dernière question, et d'importance : « Y » a-t-elle été ? La célébrité d'Alexandra David-Néel vient du fait qu'elle affirme avoir réalisé une « première » mondiale : non pas d'avoir été à Lhassa (d'autres l'avaient fait avant elle), mais d'avoir fait le voyage de la Chine jusqu'à Lhassa par la piste Sud-Est, celle de la Dokerla. (Les pères Huc et Gabet avaient été expulsés de Lhassa vers la Chine par la piste de l'Est, Tsiamdo-Tatsienlou.) La réalité du voyage de Mme David-Néel a été mise en doute par d'aucuns : trop de flou et de rêves pendant le voyage, trop d'imprécisions au but. « Lhassa, la plus grande ville du Tibet, est loin d'être une importante cité » (*Voyage d'une Parisienne*, p. 282). Elle n'en dit pas plus à ce sujet, ne tente même pas d'évaluer le chiffre de la population. Mais cela, c'est son style : négligence des détails. [...] Nos confrères les plus qualifiés pourraient-ils au moins nous donner leur avis ? Le père André : « Oui... peut-être... » Le père Goré : « Vraisemblablement. Mais elle a raconté tellement de blagues dans sa vie qu'il est normal qu'on en doute. » Le père Charrier : « Mme Le Goff et le père Goré ont relevé quelques-uns de ses mensonges ; et surtout celui de son pèlerinage à Lhassa ! Un gros volume qui ne serait qu'un roman. » Alexandra elle-même (*Journal de voyage*, p. 279) : « Oh le beau, l'unique voyage, je me demande parfois si je ne l'ai pas rêvé. » Ben voyons ! Figure de style, évidemment... Mais... elle nous oblige à conclure, comme tout le monde, par des points d'interrogation et de suspension...
Un personnage, en tout cas, cette Mme David-Néel : courageuse, endurante (malgré ses plaintes continuelles au sujet de sa santé) et résistante comme une bourrique, sobre comme une chamelle mais

les ennemis lui reconnaissent

envahissante et emmerdante comme un boisseau de puces, vacharde, voyageuse ayant vu des tas de choses mais planche pourrie par les scientifiques parce que hâbleuse certainement, mythomane probablement, menteuse peut-être... En tout cas, sacrée bonne femme !

Francis Goré et Christian Simonnet
Successeur du père Ouvrard (1880-1930) à la mission de Tsedjrong et auteur d'un remarquable *Trente ans aux portes du Tibet*,

Quelques pièces de monnaie tibétaine datant du dernier voyage d'Alexandra en Asie. Les plus petites sont en or, les autres en argent.

Francis Goré, comme bon nombre de ses confrères, n'a jamais ménagé ses critiques envers Alexandra David-Néel. Son texte, qui date de 1939, précède celui de son confrère Christian Simonnet, écrit en 1986 dans le bulletin *Notre Maison des missions étrangères*. Auteur lui-même d'un passionnant *Tibet, voyage au bout de la chrétienté*, Christian Simonnet s'est rendu au Tibet en 1946. Vingt-trois ans après Alexandra, il a, comme elle, emprunté le fameux pont de corde qui permet d'accéder à la mission de Tsedjrong.

... GASTON DOUMERGUE
« Respectueux hommages »

Le 10 mai 1930
Madame,
J'ai reçu votre nouveau livre, que vous avez eu la grande amabilité de m'envoyer, admirablement relié. Je vous en remercie bien vivement. Vous savez avec quel intérêt je me tiens au courant de tout ce qui touche à l'Asie et à ce haut plateau thibétain que pas un Européen ne connaît aussi bien que vous. Je crois que notre vingtième siècle sera le siècle de l'Asie et que ce grand continent, dont l'histoire passée est si riche et si mal connue, malheureusement, causera de très grandes surprises aux générations qui vont venir après celle à laquelle j'appartiens. Ce serait bon de connaître sa pensée et surtout sa pensée religieuse pour comprendre ce qui arrivera et n'être pas pris au dépourvu. Vos publications sont des éléments infiniment précieux de connaissance et j'espère bien qu'ils retiendront l'attention de ceux qui ne vivent pas au jour le jour et qui pensent en sondant l'avenir.
Je vous prie, Madame, de vouloir bien agréer mes très respectueux hommages.

... ROMAIN ROLLAND
« La paix bouddhique que vous portez partout »

Le 3 février 1931
Chère Madame,
[...] Pour moi, qui vient de lire lentement deux de vos volumes, et qui suis au milieu du troisième (*Les Initiations lamaïques*), je veux vous dire, comme ma sœur, l'admiration que j'ai pour votre gaie vaillance, pour la paix bouddhique que vous portez partout dans votre pèlerinage aventureux, et pour votre large et tranquille compréhension de toutes les pensées. J'ai trouvé parmi celles que vous nous faites connaître beaucoup de sujets à réflexions, et peut-être verrez-vous, j'espère, que de certaines d'entre elles j'aurai fait mon profit dans des œuvres que j'écris maintenant. L'inquiétude de l'Occident est, sans le savoir, aujourd'hui bien proche de telles de ces visions métaphysiques et de ces doutes.
Veuillez transmettre mes amitiés à Monsieur Yongden, et croire, chère Madame, à ma respectueuse sympathie.

Alexandra vue par…

… MARGUERITE YOURCENAR
« Si vous vouliez m'accorder un moment »

Le 16 janvier 1969
Madame,
Ayant beaucoup lu et beaucoup admiré vos livres, dont la résonance au cours des années n'a fait qu'augmenter en moi, je ne veux pas me trouver si près de vous sans vous saluer au moins par écrit, et vous remercier pour le grand exemple d'énergie et d'audace intellectuelle que vous nous avez donné.
Je serai ici jusqu'au 31. Si vous vouliez m'accorder un moment à Digne, je tâcherai de m'y rendre au jour que vous me fixeriez. Mais je me rends compte qu'il vaut mieux sans doute ne pas vous déranger dans cette solitude que vous avez si bien choisie, et qu'il est préférable de vous exprimer par écrit mon admiration.
Je vous signale que mon ami Gabriel Germain, qui a consacré plusieurs années de sa vie à l'étude du bouddhisme, vient de publier au Seuil un ouvrage intitulé *Le Regard intérieur*, dans lequel il parle brièvement, mais fort bien, de votre œuvre.
Veuillez agréer, Madame, l'expression de mes sentiments les meilleurs.

Gaston Doumergue (1863-1937), Romain Rolland (1866-1944), et Marguerite Yourcenar (1903-1987)
Le président de la République française de 1924 à 193, l'auteur de *Jean-Christophe*, féru d'hindouisme et la future académicienne, furent des lecteurs d'Alexandra particulièrement attentifs.

… JEANNE DENYS
« Une supercherie dévoilée »

Des constatations aussi décevantes qu'inattendues m'avaient profondément troublée et j'en étais arrivée à douter de la réalité des aventureux exploits et des aventures mystiques de mon hôtesse au Tibet. Je voulus m'en expliquer avec elle avant mon départ. Notre dernière conversation se termina par ces mots :
- Non, Madame, vous n'êtes jamais allée à Lhassa et vous n'avez jamais reçu d'initiation mystique.
- Prouvez-le, cela me fera toujours de la publicité.
Le lendemain, je quittai Digne. […]
… Ajoutons que notre voyageuse ne s'est jamais trouvée face à face avec des brigands mais qu'elle a seulement appris par ouï-dire l'existence de ceux-ci. C'est ainsi qu'en Amdo, on lui a « signalé des gorges rocheuses dangereuses où les passants sont fréquemment détroussés et même lardés de coups de sabre ». Dans le Kin-tch'ouan on lui a dit que « le pays qu'elle traversait était peu sûr », ou bien elle a reçu le conseil « d'être sur ses gardes, car des voleurs étaient signalés dans le voisinage ». Enfin, une autre fois, des voyageurs « lui ont montré une large dépression de terrain par laquelle descendaient des brigands ».
Mais si A. David-Néel avait parcouru les régions où les explorateurs auxquels nous avons fait allusion ci-dessus sont allés, traversé en particulier le territoire des brigands Ngoloks comme elle prétend l'avoir fait au cours de l'été 1922, elle aurait elle aussi connu le pillage, les coups, les sévices pouvant aller jusqu'aux derniers outrages perpétrés sous la tente

d'un brigand Ngolok, la geôle et peut-être la mort.
S'il en avait été ainsi, notre romancière n'aurait jamais pu intituler son ouvrage *Au pays des brigands gentilshommes*. […]
Une lecture rapide de ces œuvres peut abuser mais les premières récompenses qui lui furent accordées par certaines personnalités officielles ne pouvaient qu'entretenir notre erreur. On peut, cependant, s'étonner, qu'une ancienne artiste lyrique qui n'a jamais été instruite des techniques du relevé d'itinéraire, ni pratiqué le sport des ascensions en montagne ait réussi à berner les membres de la Société de géographie à tel point que ceux-ci lui ont attribué le titre « d'intrépide exploratrice du Tibet » et une « médaille d'or » bien que cette voyageuse n'ait jamais foulé de ses pieds le Toit du monde et donc découvert quoi que ce soit au Poyul, au cœur de l'Asie la plus inaccessible ». […]

Jeanne Denys
Médecin dans le Sud de la France, Jeanne Denys rencontra Alexandra en 1958, trois ans après la mort de Yongden. Elle proposa à l'exploratrice de l'aider à classer ses innombrables documents. mais son séjour à Digne ne dépassa pas quelques semaines et se termina par une dispute mémorable. Elle en garda une haine farouche qu'elle exprima dans un pamphlet calomnieux et plein de fiel : *Une Supercherie dévoilée* publié à la Pensée universelle en 1972.

… LAWRENCE DURRELL
« J'ai enfin rencontré la femme qui a découvert le Tibet »

Nous trouvâmes facilement sa maison et nous assîmes un moment sous le vélum éclatant du café qui se trouvait en face, en attendant que l'heure sonne. La maison elle-même, derrière son rideau de pins et de cyprès si épais, avait un aspect solitaire et plutôt désolé. « Pas le moindre signe de vie », remarqua ma compagne. « Et pourtant, regardez ! Quelqu'un a planté partout des oignons d'iris. » Effectivement, les pentes qui entouraient la maison portaient des signes de plantation intensive. « Qui peut bien avoir fait ce travail pour elle ? Si elle en est l'auteur, elle doit être véritablement magicienne et avoir découvert le secret de la jeunesse éternelle. » J'allais suggérer que, comme Prospero, Mme David-Néel possédait peut-être une Miranda - mais, avant que j'aie eu le temps de formuler ma pensée, l'heure sonna, et nous reprîmes ensemble la route qui menait à la porte de la maison silencieuse. La jeune fille qui nous ouvrit était bien une sorte de Miranda… Grande et mince, elle portait des pantalons et un chandail de couleur vive. Après nous avoir demandé nos noms, elle nous invita, avec un sourire désarmant, à pénétrer dans un sombre vestibule. Plus que jamais, le style et les proportions de la maison me parurent anglo-indiennes. Le vestibule obscur, aux fenêtres hautes ombragées par les arbres, les murs sombres, rayés par des lambris plus foncés qu'égayaient à peine le papier à fleurs et les longs rouleaux de textes tibétains et chinois qui tombaient du haut des murs jusqu'au sol… Miranda ne nous laissa pas le loisir de nous livrer à un examen

Alexandra reçut ces deux bagues de *naldjorpa*, au titre d'initiée aux doctrines secrètes. La bague en or (ci-dessus), portée à la main gauche, est ornée du *dorjé* qui symbolise la méthode ; la bague en argent (ci-contre), portée à la main droite est ornée de la clochette *drilbu* qui symbolise la sagesse.

plus poussé : gaie et bavarde comme un merle, elle nous précéda dans l'escalier jusqu'à un palier étroit à l'extrémité duquel se trouvait une porte.
Nous nous trouvions en présence d'Alexandra David-Néel. Elle était assise à sa table de travail, le dos tourné à un balcon ensoleillé par lequel la lumière entrait à flots dans la pièce, jetant des taches sur le sol. Nous avions tellement discuté de cette visite, et sous des angles si divers, qu'au simple fait de nous trouver finalement nez à nez avec elle nous fûmes pris tous les deux d'une terrible timidité. Ses yeux magnifiques nous étudiaient avec une pénétration et une vivacité inattendues. J'avais là devant moi, assise à sa table de travail, une femme qui ne paraissait pas avoir

plus de soixante ans, aux cheveux abondants, pas encore tout à fait blancs, relevés en un simple chignon qui évoquait à la fois la coiffure d'une Chinoise et celle d'une bobby-soxer moderne. Cette coiffure seyait merveilleusement à ce visage aux oreilles petites et belles, au nez et à la bouche délicatement dessinés. Je m'étais également imaginé que cette grande voyageuse devait être une femme de haute taille, au physique susceptible de résister à la fatigue et aux privations, alors qu'en réalité elle était menue, avec de petites mains au modelé magnifique, précises et rapides parmi les papiers qui se trouvaient sur son bureau. Malgré sa petitesse, elle avait quelque chose d'impérieux et de direct. Elle sourit avec une certaine sévérité de notre timidité et dit :

« - Qu'est-ce qui vous amène ici ? Que voulez-vous de moi ? J'espère que vous n'allez pas me demander de faire de la magie noire ou d'évoquer des esprits. »

Nous l'assurâmes que rien n'était plus éloigné de nos intentions, et elle eut l'air de s'adoucir un peu :

« - Je suis souvent l'objet de requêtes aussi déraisonnables ; dernièrement une dame m'a écrit pour me demander de jeter un sort à son mari infidèle, ce que j'ai dû refuser. Et, bien entendu, lorsque je me fais interviewer par les journalistes... on ne sait jamais. »

Mais, à mesure que nous recouvrions notre assurance, nous pûmes la rassurer sur l'objet de notre visite - et aussi, je l'espère, la convaincre que nous n'étions point de parfaits imbéciles.

Ce qu'il y avait de surprenant en réalité était de découvrir que, loin d'avoir affaire à une femme en train de languir dans une retraite honorable, après une vie remarquable consacrée à des voyages tant physiques que spirituels, et vivant pour ainsi dire dans le passé, nous nous trouvions devant une de nos contemporaines qui tenait une place active dans le monde, dont les problèmes l'occupaient encore. J'avais oublié l'avertissement de mon amie selon lequel nous nous trouverions devant un écrivain en pleine production ; mais cela me fut fortement rappelé dès le début de la conversation. Mme David-Néel parla de la parution prochaine de son dernier livre et d'un autre qu'elle était en train d'écrire, avec une assurance, une clarté et un sérieux qui constituaient en soi un message pour ceux qui écrivent. Mais plus remarquable encore était la profonde connaissance dont elle faisait preuve à propos de la situation politique contemporaine. L'exposé lucide et précis qu'elle nous fit de la situation sino-tibétaine actuelle aurait fait honneur à un correspondant politique chevronné. Pourtant, malgré ce sens de l'actualité, elle semblait envisager les choses *sub specie aeternitatis*, si l'on peut dire.

« Voilà près de deux mille ans qu'ils se battent et se réconcilient », dit-elle avec un soupir qui exprimait clairement qu'elle se sentait personnellement capable d'attendre encore aussi longtemps avant que les choses ne reprennent un tour différent. La liberté de pensée bouddhiste et son refus de prendre le temps en considération, sous sa forme illusoire, étaient sensibles dans sa conversation, comme une sorte de leitmotiv inexprimé. Qu'importent quelques milliers d'années d'histoire invariable, d'erreur répétée, pour quelqu'un qui a réussi à se glisser derrière le voile de l'illusion : quelqu'un pour qui ni la mort ni la vieillesse n'ont de réalité. Sa conversation était variée, brillante et fort intéressante, mais nullement aphoristique ; elle arrivait à signifier beaucoup sans beaucoup dire. Ses propos étaient tellement remplis de gaieté et d'énergie que toutes les questions que j'étais venu lui poser me sortirent de la tête ; je restais assis là, satisfait de laisser la conversation aller et venir comme bon lui semblait dans la vaste tapisserie de sa vie passée - quarante ans de voyage presque ininterrompu. Une fois ou deux, je me hasardai faiblement à demander une date, mais elle soupira et répondit en hochant la tête :

« Les dates et moi, vous savez... Nous sommes brouillées. »

Elle n'avait jamais tenu de journal de voyage et il lui était difficile à présent de reconstituer les événements dans leur succession.

« - Mais comment vous est venu le goût des voyages ? »

Après un silence, comme une plongée vers un monde invisible, elle commença alors le récit de la vie

Gamelle en fer et bol en bois qui constituaient la batterie de cuisine d'Alexandra lors de sa randonnée clandestine à Lhassa.

Alexandra vue par...

d'une petite fille, qui portait en elle tout ce que serait plus tard Alexandra David-Néel.

« - Ce goût ne m'est pas "venu" : il était inné en moi. Étant tout enfant, je ne pouvais pas voir une route sans me demander où elle conduisait. J'aurais voulu savoir comment étaient les pays que l'on trouvait le long et au bout de cette route. Comment étaient faits leurs habitants, s'ils ressemblaient aux gens que je voyais autour de moi, ou s'ils étaient différents. [...]

Et elle était donc encore là, à sa table de travail, à écrire des livres d'érudition et des essais politiques - toujours en face du monde réel, si l'on peut dire. Je regardai ma montre ; la conversation avait été si vivante et pleine d'entrain que le temps avait passé comme un éclair. Nous avions parlé pendant deux heures. C'était l'heure du thé : Mme David-Néel n'agita pas de baguette magique comme Prospero, mais effleura plus prosaïquement une sonnette électrique, et Miranda entra dans la pièce, portant un énorme plateau à thé ; plateau chargé de biscuits au gingembre et de gâteaux parfumés à l'anis et au carvi. Encore une fois des souvenirs d'enfance se présentèrent à mon esprit. Un thé pareil ne pouvait venir que du Planter's Club de Darjeeling. J'imaginai sans peine notre exploratrice buvant un thé semblable au Palais du Gouverneur de Darjeeling, après des mois de pérégrinations. Il y a beaucoup de choses qu'elle ne nous a pas dites ; beaucoup aussi qu'elle nous a dites sans les mettre en paroles... Des rencontres aussi significatives vous laissent toujours troublé et désireux d'en apprendre plus. Peut-être la partie la plus éloquente de ce portrait journalistique tient-elle dans le silence avec lequel nous parcourûmes en sens inverse les routes vertes et sinueuses qui mènent à Avignon.

Lawrence Durrell (1912-1990)
Né à Jalunda sur les pentes de l'Himalaya, l'auteur du fameux *Quatuor d'Alexandrie* a rendu visite à Alexandra en 1964, quelques années avant de s'installer lui-même dans le midi de la France à Sommières (Gard). Grand voyageur, Lawrence Durrell a suivi ses études à Darjeeling avant de rejoindre Londres, Paris, Athènes, Le Caire, Buenos Aires et Belgrade. Son texte fut publié dans le magazine féminin *Elle* en 1964.

BERTRAND FLORNOY
« Une âme tibétaine »

Elle avait cent ans ? Que lui dire ? J'ai embrassé ses mains. Par respect pour elle ? Oui, sans doute, par respect. Aussi parce qu'Alexandra David-Néel a toujours été, pour ses amis les plus intimes, un être frémissant de vie mais inapprochable. La chaleur de mon affection, elle en avait conscience. Bouddha, les initiations lamaïques, les connaissances transcendantales... Peut-être faudrait-il citer également les textes inédits tibétains qu'elle a commentés. Ce sont ceux-là que je retiendrai parce que je pense qu'ils étaient, pour elle, la source. C'est au Tibet que sa passion l'a conduite, mendiante d'aventures. C'est du Tibet que lui est venue son infinie sagesse. Et sa joie, infinie.

Sur les routes peu sûres du Tibet et de Chine, la moindre des précautions était de s'armer. Alexandra portait ce cinq coups à barillet.

Elle en était satisfaite, je crois, car elle aimait qu'on l'aime. Mais si elle voulait que ce jeu illumine les regards elle ne tolérait pas qu'il consume en paroles. « Vous me violez ! » a-t-elle reproché à la femme admirable, son amie, qui l'aidait par des soins familiers à approcher la mort. Fière Alexandra David-Néel, modèle de tout explorateur, compagne du rêve de tout chercheur de trésors humains, c'est ainsi qu'elle a vécu hors des atteintes de la ferveur. Hors même de cette curiosité exigeante qu'aurait dû inspirer un destin exceptionnel.

Elle a eu des fidèles, c'est vrai, on pourrait dire des adeptes : ceux qui ont médité sa philosophie et qui estimaient partager son secret depuis la parution, en 1929, de son *Mystiques et magiciens du Thibet*. Cette confrérie de lecteurs m'est étrangère mais ses membres se reconnaissent, ne serait-ce que dans les mots dont Alexandra faisait le titre de ses livres et qu'ils attendaient comme la promesse d'un message : immortalité et réincarnation, le bouddhisme de

L'explorateur, je veux dire celui ou celle digne d'une telle « vocation », ne peut dissocier le paysage qu'il a choisi de l'émerveillement qu'il en recueille. Il sait, mieux que tout autre, il sent, comme le paysan, quels sont les liens permanents entre le paysage et l'âme. Entre la terre et les hommes.

Alexandra David-Néel était tibétaine. Elle le demeurera alors que son corps n'est plus qu'une cendre qui sera jetée dans les eaux du Gange. Ce destin, elle le doit, d'abord, d'avoir eu faim, d'avoir eu soif, d'avoir fatigué ses muscles sur les chemins des hautes vallées tibétaines - elle le doit d'avoir eu faim, soif et mal pour acquérir son savoir et sa paix. Une phrase d'elle que je retrouve et qu'elle écrivait, voici près de vingt ans, pour les jeunes nous donnera-t-elle une des raisons de cette vie ? « A-t-il vraiment fait bon usage de sa vie d'homme qui n'a jamais dépassé la haie qui enclôt son jardin ? » Un bon usage de la vie... Que dire d'autre devant la mort de celle qui resta, ardemment et partout, fidèle à sa noble conception de la condition humaine ? Rien, sinon une autre phrase d'elle et qui me frappe, ce soir, comme un de ses regards : « On peut marcher vers l'horizon, sachant qu'on ne l'atteindra jamais, car la marche vers lui est en elle-même une joie. »

Bertrand Flornoy
Président du Club des explorateurs, spécialiste de l'Amazone, Bertrand Flornoy fut un ami fidèle d'Alexandra. Habitué de Samten Dzong, il a rendu une dernière fois visite à la tibétologue le 4 avril 1969, six mois avant sa mort. Ce texte a été publié en septembre de la même année dans *Les Nouvelles littéraires*.

CHRISTIAN FOUCHET
« Un regard étonnamment vivace et lucide »

C'est une des Françaises les plus remarquables qui vient de mourir, dans sa petite maison de Digne, à cent un ans. À Pâques, j'étais allé la voir, pour la dernière fois ; elle était paralysée, mais l'intelligence était intacte, comme sa volonté. Son humour, un peu brutal, aussi. Cette bouddhiste sceptique travaillait à son dernier livre sur un sage chinois. « Il faut aussi que j'écrive un livre sur Jésus », me dit-elle, en me regardant de ce regard pénétrant et amusé qu'elle promenait sur les êtres depuis si longtemps. « Au fond, c'était un agitateur politique. » Je me rappelai l'Inde, en 1946, quand j'y étais le délégué du gouvernement français. J'avais reçu un soir, à Calcutta, Alexandra David-Néel avec un père jésuite, grand ami du père Teilhard. « Alors Madame, il paraît que vous ne croyez pas aux miracles », lui avait-il dit. « Parbleu, moi, j'en fais. Alors vous comprenez... », lui avait-elle répondu.

J'ai toujours été surpris du fait qu'Alexandra David-Néel n'ait pas connu la gloire, ou même une grande célébrité, et frappé de la quasi ignorance à son égard de beaucoup d'hommes et de femmes cultivés. En fait, elle avait vécu pendant presque toute sa vie au Tibet, en Chine, aux Indes, et n'avait pas cherché les formes modernes de la publicité. Quand je l'avais proposée pour la cravate de commandeur de la Légion d'honneur, à un conseil des ministres des années 1963 ou 1964,

j'avais été surpris que presque personne, autour de moi, ne la connaisse. Si la télévision ou la radio s'étaient intéressées à elle comme elles le firent pour Léautaud, le résultat eût été le même. Elle fût devenue illustre en quelques jours.
Ce petit bout de femme avait été, depuis quatre-vingts ans, car elle avait commencé à vingt ans, une des plus extraordinaires « chercheuses » des religions et des civilisations extrême-orientales. Ses livres, si nombreux et si passionnants - depuis le premier, *Voyage d'une Parisienne à Lhassa*, paru au début du siècle -, en témoignent, comme le culte que lui vouaient, que lui vouent encore, aux Indes et au Tibet, tant d'hommes de haute culture. Je suis sûr que, dans l'ashram d'Aurobindo Gosh, à Pondichéry, la Mère, quand elle connaîtra la nouvelle, se recueillera intensément.
Alexandra David-Néel m'avait demandé, il y a vingt ans, d'être son exécuteur testamentaire, mais je lui avais conseillé plutôt de laisser ce qu'elle avait, ses collections, ses livres, à la ville de Digne, qui, mieux qu'un homme mortel, pourrait s'assurer de l'exécution de ses volontés. Elle va être incinérée. Ses cendres, mêlées à celles du lama Yongden, son fils adoptif qu'elle espérait avoir près d'elle quand elle fermerait les yeux, mais qui l'avait devancée dans le nirvâna, seront transportées en Inde et jetées dans le Gange.
Toutefois, si éprise de l'Asie qu'elle fût, Alexandra David-Néel était d'abord essentiellement française. Je lui avais dit un jour : « Vous êtes la dernière survivante des grandes

« Reporter-orientaliste », Alexandra utilisa cet excellent appareil photographique lors de son second voyage en Asie. Il s'agit d'un Zeiss Ikon compur, objectif Tessar.

Alexandra vu par…

L'une des multiples sacoches de cuir (en peau de yak ou de mouton) dans lesquelles Alexandra transportait ses effets personnels.

dames du dix-huitième siècle. » « Je ne suis pas si âgée que cela ! », me dit-elle en riant.
Elle n'avait, en effet, alors que quatre-vingt-quinze ans… Sa fidèle compagne m'a dit tout à l'heure que jusqu'à la fin son regard resta étonnamment vivace et lucide. À une époque où tant de vedettes de pacotille paraissent et disparaissent comme des étoiles filantes, j'ai voulu rendre hommage à cette grande dame dont on ne sait ce qui fut le plus admirable en elle de l'intelligence ou de l'énergie.

Christian Fouchet (1911-1974)
Alors qu'il était consul de France, Christian Fouchet a connu Alexandra à Calcutta en 1946. Devenu un homme politique très en vue, ministre du général de Gaulle entre autres, il est toujours resté en contact avec la retraitée de Samten Dzong. Il rendit une dernière fois visite à son amie le 4 avril 1969, le même jour que Bertrand Flornoy ! Ce texte a paru dans *Le Monde* le 10 septembre 1969, deux jours après la mort d'Alexandra.

… MARIE-MADELEINE PEYRONNET
« Elle n'a jamais essayé d'influencer ma pensée »

[…] Je conserve un souvenir ineffaçable de ces longues soirées où, assise sur une natte de paille ou bien à même le plancher, les bras posés sur les genoux d'Alexandra David-Néel, je l'écoutais, bouche bée, raconter ses pittoresques aventures. Elle était étonnante. Ces épisodes, qu'ils aient été amusants ou dramatiques, elle les revivait tous avec une intensité incroyable. Elle y était de nouveau au sommet de ce col, par une nuit sans lune, bloquée par la neige. Elle ressentait encore « le baiser violent et glacé de l'austère contrée », dont le charme rude me retient depuis longtemps ensorcelée et vers laquelle je suis revenue et où, maintenant, elle est retournée en pensée. Elle en respirait toujours l'odeur. Ses bêtes, ses domestiques, toute sa caravane l'entouraient… Elle leur parlait et les commandait exactement comme elle le faisait cinquante ans auparavant…

« Le vent glacé, qui soufflait en rafales, nous empêchait de faire du feu. Il nous était donc impossible de boire chaud, impossible également de nous endormir. Alors, j'ai empoigné un fouet… et, toute la nuit, sans relâche, j'ai battu mes bêtes et mes " gensses "…
- Vous avez fait cela ?
- Évidemment, grande sotte, il le fallait bien, si je les avais laissés s'endormir, c'était la mort certaine pour tous.
- Ah ! je comprends… »

Et Alexandra prend alors une des cannes qui se trouvent près d'elle, la soulève très haut au-dessus de sa tête, manquant de décrocher « Shakti », épouvantable et sinistre aquarelle qui décore le bureau, et se met à fouetter l'atmosphère poussiéreuse avec une fougue inimaginable. D'une voix tonitruante, elle hurle des vlan, vlan, et vlan, frappant tous les personnages qui l'entourent. Par le ton, et maintenant par le geste, Alexandra donne à la scène une telle véracité que je ne suis plus assise à ses pieds. J'ai quitté Samten Dzong et Digne… et je fais, moi aussi, partie de la caravane. Je suis au sommet de ce col, épuisée de fatigue, glacée par les rafales de vent… Comme tous les autres, je suis fouettée… Et ces coups je les ressentais si bien, que chaque fois qu'Alexandra faisait « vlan »… moi je faisais « aïe » ! […] Alexandra n'aimait pas donner de conseils. En ce qui me concerne, elle n'a jamais essayé d'influencer

ma pensée ni mon comportement, bien au contraire. Après m'avoir littéralement torturée par des questionnaires interminables… m'avoir sondée au plus profond de mon être, elle m'obligeait à penser selon « moi » et non selon « elle »… Si, sur le plan matériel, Alexandra David-Néel était d'une grande exigence, dans le domaine de la « pensée » elle était l'être le plus tolérant que j'aie jamais rencontré. Sans aucun doute, elle a été un de nos plus grands « penseurs libres ».
Un rôle qu'elle s'est donc toujours obstinément refusée à jouer, c'est celui de « gourou », de « maître à penser »… « Je ne suis qu'un reporter, disait-elle. Tout ce que j'ai vu, entendu, appris là-bas, je l'ai écrit dans mes livres. Pourquoi donc venez-vous jusqu'à moi ? Vous n'en saurez pas davantage. » […]
« Dis-moi… il se pourrait… comme tu m'as bien connue… que les personnes présentes… te posent des questions sur moi… te fassent parler… Qu'est-ce que tu répondras ?
- Oh ! alors là, vous pouvez être assurée que je dirai la vérité. J'espère que vous n'en doutez pas ?
- Effectivement ! je n'en doute pas… Je sais bien que tu es trop stupide pour savoir mentir. Mais alors, qu'est-ce que tu diras ?
- Eh bien ! madame, je dirai que vous étiez une intelligence extraordinaire, parce que cela est vrai. Et j'ajouterai sans doute que vous aviez un esprit aussi vaste que toutes les galaxies réunies, que tout vous intéressait… »
Le silence règne de nouveau dans la salle à manger du rez-de-chaussée où Alexandra est descendue pour la dernière fois. Elle vient de faire des efforts inouïs, de surmonter des douleurs intolérables, pour descendre les douze marches de cet escalier qu'elle maudit. Cela nous a pris plus de trois quarts d'heure, je crois, mais elle voulait « essayer »… encore une fois…
Et elle est là, minuscule, assise dans un grand fauteuil délabré où elle reprend son souffle avant de repartir à l'assaut de « l'escalier » et d'une voix douce, mais le regard toujours interrogateur, voire même scrutateur, elle rompt le silence et poursuit le dialogue :
« Dis donc, Tortue ! et qu'est-ce que tu diras encore ?
- Vous tenez réellement à le savoir ? Eh bien ! je dirai encore qu'Alexandra David-Néel était un “ océan “ d'égoïsme et un “ Himalaya “ de despotisme… »
Mon regard qui était toujours fixé vers le plancher se relève lentement vers Alexandra dont le visage exprime une sérénité inouïe, une satisfaction impossible à décrire. Jamais je ne l'avais vue aussi ravissante… et c'est, maintenant, sur un ton véritablement rasséréné, qu'elle poursuit :
« Oui, je le sais. Je sais que tu es honnête. C'est bien là ta seule qualité, infecte Tortue… Je suis sûre que tu diras la vérité et que sur toi je peux compter. »
Et, le ton redevenu extrêmement ferme, elle ajoute :
« Et surtout ne me fais pas passer pour une petite vieille doucereuse… bien gentille… Enfin quoi ! une vieille gâteuse. C'est la douleur et la souffrance, Tortue, qui font la trempe des hommes et des femmes dignes de ce nom. »

Marie-Madeleine Peyronnet
Entrée au service d'Alexandra en 1959, Marie-Madeleine Peyronnet a été l'ange gardien de l'exploratrice jusqu'à sa mort dix ans plus tard. Son dévouement et son enthousiasme ont largement contribué à perpétuer son souvenir. Elle habite toujours Samten Dzong et dirige la très active Fondation Alexandra-David-Néel.

… ARNAUD DESJARDINS
« Un être exceptionnel qui a éclairé ma route »

Lorsque j'ai rencontré le Dalaï lama pour la première fois en 1963, apprenant que j'étais français, il m'a demandé si j'avais lu les livres d'Alexandra David-Néel. Je lui ai répondu que oui. Il a ajouté : « Les Occidentaux croient avoir découvert le Tibet en lisant *Le Troisième Œil* de Lobsang Rampa. Au moins, dans les ouvrages d'Alexandra David-Néel, les Tibétains peuvent se reconnaître. » Et il a ajouté aussi : « Est-ce que vous l'avez rencontrée ? - Non, lui ai-je répondu. » Et l'interprète m'a dit : « C'est très mal, vous devriez le faire. » C'est pourquoi j'ai décidé de tenter d'entrer en contact avec Madame David-Néel dont tout ce que je savais d'elle et ce que j'avais lu d'elle m'impressionnait beaucoup et m'intimidait. L'occasion en a été une émission de télévision de la Deuxième Chaîne, L'Invité du dimanche, dont j'étais moi-même l'invité et pour laquelle j'avais le choix des témoignages qui entoureraient le mien. J'ai ainsi pu filmer une rencontre avec Madame David-Néel dont on avait déjà fêté les cent ans, c'est-à-dire quelques mois avant que cette femme, à tant d'égards extraordinaire, ne nous quitte.
L'entretien enregistré a été long et nous n'avons pu en garder qu'une partie pour l'antenne. Mais, durant ces douze minutes, elle est éblouissante. Il est arrivé plusieurs fois pendant notre conversation filmée que Madame David-Néel réponde complètement à côté de la question que je lui posais ou évoque des souvenirs de la Guerre de 1914 qui n'avaient rien à voir avec le sujet. Mais, à part ces détails, je puis dire aussi que son acuité intellectuelle était restée, dans certains domaines, fantastique. En dehors du tournage proprement dit, elle m'a posé beaucoup de questions. Elle s'est même livrée avec moi à ces sortes de joutes d'arguments métaphysiques bien connues dans le bouddhisme tibétain. Et c'est toujours elle qui a marqué le point.
J'avais demandé à « l'équipe minimum » qui m'accompagnait d'être extrêmement disponible, discrète, réservée, pour ne pas perturber ou fatiguer une dame de son âge. Mais malgré tout, un minimum de répétitions, lui ont déplu. Je lui ai fait remarquer qu'elle m'avait autorisé par lettre à tourner avec deux caméras. Elle m'a alors fait cette réponse étonnante : « Je vous ai autorisé deux caméras, je ne vous ai pas autorisé deux cameramen. » Je n'ai pas su si je devais prendre cette remarque au premier ou au deuxième degré ! Toujours est-il que le tournage s'est fort bien passé et qu'elle s'y est prêtée avec beaucoup de disponibilité. Les deux jours passés à Digne m'ont permis également de faire connaissance de celle que tous les amis et admirateurs d'Alexandra David-Néel associeront à elle à tout jamais, celle qu'elle appelait Tortue, Marie-Madeleine Peyronnet.
Quand nous préparions la partie d'enregistrement que nous avons gardée à l'antenne, Madame David-Néel, qui m'appelait « cher camarade » parce que nous étions tous les deux membres de la So-

Objet complémentaire du *dorjé*, la clochette porte le nom de *drilbu* en tibétain, *ghanta* en sanscrit. Elle symbolise le vide, la sagesse et la connaissance.

Objet rituel appelé *dorjé* en tibétain, *vajra* en sanscrit, c'est-à-dire foudre et diamant. Il symbolise l'indestructibilité et la méthode ou les moyens.

Alexandra vue par...

ciété des Explorateurs Français, m'a demandé : « Cher camarade, du fait que vous avez filmé les Tibétains et que, dans l'esprit du public, on vous associe aux Tibétains, est-ce qu'on vous attribue des pouvoirs miraculeux ? » J'avais répondu : « Non Madame, pas du tout. En tout cas, pas que je sache ! - Eh bien moi, si. » Et elle me raconte : « Récemment, une dame m'a écrit : " Mon mari me trompe odieusement, pourriez-vous le faire mourir par vos pouvoirs occultes ? " Je me souviens d'autant mieux de sa réponse qu'elle a été reprise dans l'enregistrement. Alexandra David-Neel a donc continué : » Je lui ai répondu : Madame, l'adverbe " odieusement " était inutile, avez-vous déjà entendu dire une femme : " Mon mari me trompe exquisement " ? Et j'ai rajouté : Si je devais faire mourir tous les maris qui trompent leur femme, j'aurais déjà dépeuplé la France. » Et elle a poursuivi par une autre anecdote : « Une personne m'a écrit : Pouvez-vous me guérir de toutes mes douleurs physiques diverses ? Je lui ai répondu une lettre complètement anodine du type : Vous devriez consulter un médecin, voir un kinésithérapeute, prendre des médicaments... Et j'ai reçu quelque temps plus tard une autre lettre : Madame David-Néel, je n'ai même pas eu besoin de livre votre lettre, il m'a suffit de tenir dans mes mains l'enveloppe avec le tampon de la poste de Digne pour être guérie. Et l'autre sotte (il s'agissait de Tortue) qui me dit : « Alors vous pouvez vous guérir vous-même de vos rhumatismes. " Mais pour que ça marche, ces pouvoirs miraculeux de Madame David-Néel, il faut y croire. Et bien entendu, je n'y crois pas le moins du monde. » Je garde un grand souvenir de son humour - et un encore plus grand souvenir de sa très profonde érudition en matière de bouddhisme. Madame Alexandra David-Néel fait partie des êtres exceptionnels qui ont éclairé ma route et je ne peux penser à elle sans un sentiment de gratitude personnelle.

Arnaud Desjardins.
Écrivain et réalisateur, Arnaud Desjardins a publié *Le Message des Tibétains* en 1966 peut de temps avant d'organiser, à Digne, un entretien télévisé avec Alexandra (le seul jamais accordé et précieusement conservé dans les archives de la télévision française). Il livre ici à l'auteur ses souvenirs à propos de cette expérience.

... JACQUES BROSSE
« Une messagère d'un possible renouveau »

[...] Au cours de la longue retraite que fit Alexandra dans l'Himalaya, à côté du gomchen de Lachen, ou, plus exactement, conformément à la tradition, à ses pieds, puisque la caverne qu'elle occupait se trouvait située au-dessous de celle de l'ermite, son gourou lui communiqua toutes les initiations sans lesquelles l'enseignement secret ne pouvait être abordé, sans lesquelles il ne pouvait être efficace et, si on lit attentivement les *Initiations lamaïques*, on peut aisément y repérer celles qu'elle a effectivement reçues. Lorsqu'elle quitta De-Chen Ashram en 1916, Alexandra David-Néel était non seulement devenue une nonne bouddhiste, sous le nom de *Yshé Tö-mé* (Lampe de Sagesse), mais une initiée ayant parcouru le cycle complet, ce qui la faisait reconnaître comme un lama de haut rang, et c'est bien ainsi qu'elle fut désormais considérée par les autorités religieuses partout où elle se rendit par la suite. On peut donc se demander pourquoi, à son retour en Europe, elle ne s'en fit pas gloire, ce que d'autres, qui étaient infiniment moins autorisés qu'elle, ne manquèrent pas de faire plus tard. Elle se contenta de mentionner fort discrètement au passage les initiations reçues, et seulement afin d'appuyer son témoignage. Cette réserve ne provenait pas seulement des circonstances qui, dans le contexte européen, n'étaient alors guère favorables, mais, bien plus, d'une exigence toute personnelle, d'une honnêteté intransigeante vis-à-vis d'elle-même.
En effet, Alexandra David-Néel avait parfaitement conscience qu'en revêtant la robe lamaïque, elle avait joué un rôle. En somme, cela s'était fait presque malgré elle ; d'elle-même elle n'eût vraisemblablement pas eu l'idée de la porter. Quand elle était montée au Sikkim, elle était simplement vêtue de la robe ocre des renonçants, ce qui n'était pour elle qu'une façon de signaler qu'elle souhaitait n'être pas confondue avec ces voyageurs ignorants et irrespectueux qui étaient déjà venus dans le pays. Ainsi laissait-elle entendre que sa démarche était tout autre, que sa curiosité était spirituelle, qu'elle était venue là pour s'instruire. Mais, finalement, ce fut elle qui se trouva enseigner ces bouddhistes ignorants et dégénérés qu'elle émerveilla de ses connaissances, de la rigueur de son bouddhisme. Ce sont ses admirateurs qui l'affublèrent d'une tenue de lama ; la première fut offerte par le maharadjah Kumar pour le nouvel an 1914.
Dès son arrivée au Sikkim, elle fut accueillie comme une messagère d'un possible renouveau religieux. Elle en fut la première surprise. Elle note : « Je suis prisonnière d'un rêve, d'une attraction de je ne sais quoi ou plutôt si, je sais, des aspirations de toute ma vie et peut-être de nombreuses autres vies. » Mais elle en arriva à croire à cette mission qu'on lui imposait. Dès lors, comme malgré elle, le pli était pris. Les honneurs qu'elle n'avait nullement sollicités, auxquels elle n'avait même pas pensé et qui lui semblaient inappropriés, se mirent à fondre sur elle. Il en résulta cette conséquence qui, finalement, devait lui devenir préjudiciable : elle fut dispensée des épreuves habituelles, on réduisit pour elle la durée des entraînements requis. D'emblée, elle fut admise au plus haut rang, car, pour les Tibétains, les dons extraordinaires dont elle faisait preuve démontraient à l'évidence qu'elle ne pouvait être qu'un tulkou, de telle sorte qu'elle n'eut pas à suivre le cursus ordinaire, qu'elle le parcourut en brûlant les étapes.
Alexandra se laissa faire, elle ne pouvait réagir autrement. Bien entendu, sa hâte était grande d'atteindre à ces sommets de la connaissance que, seule et sans aide, elle avait déjà entr'aperçus.

Cet encrier de porcelaine à motifs d'inspiration chinoise fut offert à Alexandra par sa mère pour son sixième anniversaire. Elle l'utilisa très longtemps.

Sans doute, en face du gomchen de Lachen, fut-elle ramenée à plus d'humilité. Toutefois, lorsque là-haut dans l'Himalaya, en juillet 1916, l'occasion se présenta d'affronter l'épreuve finale, la grande réclusion de trois ans, trois mois et trois jours, dont l'année probatoire passée auprès de son gourou n'avait été que la préparation, Alexandra se déroba. Elle n'avait nullement envisagé au départ cette éventualité, les circonstances étaient contraires, elle partit, la mort dans l'âme, mais elle partit. Elle n'avait pas sauté le pas, elle ne s'était pas « jetée dans l'abîme avec décision et courage ». Elle devait se le reprocher amèrement plus tard, en sortant de la longue retraite de deux ans qu'elle fit à Kum-Bum et en reprenant ses errances.

Jacques Brosse
Passionné par l'Orient et ses philosophes, Jacques Brosse a le mérite d'avoir été le premier écrivain à se plonger dans les archives privées de la Fondation Alexandra-David-Néel pour rédiger une biographie de l'exploratrice. Son livre, *Aventure et spiritualité* (Albin Michel, 1978), permit au public de découvrir enfin la vie discrète mais si peu oridinaire de la « femme aux semelles de vent ». Il reste un ouvrage de référence.

... JEAN CHALON
« Puisque Alexandra l'exige... »

[...] Alexandra est dans le ravissement des commencements. Elle trouve sa propriété « admirablement située » et le pays « très joli ». Chef-lieu du département des Basses-Alpes et station thermale, Digne-les-Bains, qui compte alors un peu plus de six mille habitants, suscite ses éloges : « Mais Digne-les-Bains mérite l'attention. Il y a ici un passage considérable de touristes. [...] Je te raconte tout cela pour te faire comprendre qu'il peut y avoir de l'avenir pour mon terrain lorsque l'électricité passera devant ma porte comme la chose est arrêtée pour 1930. » Juste trois mois après son installation à Samten Dzong, Alexandra y est aussi bien qu'une George Sand en son Nohant. Elle a trouvé là un refuge où elle écrira beaucoup et connaîtra la paix, meilleure pour elle que le bonheur. Elle est vraiment satisfaite : « En fait, j'ai réussi la combinaison qui me tenait à cœur : me nourrir à peu près sur mon terrain. » Elle a déjà pour sa consommation personnelle des légumes, et elle en vendra bientôt, comme elle a déjà vendu de la luzerne et des poires. Cette vente-là représente « la consommation de pain de toute une année ».
Avec tous ses souvenirs de voyage, dont certains sont fort beaux, Alexandra peut faire de son Samten Dzong une succursale du musée Guimet ou l'équivalent de la célèbre demeure de Pierre Loti à Rochefort. Elle sait l'importance du décor dans la vie d'un écrivain à succès et va soigneusement composer le sien : « [...] je te répète qu'il est nécessaire pour mon succès que mon logis puisse être vu par des gens, des journalistes, des étrangers ou autres qui me rendront visite et que ceux-ci en emportent une bonne impression. [...] Je n'ai pas besoin de te dire que notre époque exige la réclame, de l'apparence extérieure, que la manie sévit de photographier les auteurs dans leur intérieur, de les interviewer chez eux et décrire jusqu'à leur salle de bains », écrit-elle à Philippe, à qui elle a demandé le rapatriement des objets qui sont à Bône et dont certains ont valeur de relique, comme l'encrier en porcelaine de Chine avec lequel « j'ai écrit tous mes livres » ou la première pièce d'or reçue pour le paiement de son premier article. Ce déménagement prend vite les allures d'une affaire d'État. Philippe, que l'emballage de toutes ces choses ennuie, croit esquiver la corvée en écrivant « je t'ai adressé la totalité des objets que tu m'avais envoyés au cours de ton voyage ». C'est compter sans l'infaillible mémoire de la Lampe de Sagesse. Exaspéré, il renverra tout à son épouse indignée de recevoir « des choses inutiles, de vieilles fleurs de chapeaux, de vieilles chaussures, de vieux gants ».
L'envoi de ces vieilleries est une façon comme une autre, pour Philippe, de signifier qu'il ne veut absolument rien garder ! Il se croit quitte. Il ne l'est pas. L'irréductible Alexandra signale quelques objets manquants. Elle a reçu sa timbale en argent, d'accord, mais pas le couvert qui y était assorti. Manquent aussi « une jupe à traîne, en velours grenat, un manteau de soie, couleur changeante, grenat et vert, une jupe courte, en satin rose garnie d'une belle dentelle noire. [...] Il est possible que ces vêtements soient tombés en loques, aient été mangés par les mites. Si tu en as retrouvé les débris, tout est bien ».

Matériel de développement photographique utilisé lors du grand voyage de 1911-1925. Alexandra apprit à développer chez les missionnaires anglais.

Jean Chalon
Lorsqu'il publie *Le Lumineux Destin d'Alexandra David-Néel* en 1985, aux éditions Plon, Jean Chalon connaît un immédiat succès. Ayant profité d'une importante documentation et de la confiance de la Fondation Alexandra-David-Néel, l'écrivain a composé un récit brillant et enlevé.

... LE DALAI-LAMA
« Je me suis senti très proche d'elle »

Je suis extrêmement heureux d'être aujourd'hui à Digne, patrie d'adoption d'Alexandra David-Néel. Je suis vraiment très heureux car j'ai vu où elle habitait, j'ai pu aussi rencontrer des personnes qui étaient ses amies. Je me suis senti très proche d'elle. J'ai vu son très grand intérêt, j'ai ressenti son grand amour pour notre culture. J'ai vraiment constaté son immense curiosité pour le peuple tibétain. J'ai passé quelques jours en France... et voilà le dernier, ici, à Digne. Je crois qu'il est extrêmement bon que ce dernier jour soit consacré à l'endroit où une femme si courageuse a vécu et a terminé sa longue vie. Alexandra David-Néel n'a pas eu peur d'affronter de très nombreuses difficultés et souffrances pour satisfaire son attrait et son intérêt pour notre pays. Je pense que les échanges entre les différentes cultures, traditions et civilisations sont extrêmement importants. Quand on commence à s'intéresser à la culture des autres peuples, des relations s'établissent et il est alors possible de comprendre que ces gens sont fort proches de nous. Et cette compréhension que nous sommes tous, avant tout, des êtres humains, cette compréhension peut fleurir quand de tels échanges peuvent avoir lieu. Quand ces relations ne s'établissent pas, de profondes différences peuvent apparaître, à tort, entre les diverses cultures occidentales et orientales. Les autres cultures, parfois, nous semblent très lointaines et même si lointaines qu'on a peine à concevoir que d'autres hommes habitent aussi sur cette même planète.

Dalaï-lama
Le 15 octobre 1982, Sa Sainteté le XIVe dalaï-lama se rendit à Digne pour visiter la maison d'Alexandra dont il connaissait l'exploit et les livres. Le texte ci-dessus est extrait du discours qu'il prononça à cette occasion. Alexandra ne pouvait rêver plus bel hommage.

Rencontres d'Orient et d'Occident

Alexandra la mondaine

Un livre ne suffirait pas à évoquer les noms de tous les illustres personnages que la grande dame de l'exploration a rencontrés au cours de sa longue et tumultueuse existence. Nous en présentons ici une vingtaine, parmi les plus représentatifs.

Issue d'un milieu choisi et cultivé, avide de connaissances et de découvertes, à l'aise dans tous les milieux possibles et imaginables, Alexandra David-Néel a multiplié les échanges sa vie durant. Les féministes et les orientaux (voir ci-après) avaient ses préférences, mais bien d'autres personnalités ont partagé ses enthousiasmes. Enfant, Alexandra sautait sur les genoux de Victor Hugo ! Jeune fille, elle fut admise dans le cercle du géographe Élisée Reclus. Plus tard, elle rencontra Francisco Ferrer, Lénine et divers intellectuels anarchistes. Jules Massenet salua en elle une cantatrice " convaincue et intelligente". Les occultistes les plus excentriques - Mme de Bréant, la duchesse de Pomar ou Joséphine Péladan, Grand maître de la Rose-Croix du Temple et du Graal ! - lui firent pénétrer le monde du spiritisme. Dans celui de la presse, Alexandra côtoya Georges Clemenceau, José Maria de Heredia et toute l'équipe du *Mercure de France*. Au gré de ses voyages ou dans les salons parisiens, elle fréquenta des aristocrates d'origines aussi diverses que la comtesse Otani (sœur de l'impératrice du Japon) ou le colonel Ilya Tolstoï (fils aîné du grand écrivain) rencontré à Tokyo en 1917 alors qu'il fuyait la révolution russe. André Citroën et Georges-Marie Haardt l'invitèrent (sans succès) à participer à l'aventure de la Croisière jaune. Le grand poète bengali Rabindrânath Tagore, croisé en Inde, Romain Rolland, familier des religions orientales, le père Teilhard de Chardin, visité en Chine, ou l'écrivain diplomate Saint-John Perse apprécièrent tour à tour ses connaissances littéraires et philosophiques. Femme de contact et de dialogue, Alexandra l'était bien plus que la moyenne des explorateurs.

Rachilde

Rachilde

Dans *Les Rajeac*, Rachilde (1882-1953) raconta son enfance passée dans le Périgord, entre un père ancien officier et une mère musicienne. La jeune Marguerite aimait la campagne, la nature, les animaux, surtout ceux qui ne se laissent pas priver de liberté et qui sont rejetés par les gens ordinaires (chouettes, rats, souris, couleuvres, chauves-souris, éperviers...).

« J'aime les parias », dit-elle un jour à un journaliste venu l'interviewer. Marguerite s'installa à Paris où elle poursuivit ses études. Intelligente et volontaire, douée pour l'écriture, elle ne tarda pas à se faire un nom dans le monde des lettres. Sous le pseudonyme de Rachilde, elle écrivit plus d'une trentaine de romans : *Jongleuse, L'Hôtel du Grand Veneur, Meneur de louves, Tour d'amour, Château des deux amants, Monsieur Vénus, Déracinés,* etc. Autant de récits où l'auteur joue du mystère et de la séduction avec la préoccupation première de toujours tenir ses lecteurs en alerte.

En 1899, âgée de dix-sept ans, elle épousa Alfred Vallette. L'homme était connu des milieux littéraires. Il dirigeait le *Mercure de France*, qu'il avait créé en 1889. Jules Renard, Albert Samain, Albert Aurier, Rémy de Gourmont, Louis Dumur participaient à l'aventure. Le *Mercure* s'adressait à l'élite intellectuelle désireuse de se cultiver hors des sentiers battus. Ouverture et indépendance d'esprit étaient ses mots d'ordre. Parallèlement à sa carrière d'auteur, Rachilde y exerça ses talents de critique littéraire. C'est elle qui fit connaître le *Jésus la Caille* de Francis Carco.

Alexandra fut une collaboratrice occasionnelle du *Mercure*. En 1904, elle écrivit plusieurs articles sous le pseudonyme d'Alexandra Myrial : « Notes historiques sur la Corée », « Le pouvoir religieux au Thibet - Ses origines », etc. Elle fréquenta aussi le salon littéraire que « Mme Rachilde » tenait tous les mardis. Les carnets de l'exploratrice le confirment : Alexandra ne manquait jamais un de ces rendez-vous si par hasard elle se trouvait à Paris.

Mme Avril de Sainte-Croix

D'abord journaliste et auteur de nouvelles à succès sous le pseudonyme de Savioz, Mme Avril de Sainte-Croix (1855-1939) se tourna vers le domaine social après avoir visité Saint-Lazare, où elle fut choquée par la misère absolue des prisonnières enfermées dans l'établissement. C'est là qu'elle trouva sa vocation : lutter pour l'amélioration du sort des femmes rejetées par la société. Son époux, un magistrat, l'encouragea dans ses activités. L'ancienne femme de lettres entra au Conseil international des femmes en 1898, puis au Conseil national des femmes françaises (CNFF), dont elle devint la secrétaire générale. En 1900, elle fonda l'Œuvre libératrice, qui permit la création de plusieurs asiles et l'ouverture d'une ferme-école pour accueillir les femmes exclues (prostituées, filles-mères, etc.). Sollicitée en 1904 par le président du Conseil Émile Combes, Mme Avril de Sainte-Croix fut la première femme à être admise dans une commission extraparlementaire pour étudier une « réforme du régime des mœurs ». En 1913, la pionnière participa à une sous-commission pour la lutte contre la prostitution et les maladies vénériennes.

Pendant la Grande Guerre, elle organisa plusieurs foyers-cantines qui furent d'une aide précieuse pour les ouvrières des usines d'armement. Diverses missions lui furent ensuite confiées en Europe et en Amérique. Jusqu'en 1922, date à laquelle Mme Avril de Sainte-Croix devint présidente du CNFF et vice-présidente du Conseil international des femmes, Alexandra eut maintes fois l'occasion de la rencontrer.

Mme Avril de Sainte-Croix

Maria Vérone

Devenue soutien de famille alors qu'elle préparait son professorat de mathématiques, Maria Vérone (1874-1938) fut dans l'obligation de gagner sa vie dès l'âge de vingt ans. Elle fut institutrice à Paris, mais elle s'intéressait aux questions sociales, et ses conférences sur le sujet lui valurent d'être exclue de l'enseignement en 1897. Elle entra alors à *La Fronde*, revue féministe de Marguerite Durand, où elle s'occupa de la rubrique judiciaire. Cette fonction l'amena, entre autres, à suivre l'affaire Dreyfus. Après la disparition du journal en 1902, Maria devint avocate en étudiant le soir et en exerçant divers métiers afin d'élever ses deux enfants.

Maria Vérone fut la première femme à plaider en cour d'assises en 1908. Avec succès, si on en croit le *Quotidien de Genève* : « On escomptait un échec ! Ce fut un succès ! Un succès et la juste récompense d'une existence toute de travail et de lutte dans laquelle par son courage et sa volonté admirables, Maria Vérone démontra que les femmes ont quelques sérieux arguments à faire valoir. »

La brillante avocate anima de nombreuses structures juridiques ou sociales. Elle dirigea la revue *Le Droit des femmes*, fut secrétaire générale puis présidente de la Ligue française pour le droit des femmes, vice-présidente de la Société de prophylaxie criminelle, présidente de la section de législation du Conseil national des femmes françaises... pour ne citer que quelques exemples. Alexandra connaissait bien Maria Vérone, qu'elle rencontra à diverses reprises durant ses passages à Paris.

Maria Vérone

Marguerite Durand

Marguerite Durand

Fille illégitime d'une grande bourgeoise et d'un colonel, Marguerite Durand (1864-1936) reçut une éducation religieuse traditionnelle. Puis elle se tourna vers le théâtre et fit carrière à la Comédie-Française jusqu'à son mariage en 1888 avec le jeune avocat Georges Laguerre. Pour soutenir le général Boulanger, celui-ci fonda *La Presse*, journal qu'il dirigeait avec son épouse : la belle Marguerite entra avec éclat dans le monde du journalisme et de la politique. Après son divorce en 1896, elle rejoignit *Le Figaro* et suivi, pour ce journal, le Congrès féministe international qui se tenait à Paris la même année. Ce fut une révélation. Marguerite créa l'année suivante *La Fronde*, quotidien politique et littéraire, exclusivement rédigé, administré et fabriqué par des femmes. Parmi les collaboratrices " libres " du journal figurait Alexandra David qui signa quelques articles sous le pseudonyme d'Alexandra Myrial. Le quotidien suivit l'affaire Dreyfus en se rangeant du côté des dreyfusards, s'intéressa aux grandes questions politiques et sociales, en particulier à l'éducation et au travail. Les difficultés financières et le manque de soutien de certaines féministes qui reprochaient à Marguerite Durand son train de vie et son goût pour les mondanités obligèrent le journal à devenir mensuel en 1903 puis à disparaître en 1905.

Active et dynamique, Marguerite fonda un autre journal, *L'Action*, qui n'était plus exclusivement féminin, créa l'Office du travail féminin et milita bientôt pour l'obtention du droit de vote pour les femmes. Bien que non éligible, elle se présenta aux élections législatives de 1910 dans le IXe arrondissement de Paris. En 1931, Marguerite Durand fit don de son immense fonds documentaire à la ville de Paris qui créa la bibliothèque portant le nom de son ancienne directrice. Cette bibliothèque se trouve maintenant dans le XIIIe arrondissement, 79, rue Nationale.

Rencontres d'Orient et d'Occident

Le XIIIe dalaï-lama

Thubten Gyatso, XIIIe dalaï-lama (1876-1933), régna sur le Tibet à partir de 1895. Il dut fuir deux fois son pays : en 1904 vers la Mongolie lors de l'expédition britannique Younghusband et en 1910 vers l'Inde lors de l'intervention chinoise. Quand Alexandra le rencontra, en 1912 à Kalimpong, à l'extrême nord du Bengale, il s'apprêtait à regagner le Tibet car le désordre engendré par la révolution chinoise lui était favorable. En 1913, il chassa les derniers soldats chinois et proclama l'indépendance du Tibet. Perspicace, le dalaï-lama comprit que les Anglais pouvaient lui servir de protection contre les Chinois, qui voulaient faire du Tibet l'une de leurs provinces. La conférence de Simla, en 1914, aboutit à un compromis signé par la Grande-Bretagne et par le Tibet mais refusé par la Chine : le Tibet reconnaissait la suzeraineté de la Chine, mais non sa souveraineté. Il restait indépendant sauf le Nord et l'Est.

Le XIIIe dalaï-lama fut un homme cruel et un fin politique. Il essaya de moderniser son pays : envoi d'officiers tibétains en stage chez les Britanniques, envoi d'étudiants en Angleterre, installation d'une centrale électrique et du téléphone à Lhassa, réforme de l'impôt, organisation de la police, lutte contre le pouvoir et le conservatisme des monastères, lutte contre la corruption, etc. En 1933, avant de mourir, il prédit la tragédie qui allait s'abattre sur son pays. Son successeur fut découvert en 1936 et intronisé en 1940 : c'est l'actuel dalaï-lama, Tenzin Gyatso.

Le XIIIe dalaï-lama

Sir Charles Bell, Kumar, le XIIIe dalaï-lama (de gauche à droite)

Sir Charles Bell

Stationné à Darjeeling, Charles Bell était le représentant de l'autorité britannique au Sikkim à l'époque où Alexandra entreprit ses périlleux voyages. Appelé encore « Pays des rizières cachées » ou « Nouvelle demeure », ce petit État himalayen de la taille d'un département français est situé entre le Népal et le Bhoutan. C'est en 1849 que le sud de cette contrée (la région de Darjeeling précisément) fut rattaché à l'empire des Indes. En 1861, le protectorat britannique y fut instauré (traité de Tumlong) et un représentant politique britannique fut imposé auprès du chogyal. Conséquence : la frontière avec le Tibet ne pouvait être franchie sans l'autorisation du représentant de la couronne. Cette règle préalable n'empêcha pas Alexandra de commettre plusieurs infractions, en 1914, pour se rendre à Chörten Nyima Gompa (au pied du flanc tibétain de l'Himalaya), puis en juillet 1916 en allant jusqu'à Shigatze, en plein Tibet. Dès qu'il apprit la nouvelle, Charles Bell fit parvenir un courrier sévère à la voyageuse… qui déchira la lettre sur place. Du nord du Sikkim, elle répondit à Sir Charles le 19 août 1916 pour se justifier. Elle minimisa son infraction en la replaçant dans le contexte des relations internationales, « en ces temps où la France et l'Angleterre combattent ensemble pour la même grande cause ». Elle rappela son amour de l'Angleterre, les bonnes relations qu'elle avait toujours entretenues avec les autorités officielles, son comportement correct et le fait qu'elle avait pris tous les risques pour elle. « Il n'est pas bon de montrer, poursuivait-elle, que les alliés étrangers puissent se quereller… » Le 30 août 1916, Charles Bell sanctionna pour de bon Alexandra. Si elle ne quittait pas le Sikkim sous quinzaine, elle serait expulsée. Alexandra s'exécuta, mais elle garda une rancune tenace contre le gouvernement britannique.

Très compétent dans les relations anglo-tibétaines, Charles Bell joua le rôle d'expert et de conseiller auprès de sir Henry MacMahon, représentant britannique à la conférence de Simla. Il resta en poste au Sikkim jusqu'en 1918. Devenu un ami du XIIIe dalaï-lama, il fut le premier Occidental à être « invité » à Lhassa et l'un des rares Européens autorisés à circuler au Tibet. Charles Bell fut à son époque l'un des meilleurs spécialistes de la civilisation tibétaine.

Kumar Sidkeong Tulkou

Kumar Sidkeong Tulkou (1879-1914) était le deuxième fils du chogyal Thutob Namgyal. Le fils aîné ayant perdu ses droits à la succession parce qu'il résidait au Tibet, les Anglais désignèrent Kumar comme héritier du trône. Agé de trente-trois ans en 1912, abbé du monastère de Phodang, il portait le titre de tulkou, car il fut reconnu comme étant la nouvelle incarnation du chef de ce monastère. Le prince bénéficia d'une éducation de type occidental et étudia en Angleterre, à Oxford. Contrairement à son père, il parlait couramment l'anglais, ce qui lui permit de s'entretenir avec le résident et les personnalités étrangères de passage... comme Alexandra David-Néel, qu'il

Kumar Sidkeong Tulkou

rencontra pour la première fois le 15 avril 1912 à Kalimpong. Sidkeong Tulkou voyagea en Europe et au Japon avant de regagner son pays : son ouverture d'esprit était de bon augure pour l'avenir du Sikkim. À la mort du chogyal Thutob Namgyal en février 1914, Kumar devint le nouveau chef d'État. Il n'eut guère le temps de régner puisqu'il décéda à son tour en décembre de la même année, dans des circonstances demeurées inexpliquées.
Alexandra eut un très bon contact avec le jeune prince, avec lequel elle tenta de mettre en route une réforme religieuse visant à rapprocher le bouddhisme pratiqué au Sikkim (bouddhisme tibétain) du bouddhisme originel, beaucoup plus épuré. Mais on ne change pas facilement les habitudes d'un peuple en matière de rites religieux, surtout lorsqu'ils sont hérités de plusieurs siècles... La tentative de réforme disparut avec le jeune maharadjah.

Laden La

Sonam Wangfel Laden La (1876-1936) est né dans une famille tibétaine établie depuis longtemps dans le district de Darjeeling, à l'extrême nord du Bengale. Il fut parmi les premiers jeunes Tibétains à recevoir l'éducation des Jésuites. Il s'exprimait couramment en anglais et pratiquait plusieurs idiomes locaux. De 1894 à 1898, il collabora avec l'explorateur-érudit Sarat Chandra Das à la rédaction d'un dictionnaire sanscrit-tibétain. Il suivait alors les enseignements de Lama Sherab Gyatso, du monastère de Ghoom. Laden La s'engagea dans la police de Darjeeling en 1899 et accéda bientôt à la tête du service. Après une mission de liaison dans l'état-major de l'expédition Younghusband au Tibet (1904), il accompagna le panchen-lama dans un important voyage sur les sites sacrés de l'Inde. Il s'efforça toujours de favoriser de bonnes relations entre le Tibet et les Indes britanniques.
Quand le XIIIe dalaï-lama choisit de s'enfuir devant l'invasion chinoise, en 1910, Laden La organisa sa rencontre avec le vice-roi des Indes et son séjour dans le district de Darjeeling. En 1912, après l'échec des Chinois, il fut envoyé par le vice-roi pour négocier un cessez-le-feu et divers accords. Le 15 avril 1912, il accueillit Alexandra David-Néel, pressée de rencontrer Sa Sainteté le XIIIe dalaï-lama, et favorisa indirectement la réussite de son voyage à Lhassa.
En 1913, Laden La accompagna le premier groupe de garçons tibétains parti étudier en Angleterre ; il profita de l'occasion pour visiter plusieurs pays européens. Pendant la Première Guerre mondiale, il aida au recrutement de soldats et à la collecte de fonds. En 1921, Sir Charles Bell, résident britannique au Sikkim, lui demanda de l'accompagner à Lhassa pour une mission visant à cimenter les relations anglo-tibétaines.
En 1923, le dalaï-lama appela Laden La pour réorganiser la police de Lhassa. Cette même année Alexandra quitta le Yunnan et pénétra au Tibet sans autorisation. Arrivée à Lhassa en février 1924, elle y séjourna trois mois, ignorant que Laden La était parfaitement au courant de son initiative. Vers 1925, une opposition se développa au Tibet contre la coopération britannique et la modernisation du pays. En 1929, les relations entre le Tibet et le Népal se dégradèrent. Laden La est sollicité comme médiateur.
Celui-ci quitta ses fonctions en 1931, honoré de nombreuses distinctions tibétaines et britanniques : ordre du lion d'or, Commandeur de l'empire britannique, etc. Laden La consacra sa retraite à des œuvres philanthropiques et bouddhistes, collaborant par exemple à la traduction de la vie de Padmasambhava pour le *Livre tibétain de la Grande Libération*, édité par W. Y. Evans-Wentz.

Laden La

Le IXe panchen-lama

Le IXe panchen-lama (1883-1937) est appelé Tsang Panchen Rimpoché par les Tibétains, c'est-à-dire « le précieux savant de la province de Tsang », explique Alexandra David-Néel dans *Mystiques et Magiciens du Thibet*.
La tradition en a fait une émanation du Bouddha de la Lumière Infinie, Amithaba. En juillet 1916, Alexandra rencontra le neuvième lama de la lignée après avoir pénétré clandestinement au Tibet. Il se nommait Lobsang Gelek Namgyal et résidait au monastère de Tashilumpo, près de Shigatze, d'où le nom de Tashi Lama que les Occidentaux lui attribuent parfois.
Si le dalaï-lama exerce traditionnellement le pouvoir temporel sur le pays, le panchen-lama représente la plus haute autorité spirituelle. Il est le juge suprême pour les questions religieuses. Des rivalités ont souvent surgi entre les deux hauts dignitaires, attisées par les Chinois et les puissances occidentales qui s'efforçaient de les dresser l'un contre l'autre afin d'étendre leur influence sur le Tibet. Contrairement au dalaï-lama, le panchen-lama penchait du côté des Chinois.
En 1923, les deux rivaux se séparèrent définitivement. Après la défaite de ces derniers en 1910, craignant les représailles du dalaï-lama, il quitta finalement Shigatze et s'installa à Pékin. Il revint au Tibet vers la fin de sa vie et mourut à Jyekundo en 1937. Son successeur fut identifié en 1941 et installé dans ses fonctions par l'Armée populaire de libération en 1952.

Le IXe panchen-lama

Rencontres d'Orient et d'Occident

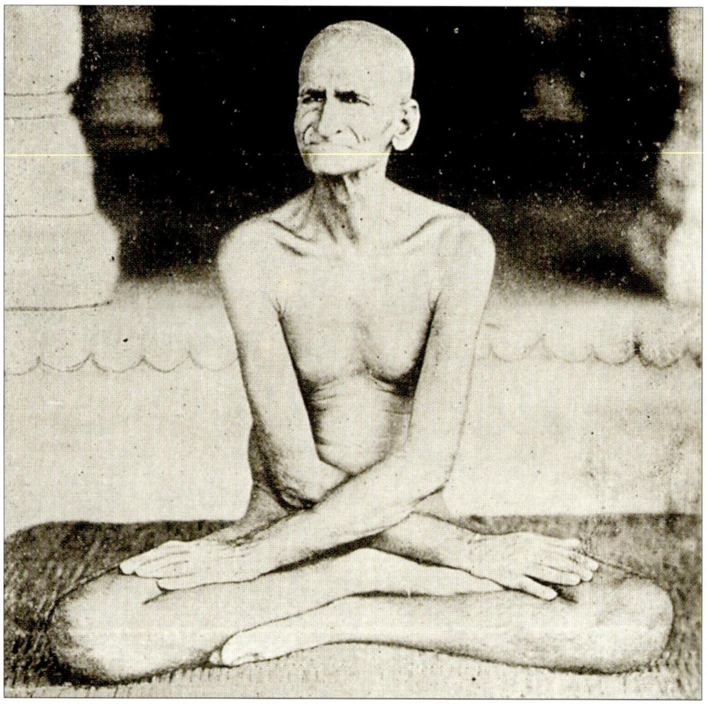

Swâmi Bashkarânanda

Swâmi Bashkarânanda

« C'était un vieil ascète qui vivait nu dans un jardin de roses. [...] Le luxe des parterres odorants qui l'entouraient était dû aux soins affectueux de ses disciples. » Alexandra David-Néel présentait ainsi celui qu'elle considérait comme son premier maître spirituel, celui qu'elle n'oublia jamais. Swâmi Bashkarânanda « n'était peut-être pas très érudit bien qu'il eût composé plusieurs traités concernant la philosophie Védanta, mais il possédait une compréhension pénétrante de la pensée de l'Inde et c'est à lui que je dois d'y avoir tout d'abord été initiée - dans ma vingt-cinquième année », écrivit-elle.

En 1913, de retour à Bénarès, Alexandra vint à nouveau méditer dans le jardin de roses, mais le maître avait quitté ce monde. Bashkarânanda reposait dans un mausolée de marbre blanc. Il était enterré assis, en posture de méditation. Chaque jour un brahmine accomplissait les rites de dévotion au maître disparu. En 1925, au retour de son voyage à Lhassa, Alexandra séjourna encore à Bénarès. Les herbes folles avaient envahi le parterre de fleurs, des fissures entamaient le marbre. Les disciples étaient morts sans avoir fondé de lignée : « L'impermanence est la loi universelle. » Alexandra chargea un brahmine de continuer à fleurir le mausolée.

En 1951, âgée de quatre-vingt-cinq ans, notre voyageuse dédia *L'Inde. Hier, aujourd'hui, demain* à l'incomparable Swâmi Bashkarânanda. Ce livre fut réédité en 1969 juste après sa mort sous un nouveau titre, *L'Inde où j'ai vécu. Avant et après l'Indépendance*, et la dédicace fut supprimée par l'éditeur... « L'impermanence est la loi universelle. »

Annie Besant

Annie Besant

Irlandaise, Anny Wood (1847-1933) épousa le pasteur Frank Besant à l'âge de vingt ans. Sujette à de vives inquiétudes religieuses, elle quitta son mari avec sa fille et s'expatria à Londres où elle mena une vie rude pour subsister (femme de ménage, cuisinière, etc.). Elle devint une journaliste engagée et une militante féministe. En 1889, la lecture de *La Doctrine secrète* de H. P. Blavatsky (fondatrice de la Société théosophique) fut une révélation. Elle adhéra à la Société théosophique, se mit à la disposition de ses dirigeants et multiplia les conférences. « Mrs Besant est une forte personnalité, elle ne déraisonnait que quand elle jugeait raisonnable de le faire », dit d'elle Alexandra.

En Inde, choquée par les injustices sociales, elle dénonça les superstitions, tenta de réveiller la conscience hindoue et prôna l'affranchissement du pays. Soutenant Gandhi, elle fut emprisonnée en 1916, puis relâchée. La très populaire Mrs Besant s'écarta alors des extrémistes et devint l'objet de vives critiques. Elle rendit célèbre Krishnamurti, qu'elle considérait comme une réincarnation du Christ. Mais le jeune brahmane s'éloigna de la Société théosophique pour suivre son propre chemin. Mrs Besant succéda à Mme Blavatsky à la tête de la Société théosophique.

Sarada-Devi

« Se trouver en face de la femme d'un dieu !... Il n'y a qu'en Inde où de pareilles choses arrivent et sont considérées comme tout à fait naturelles », écrit Alexandra David-Néel le 16 janvier 1912 en rapportant sa visite à Sarada-Devi (1852-1920), veuve de Ramakrishna. « Elle n'a pas de rides et ses yeux sont les plus beaux du monde, pleins d'intelligence et de vie. J'ai rarement vu chez les femmes hindoues une tête aussi intelligente. » Sarada-Devi envoya à Alexandra le portrait reproduit ici. Elle le plaça sur son bureau, à côté de celui de Philippe, son mari.

C'est pour essayer d'équilibrer Ramakrishna, empreint d'une religiosité exaltée, que sa famille le poussa au mariage. À l'âge de vingt-trois ans, il épousa une fillette de cinq ans, la petite Sarada. Après la cérémonie, la mariée retourna chez ses parents et ne rejoignit son époux que treize ans plus tard. Le

Sarada-Devi

mariage demeura une « union d'âmes ». Effacée, Sarada-Devi assista son époux dans sa vie quotidienne sans jouer de rôle direct dans son chemin spirituel.

La sainteté de Ramakrishna rejaillit sur sa femme, par sa seule présence et par les exercices qu'il lui enseignait. Elle pratiqua des expériences de méditation profondes, de mantras... et elle atteignit à son tour la réalisation divine, poursuivant l'action de son époux après la mort de celui-ci.

Sri Ramakrishna

Ramakrishna (1834-1886), l'un des plus grands noms de l'hindouisme précontemporain, fut parfois comparé à saint François d'Assise. Fils d'un modeste brahmane bengali, Gadadhar Chatterji manifesta très tôt des tendances mystiques. Jeune homme, il servait le temple de Dakshineswar, dédié à Kâli ou Durga la terrible. Gadadhar, devenu Ramakrishna en religion, avait la foi et pratiquait l'abandon de soi. Il se mit totalement au service de Kâli, la Mère Divine. L'unique but de sa vie était de la « voir »... et elle lui

Sri Ramakrishna

apparut. Ses nombreuses visions l'amenaient de l'exaltation au désespoir, de l'hallucination à l'inertie, le faisant considérer comme un « fou de Dieu ». Rayonnant de bonté et d'humilité, le prêtre de Kâli savait que les innombrables dieux de l'hindouisme ne sont que différentes manifestations de l'Unique, nécessaires supports de la dévotion populaire. Pensant qu'une religion ne pouvait pas contenir à elle seule toute la vérité, Ramakrishna suivit des enseignements tantriques, vishnouistes, védantiques, musulmans, chrétiens.
Alexandra ne rencontra pas le maître, déjà disparu, mais de nombreux disciples directs. Elle se rendit souvent au temple de Dakshinehswar ainsi qu'au sanctuaire de la mission Ramakrishna, à Belur.
« Ceux qui croient que Dieu est sans forme l'atteindront aussi bien que ceux qui croient qu'il a une forme » (Ramakrishna).

Vivekananda

Vivekananda

Issu d'une famille de kshatryas (la classe des gouvernants et des guerriers), Narenda Nath Dutta (1863-1902) semblait posséder tous les dons, intelligence, beauté, droiture, courage, loyauté. Il reçut une éducation occidentale. À dix-neuf ans, il rencontra Ramakrishna, qui le reconnut comme son fils spirituel. Narenda mit quatre ans à accepter la voie qui lui était offerte. Deux êtres exceptionnels s'étaient rencontrés. Le premier allait tout transmettre au second, menant son disciple à la réalisation spirituelle avant de l'encourager à servir l'humanité. Vivekananda, tel qu'il se nommait désormais, séjourna d'abord en Himalaya, puis prit la direction de la communauté de Ramakrishna. Il sillonna l'Inde et partit en Occident pour faire connaître la parole du maître. Sa première tournée, motivée par la tenue du Parlement des religions à Chicago en 1893, dura quatre ans. Bon orateur, Vivekananda connut un immense succès dans une Amérique qui découvrait la spiritualité hindoue.
De retour en Inde, il fonda la mission Ramakrishna et fit élever un sanctuaire à Belur (Calcutta) sur les lieux chers au maître disparu. Le but de ce nouvel ordre était triple : méditation, étude et œuvres philanthropiques.
Vivekananda, qui accordait une grande importance à l'éducation et à l'action humanitaire, visita Paris à deux reprises, en 1895 et en 1900. Alexandra le jugea « hautain, suffisant et presque arrogant », « impulsif et dépourvu de bonté ». Il mourut à l'âge de trente-neuf ans. On le retrouva un matin sans vie, en posture de méditation. Il avait volontairement arrêté sa respiration ou son cœur.

Sri Aurobindo

Sri Aurobindo

Considéré par Romain Rolland comme « le plus grand penseur de l'Inde d'aujourd'hui », Aurobindo Gosh (1872-1950) se réfugia à Pondichéry, territoire français, en 1910, après avoir été emprisonné par les Anglais. Partisan de l'indépendance, ce fils d'un médecin de Calcutta avait fait ses études en Angleterre, à Cambridge en particulier. Sri Aurobindo rencontra Alexandra David-Néel en novembre 1911. La voyageuse nota « le magnétisme particulier que sa personne dégage et l'emprise occulte qu'il exerce sur ses commensaux ». Aurobindo était assis devant une fenêtre, à contre-jour, quatre jeunes disciples assistaient au début de l'entretien dans une « attitude adorante et extasiée », puis ils s'éclipsèrent. N'y a-t-il pas une part de mise en scène dans ce comportement, se demanda Alexandra. Elle jugea son interlocuteur très intelligent et de la race des « mystiques raisonnables qui ont toute (sa) sympathie », mais elle ne compta jamais au nombre de ses adoratrices.
Les notions qu'il exposait ne lui semblaient pas bien définies, en particulier le « but ultime » poursuivi par le maître. Dans *L'Inde où j'ai vécu*, elle se montrait sceptique face à l'évolution de l'ashram en une ville de plus de deux mille habitants, et le côté « matérialiste » de cette organisation ne lui semblait pas justifié. Pour Aurobindo, le but de l'existence était d'accéder à la conscience « unique » qui est au-dessus de tout et en tout. Le « chemin » s'accomplissait sous la direction d'un maître et la pratique de différents yogas. Le yoga n'était pas seulement l'ascension de l'homme vers la divinité, c'était aussi la descente de l'esprit vers la matière. L'évolution de l'homme dans la nature n'était pas terminée. L'étape suivante serait l'apparition d'hommes-dieux, dotés d'un niveau de conscience supérieur.

Mira Alfassa, « La Mère »

Née à Paris, Mira Alfassa (1877-1975) était issue d'un milieu cosmopolite. Sa mère appartenait à une grande famille égyptienne aux ancêtres ouralo-altaïques. Son père, petit banquier turc, fut naturalisé français en 1890. À dix-neuf ans, Mira épousa Henri Morisset, élève de Gustave Moreau, et fréquenta les plus grands peintres de Paris. « La peinture crevait l'écorce du monde pour retrouver quelque mystère insaisi », dit Mira, persuadée qu'il « existe quelque chose derrière cela ». Après son divorce en 1908, elle se tourna vers les cercles occultistes et spirites avec l'espoir d'atteindre cette réalité cachée. En 1910, Mira épousa un avocat passionné de philosophie, Paul Richard. Au cours d'un séjour en Inde, celui-ci rencontra Sri Aurobindo. Séduit par les idées novatrices du maître, il l'incita à publier. La revue *Arya* fut créée pour la circonstance, où Aurobindo écrivit quelque six mille pages, traduites pour partie par les Richard. Alexandra devint une de leurs amies. En 1914, Mira se rendit à son tour à Pondichéry. Elle y rencontra Sri Aurobindo, celui qu'elle voyait auparavant « en costume de vision » au point de l'assimiler à une divinité digne de Krishna. En 1920, elle s'installa à l'ashram et devint la compagne du maître, « la Mère » de l'ashram, auquel elle contribua à donner un rayonnement mondial. Après la mort d'Aurobindo en 1950, la Mère poursuivit son œuvre et fut l'objet d'une vénération presque aussi grande que celle que l'on vouait au maître lui-même.

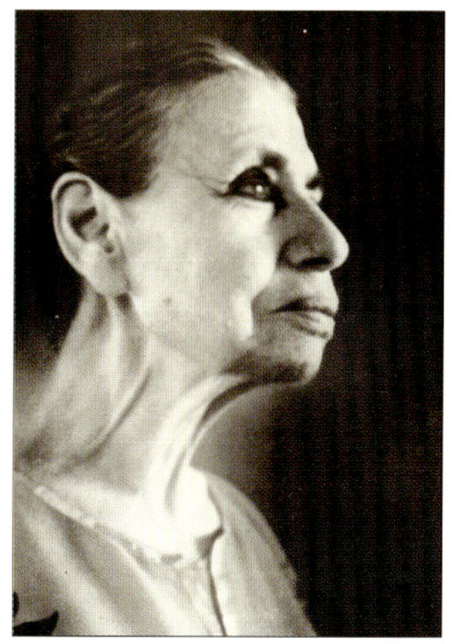

Mira Alfassa, « La Mère »

Rencontres d'Orient et d'Occident

George Pereira

Dans la zone d'influence anglaise depuis 1904, le Tibet restait fermé aux étrangers, fussent-ils anglais ! Relever le défi de la parcourir tenta néanmoins le brigadier-général George Pereira, qui réalisa deux grands périples en Chine et au Tibet, en 1921 et en 1923, dressant de nombreuses cartes d'itinéraires. En juillet 1922, bloquée depuis dix mois à Jyekundo, au cœur du Tibet, Alexandra rencontra l'officier qui circulait depuis un an et demi en Chine et s'apprêtait à traverser le Tibet. Elle le décrivit comme « un homme charmant, appartenant à la haute société de son pays, géographe et globe-trotter infatigable. Il se rendait à Lhassa et n'en faisait point mystère. Il possédait quantité de cartes qu'il me prêta : j'y copiais nombre de renseignements utiles pour mes pérégrinations et certaines de ces esquisses rudimentaires, cachées dans mes bottes, m'ont accompagnée à Lhassa. Un soir, nous avions pris le thé ensemble, une carte demeurant déposée sur une table. Du bout du doigt, le général suivit le mince trait marquant le cours du Po-hangpo : Personne n'est jamais allé par là, dit-il : il doit y avoir des cols praticables vers les sources de la rivière. Ce serait une route intéressante vers Lhassa ». Il venait de donner à Alexandra l'idée de son futur itinéraire ! Sans lui, peut-être n'aurait-elle jamais pensé à pénétrer au Tibet par cette voie si peu connue... Deux mois plus tard, George Pereira rencontra le dalaï-lama à Lhassa, avant de gagner l'Inde. En 1923, il revint au Tibet, où il mourut.

George Pereira

Jacques Rouchouse

Jacques Rouchouse

Né à Saint-Étienne Jacques Rouchouse (1870-1948) fit ses études au séminaire des Missions étrangères. Ordonné prêtre en 1895, il quitta la France trois mois plus tard pour exercer en Chine, dans la province apostolique du Sseu-Tchouan. À Chengtu, il dirigea la construction de la cathédrale, achevée en 1903. Nommé évêque en 1916, Mgr Rouchouse envoyait chaque année à Paris les statistiques administratives de sa mission accompagnées de commentaires relatifs à la situation de la région. Le christianisme était bien implanté au Sseu-Tchouan, avec plusieurs établissements de formation religieuse (probatorium, petit et grand séminaires), des œuvres hospitalières tenues par des franciscains et des écoles catholiques. Alexandra rencontra Jacques Rouchouse pour la première fois en juillet 1923 à Chengtu, où elle arrivait du Kan-Sou, malade et exténuée. Elle le revit en 1938. En Chine, missionnaires et chrétiens vivaient dans un danger permanent, qui s'accentua avec l'extension du mouvement communiste. En 1938, la mission de Chengtu fut éprouvée par la guerre, les inondations et le brigandage. En été, Mgr Rouchouse échappa de peu à une agression. « Si nous semons dans les larmes, d'autres viendront récolter dans la joie », écrivait-il en 1939. Les bombardements japonais (1940-1942) transformèrent en ruines la cathédrale, l'évêché, l'hôpital, l'orphelinat et le petit séminaire. Très affecté, alors âgé de soixante-quinze ans, l'évêque s'efforça de reconstruire ce qu'il avait édifié quarante ans plus tôt. Décoré de la Légion d'honneur en 1947, Mgr Rouchouse décéda en 1948, après cinquante-trois ans d'apostolat en Chine.

Jean-Baptiste Charrier

Né à La Verrie en Vendée dans une famille de dix-huit enfants, Jean-Baptiste Charrier (1882-1975) fut nommé à la mission des Marches tibétaines en 1906. Un long voyage l'amena à Tatsienlou. Son premier poste fut Taofu (où son successeur, le père Davenas, fut torturé quelques années plus tard), le second fut Tanpa, où il demeura neuf ans, après avoir échappé à un guet-apens. En 1920, il est envoyé à Mow Kong Ting (Sinkaïtze), un secteur dangereux, où la mode est de « circuler bardé de cartouchières et de mitraillettes ». Sa bonté et son habileté s'imposèrent peu à peu : il finit même par jouer un rôle d'arbitre dans les conflits qui opposaient les clans du secteur.
Son influence lui permit de tirer Alexandra David-Néel d'un mauvais pas lorsqu'elle fut arrêtée avec sa caravane à Foupien en 1921. Alexandra profita de son hospitalité pendant quinze jours et, reconnaissante, chargea son mari de le dédommager. À l'époque de la Longue Marche, en 1934-1935, la mission de Mow Kong, évacuée, devint un champ de ruines. De retour sur place, le père Charrier reconstruisit ce qu'il avait eu tant de mal à édifier. La vague « rouge » de 1950-1951 fut plus dévastatrice encore : les résistants furent fusillés et le père Charrier emprisonné. Transféré à Chengtu, il fut jeté dans un cachot, isolé, soumis à l'endoctrinement politique pendant plus d'un an. Expulsé vers Hong Kong en 1952, il lui fallut des mois pour oublier son calvaire. Rapatrié en France, il devint aumônier de l'hôpital des Herbiers, en Vendée.

Jean-Baptiste Charrier

Jean-Baptiste Ouvrard

Jean-Baptiste Ouvrard

Aîné de sept enfants très tôt orphelins de père, Jean-Baptiste Ouvrard (1880-1930) connut une jeunesse pauvre, près de Luçon, en Vendée. Excellent élève au séminaire des Sables-d'Olonne, il s'orienta ensuite vers les Missions étrangères de Paris, d'où il partit pour la Chine en 1906. Après un court séjour à Tatsienlou, siège de la mission du Tibet, il fut envoyé à Lentsy (70 km au sud) pour y apprendre le chinois. Puis il devint élève-architecte chez son confrère de Yatchéou, avant de diriger lui-même la construction de l'église du Sacré-Cœur à Tatsienlou. Jean-Baptiste Ouvrard fut enfin nommé à Tsetchong (Tsedjrong), dans la vallée du Mékong, à l'extrême ouest du Yunnan. La vie était dure et la population misérable dans ce secteur parfois ravagé par la famine et les brigands. Victime du typhus en 1930, le père Ouvrard fut enterré au pied de l'église de Tsedjrong.

Ceux qui ont connu ou seulement approché M. Ouvrard sont unanimes à proclamer que la bonté fut le trait distinctif de son caractère. Un pasteur protestant du voisinage, à la nouvelle de sa mort, écrivit : « Le saint de Tsetchong n'est plus. » Ce texte, conservé aux archives des Missions étrangères de Paris, aurait pu être confirmé par Alexandra David-Néel, qui le rencontra en octobre 1923. C'est de Tsetchong qu'elle partit pour Lhassa. À son retour, elle écrivit au père Ouvrard pour le remercier à nouveau de son hospitalité.

Dans une lettre chaleureuse datée du 29 novembre 1925, il lui répondit qu'il n'avait fait que son devoir.

Jules-Elmire Douénel

Jules-Elmire Douénel (1866-1940) était originaire du Calvados. Ordonné prêtre en juillet 1892, il partit aussitôt pour le « Tibet indien » et la mission de Pedong (Sikkim), fondée dix ans auparavant par le père Augustin Desgodins. Là, il fut confronté à la propagande protestante entretenue par les Britanniques. Il construisit une église pour les vingt-deux chrétiens répertoriés en 1896. Deux ans plus tard, il fonda un hôpital, avant d'inaugurer en 1901 « un bel orphelinat tout en pierre et couvert de zinc galvanisé ». Homme actif et entreprenant, il œuvra aussi dans les traductions de livres destinés à la population locale. En 1908, les Anglais lui concédèrent un terrain pour édifier un « asile pour vieillards et infirmes ». Un autre lui fut offert l'année suivante pour l'ouverture d'une école.

En 1919, le père Douénel acheta un terrain à Kalimpong, à vingt kilomètres au sud-ouest de Pedong, secteur jusque-là fermé au catholicisme. Le missionnaire y fit édifier une maison destinée aux sœurs de Saint-Joseph de Cluny, attendues pour 1923. C'est la même année qu'Alexandra fut hébergée à la mission, de juin à septembre, au retour de son voyage à Lhassa. Kalimpong devint siège d'un évêché en 1929 et le père Douénel y fut nommé préfet apostolique.

Le territoire, qui comptait alors mille trois cents chrétiens, fut cédé aux chanoines de Saint-Maurice en 1934. Mgr Douénel se retira ensuite aux Indes, où il mourut en 1940, au terme d'une longue carrière apostolique.

Jules-Elmire Douénel

Pierre-Sylvain Valentin

Pierre-Sylvain Valentin

Fils de paysans du Forez, sérieux, voire austère, Pierre-Sylvain Valentin (1880-1962) fut nommé en 1904 à la mission du Tibet, l'une des plus dangereuses, donc l'une des plus convoitées par les candidats au martyr. Il apprit le chinois à Tatsienlou avant de gagner son premier poste (Lengtsi). Rappelé à Tatsienlou pour diriger le petit séminaire, il participa aussi à la construction de l'hôpital, de l'orphelinat et de la cathédrale. Le pays fut livré à l'anarchie et aux seigneurs de guerre à partir de 1911. Tatsienlou menacé, la mission fut évacuée, puis réintégrée en 1912. Le père Valentin devint alors curé de Yerkalo, poste avancé vers le Tibet, puis de Tsetjrong, dans la vallée du Mékong, où il apprit le tibétain. La famine, la peste et le typhus sévissaient dans la région. De retour à Tatsienlou, il fut nommé évêque coadjuteur en 1927. Les troupes communistes s'imposèrent en 1935. Le calme revenu, Mgr Valentin devint vicaire apostolique de Tatsienlou (Kangding) en 1937.

Une période de restriction débuta en même temps que la guerre sino-japonaise. C'est à ce moment-là qu'Alexandra, réfugiée, frappa à la porte de la mission. Les religieux libérèrent une bâtisse où elle demeura jusqu'en 1943. En 1951, âgé de soixante et onze ans, son ancien protecteur fut arrêté par les communistes. Insulté, torturé, emprisonné, mis au secret, soumis à l'endoctrinement politique, Mgr Valentin fut évacué sur une civière vers Hong Kong en 1952. Aussitôt transporté par avion à Paris, il fut sauvé de justesse, mais resta marqué par ses épreuves, avant de s'éteindre en 1962.

Religions d'ailleurs

En Asie, Alexandra David-Néel ne fut pas seulement attirée par l'exotisme et les voyages. Sa motivation essentielle fut la recherche spirituelle. Sa vie durant, elle est partie à la rencontre des deux grandes religions, l'hindouisme et le bouddhisme, pratiquées dans cette partie du monde. Voici quelques clés indispensables pour mieux les comprendre.

1. L'HINDOUISME

Source de spéculations métaphysiques qui confondent les esprits les plus avisés, l'hindouisme imprègne le quotidien de plus de 80 % de la population indienne. Celle-ci vit au rythme des rituels et des fêtes religieuses qui jalonnent le calendrier. Loin d'être une simple option intellectuelle ou spirituelle, cette religion apparaît comme un véritable code de comportement. L'hindou le plus misérable vit avec ses dieux et accepte la modeste place qui est la sienne comme une étape dans son long voyage personnel. Plongeant aux sources de l'histoire ancienne, l'hindouisme est fondé sur une série de textes sacrés appelés Védas. Datant du deuxième millénaire avant notre ère, ces textes sont les plus anciens que l'on connaisse. Les Védas sont à l'hindouisme ce que la Bible est au christianisme.

Dès les temps védiques, la société a été partagée en quatre classes dont la plus haute, celle des brahmanes, a pour fonction de garder et de transmettre la tradition, qui se confond avec la religion. Les trois autres classes sont les kshatryas (gouvernants, guerriers), les vaishyas (commerçants, producteurs), les shudras (au service des autres).

L'hindouisme repose sur une immense littérature sacrée, en partie révélée. Il n'a pas de fondateurs reconnus ni de prophètes. Certains grands penseurs ont cependant contribué à faire progresser l'interprétation des textes, ainsi Sankaracharya qui commenta les Upanishad et la *Bhagâvad Gîta* au IXe siècle. Le mot « hindouisme » fut créé au XIXe siècle pour désigner le système socio-religieux qui régit la société indienne. Quelles en sont les notions de base ?

Les croyances

Brahman et atman

« Dieu » existe. C'est l'Absolu, omnipotent, omniscient, omniprésent, le *Brahman*. Il est Etre pur, Conscience pure, Béatitude, sans forme, sans commencement, sans fin. Il est Tout. (Ne pas confondre : Brahman, l'Absolu ; brahmane, le prêtre ; et Brahmâ, le dieu créateur.)

L'être humain se compose d'un corps physique et d'une nature spirituelle. Il porte une part d'infini, d'éternel, de divin, *l'atman*. Il faut faire surgir cet atman qui se fond dans le Brahman. La recherche de la fusion Brahman-atman est le but de l'hindouisme.

Samsâra et moksâ

Chaque vie humaine fait partie d'un cycle de naissances et de renaissances (*samsâra*) qui se poursuit tant que l'homme n'en a pas été libéré. La libération (*moksâ*) arrive lorsque l'individu a réalisé l'Unité suprême (fusion atman-Brahman), c'est-à-dire lorsqu'il a compris que la vie individuelle est une illusion, lorsqu'il a renoncé au Moi séparé du grand Tout. Elle n'est possible que dans un corps humain. L'homme accède alors à la paix intérieure, à la béatitude, à l'Être, à la Connaissance.

Karma

La qualité des naissances et des renaissances est guidée par la loi de causalité (le *karma*). Chaque acte accompli a une cause et une conséquence. La qualité de la vie présente est une conséquence des actions menées durant la vie antérieure.

Dharma

L'univers est régi par un ordre suprême appelé *dharma*. C'est une notion essentielle : l'être humain doit respecter l'ordre naturel des choses, l'ordre sociocosmique.

L'Unique et les millions de dieux

Les hindous croient en une transcendance unique, mais un vaste panthéon peuple leurs pensées et leurs cœurs. Les trente-trois millions de dieux et de déesses ne sont que différents aspects de l'Unique. Il ne s'agit pas d'un véritable polythéisme car ces dieux ne jouent que le rôle d'intermédiaires entre les fidèles et Brahman. La population ordinaire a besoin d'images, de supports personnalisés pour se livrer à une dévotion exubérante dont les marques extérieures sont parmi les spectacles les plus étonnants de l'Inde. L'Indien, éminemment religieux, n'existe que par rapport à Dieu.

Dans le bouddhisme tibétain, les mandalas sont des supports de méditation. Celui-ci, réalisé en 1995 à Samten Dzong, représente la demeure de la déité Guhyasamaja.

Alexandra David-Néel exprime parfaitement les relations qui existent entre les hindous et leurs dieux dans ce texte écrit en 1957 :

« Je suis à Bénarès ; un de mes amis indiens qui va s'absenter vient me voir ; il porte un petit paquet, quelque chose enveloppé dans un morceau de soie. "C'est Krishna, me dit-il, mon ishta (déité tutélaire). Il ne m'est pas possible de l'emporter en voyage et je ne connais personne à qui j'aimerais le confier pendant mon absence. J'ai confiance en vous, votre logis est pur, voulez-vous nourrir Krishna jusqu'à mon retour ?" [...] Nourrir une statue ! Pure folie : grossière idolâtrie ! Non pas. On va le voir.

« Les images des dieux sortant des mains du sculpteur ne sont que de vulgaires morceaux de bois, de métal ou de pierre. Pour que ceux-ci puissent être placés dans un temple ou sur un autel familial et être reconnus dignes de recevoir des marques de respect, il faut qu'ils aient été *animés*, que de la vie leur ait été communiquée. Ceci est fait par le rite de "transmission du souffle". [...]

Lorsque le rite est célébré en public, l'officiant et les assistants, par une violente tension de leur volonté, sont censés transférer à l'image du dieu une part de l'énergie - de l'essence vitale - qui réside en eux-mêmes... C'est le faisceau de leurs forces vitales, personnelles, qui s'incorpore dans l'image et, dorénavant, celle-ci sera *vivante* et pourra être traitée comme telle.

« La vie qui lui est communiquée de cette manière pourra être de plus ou moins longue durée ; mais dans tous les cas, devra être entretenue. Elle le sera par le culte, par les offrandes qui lui sont présentées. Et ce ne seront pas les mets ou les fruits déposés sur ses autels, l'encens qu'on y brûlera qui constitueront sa nourriture. Ce seront les prières, les pensées des fidèles allant vers elle, l'énergie subtile engendrée par leur foi. Faute de ces apports, l'image-dieu perdrait de son pouvoir, de sa vitalité et finirait par redevenir un bloc de matière inerte.

« Les philosophes vont plus loin. Les dieux, créations de notre pensée, ne vivent que par la continua-

tion des pensées que leurs fidèles tournent vers eux. Le dieu à qui nul ne penserait plus mourrait.
Cela est advenu à maints dieux qui, dans les âges passés, ont été vivants, c'est-à-dire actifs par les effets mentaux conduisant à des réalisations matérielles, qu'ils ont produit parmi les croyants. » (« Opinions sur l'Inde d'hier et d'aujourd'hui », *Connaissance du monde*, avril-mai 1957.)
Ce nombre illimité de formes divines possibles est dominé par trois grands stéréotypes (*trimurti*) : Brahmâ le créateur, Vishnou le protecteur, Shiva le destructeur-libérateur. C'est Brahmâ qui créa le monde à partir des eaux primordiales. De ses quatre têtes tournées vers les quatre quarts de l'univers sont sortis quatre Védas (textes sacrés).
On vénère en lui le dieu de la sagesse. Ayant créé le monde, il ne peut aider les hommes à s'en libérer, d'où un culte très réduit à son égard de la part des hindous.
Vishnou protège la création. Il représente l'ordre naturel du monde et personnifie la bonté, la compassion. Quand le dharma est menacé, quand l'humanité lui demande assistance, il s'incarne dans des formes humaines appelées avatars (*avatâra* signifie « descente »). « Dieu » vient sur terre périodiquement pour aider les hommes. Les deux incarnations les plus connues sont Râma, héros de l'épopée du *Râmâyana*, et Krishna, héros du *Mahâbhârata* et plus précisément de la superbe *Bhagâvad Gîta*. Le neuvième avatar, récupéré par les hindous, est le Bouddha historique. Le monde attend le dixième avatar…
Vishnou est souvent représenté couché, dormant sur l'océan chaotique primordial. Le Serpent de l'éternité aux mille têtes lui sert de couche et le protège de ses mille capuchons. Quand il se réveille, une fleur de lotus sort de son ventre et porte Brahmâ, prêt à créer un nouvel univers.
Shiva, dieu destructeur et réparateur, est ambivalent. Dans son aspect destructeur, il s'identifie à la mort, au temps. Il est celui qui emporte, il est l'épouvante et la guerre. Dans son aspect bienfaiteur, il est le libérateur, il apporte la paix. Shiva préside aux jeux sexuels de la procréation : son symbole est le lingam, abusivement réduit par les Occidentaux à un phallus.

Dans le panthéon hindouiste, Durgâ, l'une des formes de l'épouse de Shiva, est souvent représentée entre ses fils Skanda et Ganesha. Brandissant une arme au bout de ses multiples bras, elle se dresse sur un lion et terrasse le démon-buffle Mahishâsura qu'elle transperce avec son trident. (Ci-dessus à Badami, Inde du Sud.)

Religions d'ailleurs

Peinture murale dans une maison de Rameswaram. Le dieu Vishnou dort sur l'océan primordial, abrité par les capuchons des têtes multiples du serpent Éternité. À chacun de ses réveils, un lotus sort de son nombril. Du lotus surgit Brahmâ, créateur d'un nouveau cycle cosmique.

Dans le Sud de l'Inde, il s'appelle Natarâja : dotés de multiples bras, il danse dans un cercle de flammes figurant la ronde cosmique des destructions et des créations sans cesse recommencées. On peut le voir sous forme d'ascète aux longs cheveux, assis en posture de lotus sur le mont Kailash ou sur un pic himalayen. Dans ce cas, il porte la déesse Gangâ (le Gange) dans sa chevelure. Shiva possède plus de mille noms différents.

Dans le monde, il délègue son pouvoir créateur à des *Shakti* ou énergies créatrices personnifiées par des divinités féminines aux noms divers : Pârvatî, Durgâ, Kâli, Annapurnâ... Ganesh est le fils de Shiva et de Pârvatî : c'est le dieu grassouillet à tête d'éléphant, dieu du succès que l'on invoque au début de toute entreprise nouvelle.

Les symboles et les pratiques

La prière

Les fidèles se relient aux dieux par la prière dont une forme particulière correspond au mantra : récitation de formules sacrées qui compte par la concentration mentale, par l'état d'esprit dans lequel le dévot les prononce et par l'énergie contenue dans les paroles.

Les sacrifices

Les sacrifices, les offrandes occupent une place essentielle dans les rituels (études de textes religieux, offrandes d'objets matériels, d'animaux...). Il s'agit à la fois de devoir religieux et de devoir social : offrandes aux divinités, aux âmes des ancêtres disparus, aux brahmanes, aux mendiants, aux ascètes...

Les sacrements

Les sacrements purificateurs accompagnent toutes les étapes de la vie : naissance, entrée à l'école et à l'université, mariage (l'un des plus importants), décès.

Fêtes, festins, jeûnes, austérités

L'hindou vit intensément les fêtes religieuses, parmi lesquelles Dashera marque la fin de la mousson, Diwali glorifie la lumière, et Holi exalte le début du printemps. Jeûnes et austérités permettent de se purifier, en se retirant du monde...

Pèlerinages et bains rituels

Toute l'Inde est sacrée, donc terre de pèlerinages. La visite d'un lieu sacré s'accompagne d'un bain cérémonial, rite purificateur et prélable à tout geste de dévotion.

Le symbole de Shiva

Il représente l'interdépendance des fonctions masculine et féminine du Dieu Suprême. Le pôle masculin correspond au ciel, au jour, à l'esprit ; le pôle féminin évoque la terre, la nuit, la matrice. C'est l'union du lingam masculin et du yoni féminin qui anime toute la création.

La femme

Elle est honorée, voire élevée au rang de déesse, en tant que mère et en tant qu'énergie.

Le gourou

Élément fondamental de la transmission des enseignements, le gourou aide le disciple à découvrir Dieu en lui-même, à choisir sa divinité d'élection. Il l'oriente dans les innombrables pratiques (yogas) et lui permet de réveiller son esprit voilé par les mirages du monde extérieur. On dit que Dieu lui-même se manifeste par l'intermédiaire du gourou vénéré.

Les vaches sacrées

La vache est sacrée en Inde parce qu'elle fournit un aliment de première importance, le lait, et un combustible tout aussi essentiel, la bouse, qui entre aussi dans la fabrication de médicaments traditionnels. Ce caractère sacré remonte aux temps les plus reculés de l'histoire. Un animal symbolique est associé à chaque dieu : une oie ou un cygne pour Brahmâ, un taureau pour Shiva, un rat pour Ganesh...

Le Gange

Fleuve sacré par excellence, le Gange est féminin : c'est la déesse Gangâ, considérée comme une Shakti (énergie). Elle apporte la libération. Les eaux de la Gangâ coulaient jadis dans le ciel, puis elles descendirent dans les cheveux de Shiva et s'y apaisèrent avant de se diriger vers la terre. La déesse avait été appelée pour nettoyer la terre des cendres d'innombrables incinérations dues à un gigantesque massacre. Les hindous boivent de cette eau... sans tomber malades. Puissance de la foi ou énigme scientifique ? Une bactérie « bactériophage » neutraliserait les plus mauvaises d'entre elles et rendrait les eaux propres.

2. LE BOUDDHISME

Pratiqué par moins de 1 % de la population indienne, le bouddhisme est né en Inde au VIe siècle avant notre ère. Ce mouvement fut lancé par un homme seul qui sera appelé le Bouddha. Courant spirituel dont les racines plongent dans la tradition hindouiste qu'il rejette en partie, le bouddhisme propose une autre voie d'accès à la libération.

Le Bouddha (-542 à -461 av. J.-C.)

Les vies antérieures du Bouddha sont parsemées de magnifiques épisodes, réels pour les croyants, légendaires pour ceux qui ne retiennent que sa seule incarnation attestée par les documents historiques. Né au nord de Bénarès, dans le Teraï indien en bordure du Népal, Siddartha Gautama était issu de la lignée des Shakya, d'où son surnom de Shakyamouni, le sage des Shakya.

Son père était le roi de la principauté de Kapilavastu, petite localité située au pied du versant indien de l'Himalaya. L'enfant vit le jour dans les jardins de Lumbini d'une manière miraculeuse : sa mère, la reine Mâyâ, se tenait debout appuyée à un figuier et l'enfant sortit de sa hanche. La reine mourut sept jours après la naissance.

Le prince fut élevé par la sœur de sa mère, aidée de trente-deux nourrices, et par son père, qui le chérirent et voulurent lui éviter tous les désagréments de la vie. Le jeune homme ne quittait jamais le palais où il profitait de tous les bonheurs et de toutes les voluptés. Vainqueur d'un tournoi, il épousa Yashodhara et eut un fils, Rahûla. Un jour, il voulut sortir de son do-

Aquarelle offerte à Alexandra par un ascète hindou et représentant Shakti, l'Energie Universelle, dans sa forme la plus terrible : Chinnamastha.

maine. Accompagné par son écuyer, il fit quatre sorties et découvrit la misère humaine en croisant un vieillard, un malade, un cadavre et un moine mendiant. Rejetant alors la vie trop facile, il quitta le palais en se promettant de trouver un remède à la souffrance. Devenu moine errant, il suivit les enseignements de différents maîtres brahmanes et pratiqua toutes sortes d'austérités pendant six ans. Il vivait près d'une rivière, méditait et ne se nourrissait que de trois grains de riz. Pendant la mousson, le roi des serpents se dressait au-dessus de lui et l'abritait. Il comprit que les extrêmes n'apportent pas de réponse : l'ascétisme ne vaut pas mieux que le plaisir. C'est dans la voie du milieu qu'il lui fallait chercher, et en lui-même. Il arrêta de se mortifier et partit mendier de la nourriture. Retrouvant ses forces, il continua à méditer.

Un jour, il s'assit au pied d'un figuier-pipal sur un coussin d'herbes Kusha (herbes utilisées par les yogis) et résolut de n'en plus bouger jusqu'à ce qu'il ait atteint l'Illumination. Au soir de la troisième veille, il eut la révélation. À cet instant il devint un Bouddha, c'est-à-dire un Éveillé, Éveillé à la Connaissance. Il continua à méditer pendant sept semaines. Mâra, le roi des démons (ou le dieu des désirs), lui envoya toutes les tentations, y compris ses filles. Le Bouddha résista. Il « savait », mais devait-il transmettre une connaissance d'accès aussi difficile ? Sollicité par les dieux, Shakyamouni décida alors d'enseigner à ceux qui le lui demanderaient. Il se rendit à Sarnath, près de Bénarès, où il retrouva les cinq disciples qui l'avaient suivi pendant une période et qui l'avaient abandonné. Répondant à leurs questions, le Bouddha exposa les Quatre Nobles Vérités.

Ce premier enseignement, connu sous le nom de Sermon de Bénarès, marque le premier tour de la Roue de la Loi, c'est-à-dire le début des enseignements du Bouddha. Pendant quarante-cinq ans Shakyamouni prêcha en circulant dans le nord-nord-est de l'Inde ne s'arrêtant que pendant la mousson. Les adeptes se comptèrent par milliers. Au bout de trente-cinq ans, il revint à Kapilavastu : sa famille se convertit et son fils devint un disciple. Le Bouddha est mort à l'âge de quatre-vingts ans dans la région de Gorakhpur à Kusinara, actuelle ville de Kasia. Son corps fut incinéré et ses reliques distribuées.

Le bouddhisme du Bouddha (le Dharma)

Une parole à écouter et à appliquer, pas de castes, pas de dogmes, pas de sacrifices, pas de rituels dans le bouddhisme originel : c'est une voie intérieure que le Bouddha propose, une voie apparemment austère à côté des innombrables rituels de l'hindouisme. Le Bouddha s'adresse à une élite courageuse. La Loi ou Dharma rejette la notion d'âme universelle (*Brahman*) dans laquelle se fonderait l'être individuel (*atman*), garde la notion de réincarnation (*samsâra*), accentue le rôle de la loi de causalité (*karma*) et ne réserve pas la libération (*mokshâ*) aux membres d'une caste particulière. Dieu n'intervient pas dans le bouddhisme, qui s'apparente davantage à une philosophie qu'à une religion.

Le raisonnement du Bouddha est exposé dans les Quatre Nobles Vérités :

- 1re Vérité : la souffrance existe dans toute vie ;
- 2e Vérité : la cause de la souffrance réside dans la convoitise, le désir permanent qui habite

Religions d'ailleurs

Trois thankas (peintures sur toile). À gauche : le Bouddha Shakyamouni. Au milieu : Padmasamdhava qui affermit le bouddhisme au Tibet au VIIIe siècle. À droite : Tchenrezig, le bodhisattva de la compassion dont le dalaï-lama, selon les Tibétains, est une émanation.

l'être. Les désirs sont fondés sur la recherche de satisfactions « qui nous entraînent dans une course éternelle de déceptions en douleurs », écrit Alexandra David-Néel. Ils résultent aussi du manque de maîtrise de soi et de l'ignorance ;

- 3e Vérité : pour supprimer la souffrance, il faut annihiler cette soif permanente qui nous habite, neutraliser le désir et les émotions perturbatrices, s'en délivrer ;
- 4e Vérité : chacun peut se libérer de la souffrance s'il suit le « Sentier aux huit embranchements », c'est-à-dire s'il adopte un comportement caractérisé par une vue juste et dégagée de toute illusion, un but élevé et digne, une parole bienveillante et loyale, une conduite honnête et droite, des moyens d'existence honnêtes ne causant de mal à aucun être vivant, un esprit vigilant, la pratique assidue de la méditation.

Il faut être résolu et ne pas craindre l'effort. C'est un travail sur soi qu'il faut mener avec détermination, la solution est en soi. Ces préceptes vont de pair avec les vertus ou « perfections » (*paramita*) qu'il convient d'appliquer : bienfaisance, droiture, contentement, sagesse, énergie, indulgence, sincérité, fermeté, bienveillance, égalité d'âme.

Inversement, les imperfections (*asava*) constituent des obstacles à la progression dans la Voie : illusion de la personnalité, doute, croyance en l'efficacité des rites et des pratiques religieuses, sensualité, haine et mauvais instincts, désir d'une vie future « dans le monde de la forme » ou dans celui qui est « sans forme », orgueil, désir de sa propre justice, ignorance.

La méditation

La méditation, qui mène à l'état de *dhyâna*, « l'absorption de soi », permet d'accéder à la délivrance. Les techniques en sont enseignées par les maîtres : concentration, réflexion profonde, analyse poussée à l'extrême sur un sujet donné et tout particulièrement sur soi. L'homme est un ensemble de cinq agrégats instables et impermanents (la forme, la sensation, la perception, le mental, la conscience). Le bouddhiste doit tendre à être conscient en permanence du jeu de ces constituants. « Impermanence, absence de «Moi» (ego) partout. Tel est le credo bouddhiste », note Alexandra. C'est la vacuité de l'existence individuelle, le non-soi.

Le karma

La théorie du karma est pré-bouddhiste. Il n'y a pas d'effet sans cause et rien ne peut empêcher l'acte accompli de porter ses fruits. Si nous voulons supprimer un effet (la souffrance, par exemple), il faut d'abord faire disparaître la cause (ici, le désir). Le karma détermine le lieu et la nature des renaissances des êtres dans le cycle des existences (*samsâra*).

Le nirvana

Contrairement à ce que l'on croit souvent en Occident, le nirvana ne correspond pas au néant, notion inconnue en Inde. « Ce qui réellement existe ne peut cesser d'exister ; de même ce qui est non existant ne peut commencer d'exister » (*Bhagâvad Gîta*). Ce qui existe se transforme (impermanence) mais ne disparaît jamais.

Selon le *Dhammapada* (Stances du Bouddha), celui qui atteint le nirvana est « celui dont les sens sont au repos, tels des chevaux bien domptés par celui qui les mène, celui qui a dépouillé toute idée de soi, qui est affranchi de toute souillure, les dieux mêmes lui portent envie ». Pour Alexandra David-Néel, le nirvana est « le plus haut degré de sainteté-sagesse. Il s'agit donc d'un état mental réalisé sur cette terre par un être vivant (l'Arahat) et non d'un paradis pouvant être atteint seulement après la mort » (*Le Bouddhisme du Bouddha*).

La communauté

La communauté (la *sangha*) rassemble moines et nonnes. Les religieux (*Bhikku* ou *Bhikkshu*) ressemblent aux ascètes errants du brahmanisme. Ils ne possèdent que quelques objets quotidiens

dont le bol à aumones utilisé pour mendier la nourriture. Les femmes, considérées comme d'éternelles tentatrices, furent admises avec réticence dans la communauté. Comme les moines elles se firent couper les cheveux et revêtirent la robe jaune. La Voie est ouverte à tous, hommes ou femmes (d'où le visage androgyne du Bouddha dans les peintures et les sculptures).
Après la mort du Maître, les disciples formalisèrent l'adhésion à la communauté en créant la formule du Triple Refuge : « Je prends mon refuge dans le Bouddha, je prends mon refuge dans la Loi, je prends mon refuge dans la Communauté. » La voie du bouddhisme originel ne passe ni par le monastère ni par la caverne d'anachorète. Le bouddhiste vit au milieu des populations et transmet la parole du Maître. Détachement, compassion et non-violence guident sa démarche.

L'évolution du bouddhisme

L'enseignement du Bouddha resta oral. Les disciples puis leurs successeurs fixèrent par écrit les sermons du Maître. Des conciles se réunirent, la Doctrine fut codifiée dans des canons de plus en plus complexes, des Écoles différentes se formèrent (on en compte dix-huit dès le IIIe siècle ap. J.-C.), des dissidences se produisirent…
Trois grandes branches se constituèrent, que l'on nomma les trois Véhicules :
- le petit Véhicule (*Hînayâna*) ou bouddhisme du Sud (Ceylan, Birmanie, Thaïlande, Vietnam) passe pour être le plus proche de la doctrine originelle ;
- le grand Véhicule (*Mahâyâna*) ou bouddhisme du Nord (Chine, Corée, Japon) fait intervenir des saints (boddhisattvas) qui renoncent à leur propre nirvana pour continuer à aider les êtres ;
- le Véhicule tantrique (*Vajrayâna*) s'est développé en Himalaya, au Tibet et en Mongolie. C'est l'aspect le plus original et le plus coloré du bouddhisme du Nord.

Le bouddhisme survécut aux tragédies qui marquent l'histoire de l'Inde, en particulier aux destructions menées par les musulmans au XIIe siècle. Les différents pays d'Asie adaptèrent la Loi du Bouddha à leurs propres mentalités : ch'an chinois, zen japonais, tantrisme tibétain diffèrent sensiblement, bien qu'ils soient inspirés par le même Maître.

Le bouddhisme tibétain

Le bouddhisme tibétain est appelé *Vajrayâna* ou Véhicule du Diamant, par référence à la pureté et à l'indestructibilité du diamant (*Vajra* en sanscrit, *Dordjé* en tibétain). Il est fondé sur des textes appelés Tantras qui font partie du canon bouddhique. Introduit au VIIe siècle à partir de l'Inde, le Vajrayâna prit une teinte spécifiquement tibétaine en s'adaptant à l'environnement local (paysages, mentalités).
Il se caractérise par l'existence d'un panthéon coloré et stéréotypé, par le rôle essentiel attribué aux lignées de lamas (d'où le nom de lamaïsme qui fut donné à cette branche), par la gamme extrêmement diversifiée de moyens mis en œuvre pour atteindre l'Illumination : techniques psychiques issues de la méditation, yogas, mantras (formules sacrées), mandalas (diagrammes symboliques, images, peintures servant de support de méditation), mudras (gestes codifiés des mains), objets rituels spécifiques, musique, chants…
Le monde est régi par le jeu des forces du bien et des forces du mal. Toute énergie doit être jugulée, canalisée, utilisée comme moyen de transcendance, en particulier l'énergie des désirs et des émotions. Les nombreux rituels, les cérémonies souvent très colorées, sont des aides dans les pratiques spirituelles.
Cette voie privilégie les visualisations, les méditations sur des divinités personnalisées (*Yidam* en tibétain, divinité tutélaire) porteuses de qualités ou de spécificités ésotériques. Tous ces moyens permettent d'accéder à des états de conscience supérieurs, chemins vers l'Illumination.
C'est le bouddhisme ésotérique, transmis de maître à disciple. Équivalent du gourou indien, le lama transmet les enseignements, donne les initiations, effectue les rituels et peut diriger un monastère. Un lama est un maître, mais tous les maîtres ne sont pas des lamas. Et les moines qui portent la robe grenat ne sont pas forcément des lamas. Le canon bouddhique est contenu dans les cent huit volumes du Kanjur (transcription des paroles du Bouddha) et dans les deux cent vingt-cinq volumes du Tanjur (commentaires par des maîtres indiens). Plusieurs écoles ou lignées se sont formées au fil des siècles. Les principales subsistent aujourd'hui : les Nyingmapa (les Anciens, fondés au VIIIe siècle par Padmasambhava), les Sakyapa (ceux du monastère de Sakya), les Kagyupa (ceux de la transmission orale, dirigés par le Karmapa), les Gelugpa (Vertueux ou Bonnets Jaunes, dont sont issus les dalaï-lamas). Les Gelugpa ont pour chef le titulaire du trône de Ganden (c'est le Ganden Tripa). Le dalaï-lama est le chef des quatre écoles bouddhiques.

Si les chemins diffèrent dans l'hindouisme et dans le bouddhisme, les deux voies imposent un engagement total de l'être. Il ne s'agit pas seulement de réciter des formules sacrées ou des prières, de suivre une liturgie, de se plier à des rituels. L'hindou et le bouddhiste s'impliquent physiquement et mentalement dans leur quête sacrée. Ils partent à la recherche de leur Être, caché bien au-delà du Moi, cette prétendue personnalité adulée en Occident. Les Orientaux accèdent à la connaissance par l'expérience physique « Qui connaît, devient ; on devient ce qu'on connaît » (Brhadâranyaka Upanishad).

Samten Dzong

C'est à Digne-les-Bains qu'Alexandra David-Néel s'est retirée au soir de sa vie. Dans une maison jadis isolée qu'elle a léguée à la municipalité et aux bons soins de Marie-Madeleine Peyronnet, sa collaboratrice pendant dix ans.
Située sur la route de Nice, cette belle propriété abrite la Fondation Alexandra-David-Néel créée le 31 juillet 1977 dans le but de poursuivre et diffuser l'œuvre d'Alexandra David-Néel ; de mettre à la disposition des chercheurs des documents d'archives; de dispenser des enseignements par des maîtres bouddhistes tibétains; d'organiser des festivals ou des congrès ; de venir en aide aux enfants et réfugiés tibétains en Inde. L'ancienne maison d'Alexandra a été transformée en musée. Au premier étage, le petit bureau de l'exploratrice donne une parfaite idée de ce que furent les dernières années de sa vie. Années productives au cours desquelles Alexandra, installée dans son fauteuil en osier, devant une table de camping spécialement achetée à cet effet (ci-contre et en haut, à droite), écrivit de nombreux livres ou articles inspirés des notes et carnets accumulés au cours de ses multiples voyages (à droite).

1908
Diary
1912

Samten Dzong

Au rez-de-chaussée de sa maison, Alexandra David-Néel aménagea un oratoire bouddhiste qu'elle décora avec quantité de souvenirs rapportés de ses périples. Bouddhas d'ivoire ou de bois laqué, thankas brodées ou peintes, tapis tibétains faits à la main, moulins à prière, et autres objets rituels « habitent » ce lieu de méditation. À la fin de chaque été, la Fondation organise des Journées tibétaines qui permettent de faire découvrir à un large public les préceptes de base du bouddhisme grâce à la participation d'un grand maître tibétain. Diverses personnalités dont Gueshé Rabten (le fondateur du centre bouddhique du Mont-Pèlerin), Kiabje Ling Rimpoche (premier tuteur du XIVe dalaï-lama) et Sa Sainteté le XIVe dalaï-lama en personne ont fait le voyage de Digne. La Fondation possède de nombreux textes tibétains et sanscrits qu'Alexandra déchiffrait à l'aide d'une loupe (ci-dessus). À l'étage, sa chambre à coucher était d'une austérité spartiate. La vieille dame dormait dans son fauteuil, une sonnette à portée de main pour appeler Marie-Madeleine Peyronnet en cas de nécessité (ci-contre).

Samten Dzong

Depuis la mort d'Alexandra David-Néel le 8 septembre 1969, Marie-Madeleine Peyronnet consacre toute son énergie à la diffusion de l'œuvre de l'exploratrice et tout son cœur à une meilleure connaissance de ce personnage d'exception. L'une de ses premières tâches fut d'accomplir les dernières volontés de la défunte. Le 28 février 1973 à Bénarès, conduite par le Vénérable Mâhâtera Jiranatana, secrétaire général de la Maha Bodhi Society, société bouddhiste à laquelle appartenait Alexandra, elle participa elle-même à l'immersion dans les eaux du Gange des cendres d'Alexandra et de son fils adoptif Yongden (ci-dessus et ci-contre). Dans son testament, Alexandra avait fait de la ville de Digne sa légataire universelle. Marie-Madeleine, qui avait servi l'exploratrice gratuitement pendant les dix dernières années de sa vie, devint propriétaire de ses meubles. Elle est désormais chez elle à Samten Dzong. L'orientaliste Gabriel Monod-Herzen, ancien élève de Sri Aurobindo, avait été désigné comme exécuteur testamentaire. Enfin, la bibliothèque tibétaine de l'exploratrice fut cédée au musée Guimet et au musée de l'Homme, à Paris.
Marie-Madeleine Peyronnet sut mettre de l'ordre dans les innombrables documents d'Alexandra (livres, manuscrits, notes, lettres, etc.). Dès 1970, elle fit rééditer les trois premiers ouvrages de l'exploratrice sous le titre *En Chine. L'amour universel et l'individualisme intégral. Les Maîtres Mo-Tsé et Yang-Tchou.* Trois longues années lui furent nécessaires pour trier et classer l'énorme correspondance qu'Alexandra échangea avec son mari, Philippe Néel.
Ces multiples lettres révélant une extraordinaire puissance de la pensée, de profondes réflexions philosophiques et surtout de pittoresques notes de voyage, l'idée d'une publication s'imposa à son tour. Longtemps indifférente, puis stimulée par l'adjoint aux Affaires Culturelles Pierre Bayetti, la municipalité de Digne décida de s'impliquer dans ce projet et de soutenir la Fondation proprement dite. Proposé en 1975 sous le titre *Journal de voyage. Lettres à son mari (11 août 1904 - 27 décembre 1917)*, le premier tome de la correspondance d'Alexandra connut un succès immédiat. Le second, paru un an plus tard, ajouta encore à la popularité de l'exploratrice. Marie-Madeleine Peyronnet a elle-même contribué à élargir le public de la dame lama au-delà des cercles orientalistes en écrivant un émouvant témoignage sur ses *Dix ans avec Alexandra David-Néel* tout aussi bien accueilli. En 1977, un jeune homme sonne à la porte de Samten Dzong. Attiré par l'Orient et ses philosophies, Frank Tréguier propose gracieusement ses services à Marie-Madeleine et devient un collaborateur indispensable de la Fondation. Il a en particulier entrepris de restaurer les collections photographiques d'Alexandra. Après des années de bénévolat, Frank Tréguier a été intégré au personnel municipal en 1983.
Au fil des années, les activités de la Fondation se sont diversifiées. Des relations culturelles ont été établies avec Mrs Jetsun Pema Gyalpo, soeur cadette du dalaï-lama, qui dirige le *Tibetan Children's Village* (TCV) de Dharamsala, en Inde du Nord. Le village d'enfants tibétains qui vit de dons envoyés du monde entier accueille des enfants réfugiés du Tibet et leur assure une éducation de bon niveau. Dharamsala est la ville d'exil du XIVe dalaï-lama et de ses services.
La Fondation fait partie des organismes de soutien du TCV de Dharamsala. Des dons en argent et les produits de la vente d'objets artisanaux tibétains y ont permis la construction de bâtiments. En outre, une œuvre de parrainage vient en aide à certains enfants orphelins, semi-orphelins ou issus de familles sans ressource. Le dalaï-lama habite tout près du TCV qu'il visite régulièrement. La Fondation apporte aussi son aide aux ermites de Dharamsala, ainsi qu'à d'autres villages d'enfants : TCV du Ladakh, de Mundgod en Inde du Sud, etc. L'ancienne maison d'Alexandra David-Néel est ouverte au public. Trois visites commentées y sont organisées chaque jour.
Fondation Alexandra-David-Néel,
27, avenue du Maréchal-Juin,
04 000 Digne-les-Bains. tél : 04 92 31 32 38.

Bibliographie

Ouvrages d'Alexandra David-Néel

Outre les ouvrages ci-dessous, Alexandra David-Néel a publié de très nombreux articles dont les références sont citées dans *Les Itinéraires d'Alexandra David-Néel*, Arthaud, 1996.

- *Pour la Vie*, Bruxelles, Bibliothèque des Temps Nouveaux, 1898.
- *Le Philosophe Meh-ti (ou Mo-tse) et l'Idée de solidarité*, Londres, Luzac et Cie, 1907 ; rééd. sous le titre *Socialisme chinois, Meh-Ti et l'idée de solidarité*, Paris, Giard et Brière.
- *Les Théories individualistes dans la philosophie chinoise*, Paris, Giard et Brière, 1909.
- *Le Modernisme bouddhiste et le Bouddhisme du Bouddha*, Paris, Alcan, 1911 ; rééd. sous le titre Le *Bouddhisme du Bouddha*, Paris, éd. du Rocher, 1977.
- *Souvenirs d'une Parisienne au Thibet*, Pékin, sans indication d'éditeur, 1925.
- *Voyage d'une Parisienne à Lhassa, à pied et en mendiant de la Chine à l'Inde à travers le Tibet*, Paris, Plon, 1927.
- *Mystiques et magiciens du Thibet*, Paris, Plon, 1929.
- *Initiations lamaïques. Des théories, des pratiques, des hommes*, Paris, Adyar, 1930.
- *La Vie surhumaine de Guésar de Ling le héros thibétain, racontée par les bardes de son pays*, Paris, Adyar, 1931 ; rééd. sous le titre *La Vie surhumaine de Guésar de Ling*, Paris, éd. du Rocher, 1978.
- *Au pays des brigands gentilshommes. Grand Tibet*, Paris, Plon, 1933.
- *Le Lama aux cinq sagesses, roman tibétain*, Paris, Plon, 1929.
- *Magie d'amour et magie noire. Scènes du Tibet inconnu*, Paris, Plon, 1938.
- *Sous des nuées d'orage*, Paris, Plon, 1940.
- *À l'ouest barbare de la vaste Chine*, Paris, Plon, 1947.
- *Au cœur des Himalayas. Le Népal*, Bruxelles, Dessart, 1949 ; rééd. Paris, Pygmalion/G. Watelet.
- *L'Inde. Hier, aujourd'hui, demain*, Paris, Plon, 1951.
- *Astavakra Gîtâ. Discours sur le Vedânta advaïta*, Paris, Adyar, 1951 ; rééd. avec *Avadhuta Gîtâ*, Paris, éd. du Rocher.
- *Les Enseignements secrets des bouddhistes tibétains. La vue pénétrante*, Paris, Adyar, 1951 ; rééd. revue et augmentée.
- *Textes tibétains inédits*, Paris, La Colombe, 1952 ; rééd. Paris, Pygmalion/G. Watelet.
- *Le Vieux Tibet face à la Chine nouvelle*, Paris, Plon, 1953.
- *La Puissance du néant*, Paris, Plon, 1954.
- *La Connaissance transcendante d'après le texte et les commentaires tibétains*, Paris, Adyar, 1958.
- *Avadhuta Gîtâ de Dattatraya. Poème mystique Vedânta advaïta*, Paris, Adyar, 1958 ; rééd. avec *Astavakra Gîtâ*, Paris, éd. du Rocher.
- *Le Bouddhisme du Bouddha, ses doctrines, ses méthodes et ses développements mahâyânistes et tantriques au Tibet*, Paris, Plon, 1960 ; rééd. Paris, éd. du Rocher.
- *Immortalité et réincarnation. Doctrines et pratiques. Chine, Tibet, Inde*, Paris, Plon, 1961 ; rééd. Paris, éd. du Rocher.
- *Quarante siècles d'expansion chinoise*, Genève et Paris, La Palatine, 1964.
- *L'Inde où j'ai vécu. Avant et après l'Indépendance*, édition augmentée de *L'Inde. Hier, aujourd'hui, demain*, Paris, Plon, 1969.
- *En Chine. L'amour universel et l'individualisme intégral. Les Maîtres Mo-Tsé et Yang-Tchou*, Paris, Plon, 1970.
- *Le Sortilège du mystère. Faits étranges et gens bizarres rencontrés au long de mes routes d'Orient et d'Occident*, Paris, Plon, 1972.
- *Journal de voyage. Lettres à son mari (11 août 1904-27 décembre 1917)*, Paris, Plon, 1975.
- *Vivre au Tibet. Cuisine, traditions et images*, Morel éditeurs, 1975 ; réédité sous le titre *Gargantua au pays des neiges*, édition Dharma, 1993.
- *Journal de voyage. Lettres à son mari (14 janvier 1918-3 décembre 1940)*, Paris, Plon, 1976.
- *Le Tibet d'Alexandra David-Néel*, album de photos mis en pages par Françoise Borin, Paris, Plon, 1979.
- *La Lampe de Sagesse*, Paris, Le Rocher Jean-Paul Bertrand éditeur, 1986.
- *Sodétchen l'invisible, conte tibétain*, illustrations M. Mille, Digne, Fondation A. David-Néel, 1990.
- *Grand Tibet et vaste Chine*, Plon, collection « Omnibus », 1994, reprend les titres suivants : *Au pays des brigands gentilshommes, Voyage d'une Parisienne à Lhassa, Sous des nuées d'orage, À l'ouest barbare de la vaste Chine, Le Vieux Tibet face à la Chine nouvelle.*

Ouvrages sur Alexandra David-Néel

- Brosse Jacques, *Alexandra David-Néel. Aventure et spiritualité*, Paris, 1978 ; rééd. Albin Michel.
- Chalon Jean, *Le Lumineux Destin d'Alexandra David-Néel*, Paris, Librairie Académique Perrin, 1985.
- Désiré-Marchand Joëlle, *Les Itinéraires d'Alexandra David-Néel. L'espace géographique d'une recherche intérieure*, Paris, Arthaud, 1996.
- Peyronnet Marie-Madeleine, *Dix ans avec Alexandra David-Néel*, Paris, Plon, 1973 ; rééd. Digne, Fondation A. David-Néel, 1973.
- Smedt Marc de (sous la dir. de), *Alexandra David-Néel. Voyages et aventures de l'esprit. Textes et documents inédits*, Albin Michel, « Question de », n° 60, 1985.

Quelque titres essentiels sur l'Orient

- Anonyme, *La Bhagavad Gîtâ*, traduction d'après Shrî Aurobindo, texte français de C. Rao et J. Herbert, 4e éd. (définitive), Paris, A. Maisonneuve, 1984.
- Bareau André, *Les Religions de l'Inde*, 3 vol., Paris, Payot, coll. « Les religions de l'humanité », 1966.
- Biardeau Madeleine, *L'Hindouisme. Anthropologie d'une civilisation*, Paris, Flammarion, 1972, coll. « Champs », 1995.
- Blofeld John, *Le Bouddhisme tantrique du Tibet. Introduction à la théorie, au but et aux techniques de la méditation tantrique*, Paris, Seuil, coll. « Sagesses », (1970) 1976.
- Blondeau Anne-Marie, *Les Religions du Tibet, in tome III de Histoire des religions*, Paris, Gallimard, coll. « La Pléiade », 1976.
- Chakravorty P. M., *L'Hindouisme complet et Bénarès son centre*, Varanasi, éd. Dilip Chakravorty, s. d.
- Chayet Anne, *Art et Archéologie au Tibet*, Paris, Picard éd., 1994.
- Collectif, *Dharma Chakra. La Voie du Bouddha*, Kagyu-Ling, La Boulaye, éditions Marpa, 1993.
- Dawasandup, *Le Bardo Thödol. Livre des Morts tibétain*, éd. W. Y. Evans-Wentz, Paris, A. Maisonneuve ; rééd. 1987.
- Desjardins Arnaud, *Les Chemins de la Sagesse*, 3 vol., Paris, La Table Ronde, 1972.
- Donnet Pierre-Antoine, *Tibet mort ou vif*, Paris, Gallimard, 1990.
- Govinda Anagarika (lama), *Le Chemin des nuages blancs. Pèlerinages d'un moine bouddhiste au Tibet*, Paris, Albin Michel, coll. « Spiritualités vivantes », (1969) 1976.
- Grousset René, *Sur les traces du Bouddha*, Paris, Plon, 1929 rééd. L'Asiathèque, 1991.
- Jan Michel, *Le Voyage en Asie centrale et au Tibet. Anthologie des voyageurs occidentaux du Moyen Age à la première moitié du XXe siècle*, Paris, Robert Laffont, coll. « Bouquins », 1992.
- Lamothe Marie-José, Milarepa. *Les Cent Mille Chants de Milarepa*, 2 vol., Paris, Arthème Fayard, (1986) 1993.
- Lemaitre Solange, *Ramakrishna et la vitalité de l'hindouisme*, Paris, Seuil, coll. « Maîtres spirituels », (1959) 1975.
- Percheron Maurice, *Le Bouddha et le bouddhisme*, Paris, Seuil, coll. « Maîtres spirituels », (1956) 1980.
- Pommaret François, *Les Revenants de l'Au-Delà dans le monde tibétain. Sources littéraires et tradition vivante*, Paris, éd. du CNRS, 1989.
- Sogyal Rinpoché, *Le Livre tibétain de la vie et de la mort*, Paris, La Table Ronde, (1992) 1993.
- Stein Rolf Alfred, *La Civilisation tibétaine*, éd. définitive, Paris, l'Asiathèque (1987), 1991.
- Taylor Michael, *Le Tibet de Marco Polo à Alexandra David-Néel*, Paris, Payot, 1985.
- Tenzin Gyatso, XIVe dalaï-lama, *Le Monde du bouddhisme tibétain*, Paris, La Table Ronde, (1995) 1996.
- Tsybikov Gonbojab T., *Un pèlerin bouddhiste au Tibet*, Paris, éd. Peuples du Monde, (1919) 1992.

Filmographie

- De Poncheville M. J., *Sur les traces d'Alexandra David-Néel*, production Franz-Christoph Giercke, F. Productions, 1990.
- Mascolo De Filippis J. et De Maximy A., *Alexandra David-Néel du Sikkim au Tibet interdit*, F. Productions, Fondation Alexandra David-Néel, 1993.
- BBC, *History of Tibet (1904-1980). Part 1 : Tibet the Lost Mystery (1904-1949). Part 2 : A bamboo curtain falls (1950-1980).*
- Segarra L., Tibet. *L'histoire d'une tragédie*, production France 3 et MFP avec la collaboration du Bureau du Tibet de Paris, coll. « Histoires d'actualité » dirigée par J. M. Meurice, 1995.

CD-ROM

- Peyronnet M.-M., Tréguier F., Ohl V. et D., *Alexandra David-Néel, la femme aux semelles de vent*, conception et réalisation Kyklos et Séquentielle, production Fondation A.-David-Néel, 1997.

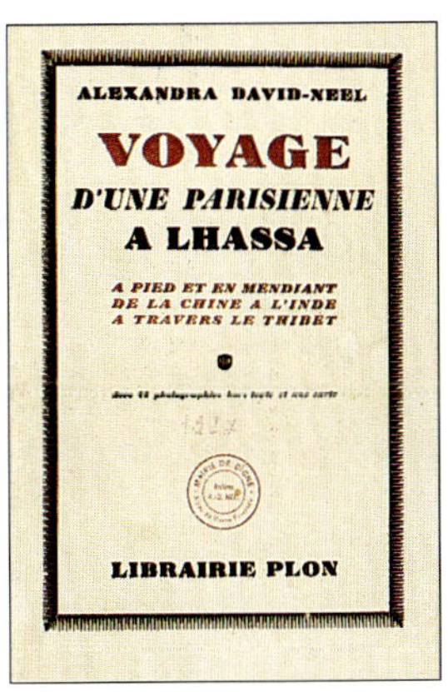

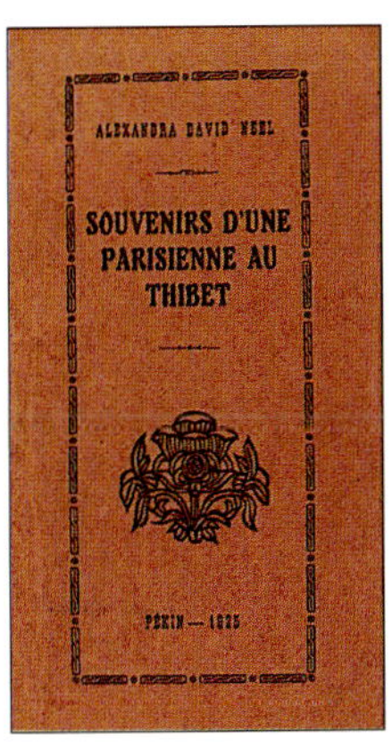

Index

REMERCIEMENTS

Mes remerciements s'adressent à tous ceux qui ont permis la réalisation de cet album par leur collaboration, leur aide ou leur soutien. Je suis heureuse de dire une nouvelle fois ma gratitude à la Fondation Alexandra-David-Néel et en particulier à Marie-Madeleine Peyronnet, ainsi qu'au président Pierre Bayetti, à Frank Tréguier et à son épouse Tsering. L'équipe éditoriale a fait bénéficier notre ouvrage de son expérience et de sa compétence.
Je remercie chaleureusement Benoît Heimermann, directeur de collection, Philippe Bertrand, Etienne de Rosamel, Fréderic Morellec, Pierre Ferbos, Martine Rousso, Caroline Régnaut-Labord.
L'iconographie a bénéficié de l'apport de sources originales grâce à l'obligeance de : Henri Cartier-Bresson et Marie-Thérèse Dumas; Jean-Paul et Marie-Antoinette Neveu, voyageurs et responsables des éditions Nyctalope; Gérard Moussay, archiviste des Missions étrangères de Paris; Christian Simmonet, ancien missionnaire des MEP; Annie Dizier-Metz, Françoise Roques, Marie-Josèphe Massonnet, de la bibliothèque Marguerite-Durand (Paris).
Le poète bengali Lokenath Bhattacharya et son épouse France Bhattacharya, professeur de bengali et vice-présidente de l'INALCO (Paris), ainsi que le professeur Dominique Avron, de l'université de Picardie-Jules-Verne (Amiens), ont bien voulu relire mon chapitre sur les « religions d'ailleurs ».
Arnaud Desjardins a accepté de nous transmettre son témoignage et le souvenir qu'il garde de son entretien télévisé avec Alexandra David-Néel. Maurice-Emile Giard, adjoint au maire de Saint-Mandé, délégué à la Culture, nous a fourni des informations inédites sur la localisation de la maison natale d'Alexandra.La réalisation de cet album ne fut pas sans entraîner quelques perturbations dans le déroulement du quotidien.
Pour sa compréhension, je remercie le professeur Paul Oudart, directeur du Centre d'études géographiques de l'université de Picardie-Jules-Verne. De son côté, Christian Ruhaut sut intégrer la réalisation de ce travail dans la Voie qu'il m'enseigne.
Je réserve une mention particulière à Emmanuel, Soline et Annabelle qui firent preuve, encore une fois, de toute l'indulgence familiales nécessaire, me permettant de mener à bien cet ouvrage.
Que tous trouvent ici l'expression de ma reconnaissance. J. D.-M.

La Roue de la Vie (le bhavashakra) décrit la succession des morts et des renaissances des êtres dans les différents mondes (le samsara). Les trois causes du cycle infernal - l'ignorance (représenté par un porc), la haine (par un serpent), le désir (par un coq) - sont visualisés au centre de la Roue. Tant que l'être vivant évolue sous l'influence des actions perturbatrices, il reste dans les griffes de Yama, le seigneur de la Mort. Le Bouddha, représenté en haut à droite, montre le moyen de s'en abstraire.

Crédits photographiques

© Olivier Föllmi/PLANET : 10-11, 12-13 ; musée Guimet, Paris : 16-17, 27, 184 (en bas, à gauche) ;
Collection J. Désiré-Marchand : 21, 48, 58, 82 (en haut et en bas), 83 (en haut et au milieu), 182 (en bas, deuxième colonne) ;
ROGER-VIOLLET : 24 ;
Missions étrangères de Paris : 104,105,137, 184 (en haut et en bas à droite), 185 ;
Bibliothèque Marguerite-Durand, Paris : 178, 179 ;
Henri Cartier-Bresson/MAGNUM (en haut) : 183 ;
Jean-Paul Neveu : 187, 188.
Toutes les autres photographies appartiennent à la Fondation Alexandra-David-Néel.

20290
21100
21240
22060
Korayedu D.
17347
Pashi
18710
Mayo D.
Lungha D.
Dangchung
Kora Lungnak La
Korasogha D.
Siling D.
Muguthang D.
Tagling
Lungnak La
Dothang D.
17099
Zanak
Langbu D.
Teble
18800
Changsan Chu
Langbu Chu
16054
18200
17430
Lhonakh Chu
16960
16770
15736
16610
Tang-chung La
Praimkar
15139
14900
11470
Zemu Glacier
Zemu Chu
13910
21500
19250
22620
18600
SINIOLCHU
Yumchho La
15800
22360
SIMVOO
Tizong
Shara
Talung
Tongshyongpertam